Stefanie Holtkamp
Andrea Bergmann

Nordwärts

Roadtrip zum Nordkap und rund um die Ostsee

NATURZEIT
Reiseverlag

FSC
www.fsc.org
MIX
Papier aus verantwortungsvollen Quellen
FSC® C089473

Gedruckt in Deutschland auf Papier aus nachhaltiger Waldwirtschaft.

1. Auflage Februar 2024, ISBN 978-3-944378-50-3

Naturzeit Reiseverlag e. K.
82288 Kottgeisering
www.naturzeit-verlag.de
info@naturzeit-verlag.de

Satz und Gestaltung: Stefanie Holtkamp, Naturzeit Reiseverlag

Lektorat: Lena Marie Hahn, Andrea Bergmann

Karte: Jonathan Holtkamp, Kartenbasis © OpenStreetMap (ODbL) - Mitwirkende (www.openstreetmap.org/copyright)

Icons: Adobe Stock

Bildnachweis:

iStock: Seite 227 RolfSt

Adobe Stock: Seite 156 Andreas, 423 (Preiselbeeren) Katrin Jähne

Shutterstock: Seite 252 Sasha64f, Seite 276 villesep, Seite 286 Dziajda, Seite 287 Piotr Wytrazek, Seite 288 Ingo Steinbach, Seite 289 Pawel Kazmierczak, Seite 412 (Blaubeeren) FotograFFF

Visit Finnland: Seite 250 Arktikum Daniel Kordan, Seite 253 Mikko Kiviniemi, Seite 273 Visit Saimaa/Leikas, Seite 274 Mikko Nikkinen, Seite 277 Seppo Ulmanen, Seite 278 Juho Kuva, Seite 292 Mariia Kauppi

Regina Stockmann: Seite 92, 93

Katja Seidel: Seite 420 – 427

Alle weiteren Fotos: Stefanie Holtkamp

Vertrieb: Geo Center, 70794 Filderstadt

Druck: Beltz Grafische Betriebe GmbH, 99947 Bad Langensalza

INHALT

Kommt mit uns in den Norden!

Nordsee, Südsee und Ostsee

Durch Dänemark nach Schweden

Seen und Meer

Eine Reise durch Südschweden

Wald und tausend Seen

Vom Vänern in den Norden

Auf dem Kystriksveien

Inselhüpfen in den Schären

Inseln im Nordmeer

Lofoten, Vesterålen und Senja

Endspurt zum Nordkap

Eine Reise durch die Arktis

Rentiere und Goldgräber

Der finnische Teil von Lappland

Tausend Seen im Südosten

Auf der Via Karelia durch die Finnische Seenplatte

Dünen, Meer und Schären

Die finnische Ostseeküste

Die baltische Ostseeküste

Estland und Lettland

Durch Litauen und Polen

Riesendünen, Störche und tausend Seen

Reiseinfos und Camperhacks

Unsere Tipps für unterwegs

Kommt mit uns in den Norden!

»Reiseführer? Braucht man sowas noch? Es gibt doch Apps zur Stellplatzsuche und meine Reiseideen hole ich mir aus dem Internet. Jede Sehenswürdigkeit hat eine Website, auf der ich die wichtigsten Infos finde. Und ist ›Vanlife‹ nicht eigentlich so etwas wie ein Synonym für die Freiheit, ganz ohne Plan aufzubrechen?«

Ja, das ist alles richtig. Und doch haben wir die Erfahrung gemacht, dass wir an vielen interessanten Orten vorbeifahren, wenn wir uns einfach nur treiben lassen. Für uns wird eine Region spannender, wenn wir etwas über sie wissen, und das Erleben intensiver, wenn wir uns von den Straßen entfernen, um die Natur zu entdecken. Dazu braucht es Informationen, die uns an den richtigen Stellen abbiegen und anhalten lassen. Uns gelingt das oft nicht ohne die entsprechende Vorbereitung – oder ohne persönliche Empfehlungen von Mitreisenden und Menschen, die sich vor Ort auskennen. Diese sind oft anders und manchmal noch besser als ein gedruckter Reiseführer. Genau diese Art von Tipps sind es, die wir euch mit diesem Buch mit auf eure Reise geben wollen.

Das hier ist also kein Reiseführer im klassischen Sinne. Die Idee dieses Buches ist es, euch einen Überblick in die Hand zu geben, damit ihr nicht an den Highlights einer Region vorbeifahrt. Unsere Auswahl ist dabei durchaus persönlich gefärbt und deckt sich nicht immer mit dem, was vor Ort als die »wichtigsten Tourismusattraktionen« gehandelt wird. Wir haben ausgewählt, was uns fasziniert, was für eine

Auf den baltischen Naturcamps kann man oft auch gut mit dem Camper stehen.

Region »besonders« ist. Außerdem lieben wir Orte mit dem ganz speziellen Charme, der entsteht, wenn Menschen etwas mit Engagement und Herzblut tun. Bei unserer Auswahl versuchen wir eine gute Mischung aus bekannten Highlights, die touristisch meist gut frequentiert, aber trotzdem sehr beeindruckend sind, und kleinen spannenden »Insidertipps« zusammenzustellen.

Auszeitplätze und Über-Nacht-Kästen

Für jeden der besonderen Spots, die wir vorstellen, nennen wir euch auch einen oder mehrere Plätze in der Nähe, auf denen ihr mit eurem Camper übernachten könnt. Diese findet ihr in den »Über-Nacht-Kästen«. Manche dieser Plätze sind eher zweckmäßig, denn hier geht es vorrangig darum, in der Nähe eines bestimmten Ortes zu sein.

Lange Reisen brauchen aber auch Zeit zum Innehalten, Plätze zum Bleiben, an denen wir uns zu Hause fühlen und unsere Eindrücke verarbeiten können. Auch dazu stellen wir euch zu jeder Tour einige Orte vor. Wir nennen sie »Auszeitplätze«, denn es braucht sie zwischendurch tatsächlich – eine kleine Auszeit vom Unterwegssein, an einem Ort zum Entspannen. Wir wählen dafür gerne kleine, einfache Campingplätze, naturnah und in schöner Lage. Manchmal erfüllen auch Wohnmobil-Stellplätze die Kriterien. Alle unsere Auszeitplätze haben wir nach persönlicher Inspektion ausgewählt. Auf den allermeisten haben wir selbst übernachtet, einige kennen wir inzwischen ziemlich gut.

Skandinavien gilt unter Campern als eines der letzten Naturparadiese, in denen Freistehen kein Problem, ja sogar eindeutig erlaubt ist über das Jedermannsrecht. Das stimmt so aber leider nur zum Teil. Das Jedermannsrecht **[› Seite 397]** stammt aus einer Zeit ohne Wohnmobile und ist eigentlich ausschließlich für Übernachtungen im Zelt gedacht – zum Beispiel auf Trekkingtouren. In Schweden und Norwegen wird das inzwischen

auch ausdrücklich so formuliert. Frei stehende Wohnmobile und Campervans wurden zwar lange toleriert, es sind inzwischen aber einfach zu viele. In den letzten Jahren wurden etliche Verbotsschilder aufgestellt, sodass Freistehen in einigen Regionen kaum noch möglich ist. Das gilt auf unserer Route vor allem für Südschweden. Die genannten Übernachtungsplätze sind, wie auch in »Südwärts«, offizielle Plätze, damit ihr euch darauf verlassen könnt, dass sie wirklich nutzbar sind. In Schweden und im Baltikum sind darunter auch viele der kleinen Naturcamps, an denen ihr kostenlos oder gegen eine kleine Gebühr übernachten könnt. Ganz im Norden unserer Reiseroute, in den dünn besiedelten Regionen von Nord-Norwegen und Finnland, gibt es aber tatsächlich mehr schöne Freistehplätze als gute Campingplätze. Hier haben wir auf die Auswahl von Auszeitplätzen verzichtet.

Gute »freie Plätze« sind meist Parkplätze in schöner Lage, an denen ihr auch über Nacht stehen dürft. Was genau ihr an einem solchen Platz antrefft, ist aber schwer vorauszusehen. Je nach Jahreszeit, Wetter und Wochentag kann ein und derselbe Platz traumhaft sein zum Freistehen, oder doch eher ungeeignet. Wie ihr gute und vertretbare Plätze findet, besprechen wir ausführlich ab **[› Seite 395]**.

Camperhacks und praktische Infos

Am Ende des Buches findet ihr noch weitere praktische Tipps, die euch den Einstieg ins Vanlife erleichtern, falls ihr noch am Anfang steht. Auch für die Profis unter euch ist vielleicht der eine oder andere Denkanstoß dabei oder eine interessante Adresse. Es geht hier einerseits um so wichtige Themen wie Nachhaltigkeit und Naturschutz, wir teilen aber auch unser Wissen über die landesspezifischen Besonderheiten, nützliche Ausrüstung und einen zuverlässigen Internetanschluss im Camper.

Unsere Route in den Norden

Wir schlagen euch bewusst keine klar definierte Fahrstrecke vor, denn euren Weg sucht ihr euch am besten selbst. Die Auswahl unserer Spots gibt aber natürlich trotzdem grob eine Route vor, für die wir Entscheidungen getroffen haben. Wo durchqueren wir Dänemark? Fahren wir durch Schweden oder Norwegen in den Norden? Wo verlassen wir die Küste für einen Abstecher ins Landesinnere? Gehen wir noch einmal »Inselhüpfen«, oder bleiben wir auf der schnellen Verbindungsstraße? Fahren wir zügig an der finnischen Ostseeküste zurück, oder kurven wir lieber zwischen zehntausend Seen in Richtung Süden? Wir haben außerdem entschieden, euch auch noch die drei baltischen Länder Estland, Lettland und Litauen ausführlich vorzustellen, die wir schon von mehreren Reisen kennen und lieben. Süd-Norwegen und Nord-Schweden haben wir uns dagegen für einen weiteren Roadtrip aufgehoben, auf den wir uns schon heute freuen!

Orientierung unterwegs

Zusätzlich zum Buch braucht ihr eine Karte – je nach euren Vorlieben aus Papier oder digital. Wir selbst haben immer beides dabei: eine Papierkarte für den Überblick, die Onlinekarte für die Details vor Ort. Neben Google Maps verwenden wir auch eine Wander-App mit Offlinekarten, die sich perfekt zur Suche und zum Anfahren von abgelegenen Stellplätzen

eignet. Für alle Wanderungen, die im Buch nur knapp beschrieben sind, stellen wir euch im Online-Bereich zu »Nordwärts« GPS-Tracks zum Download zur Verfügung. [› Seite 432]

Unser Sommer im Norden

Unsere Rundfahrt um die Ostsee und zum Nordkap ist eine Sommerreise. Uns locken die langen Tage unter der Mitternachtsonne, die magische Stimmung, wenn sich der rote Feuerball dem Horizont nähert und den ganzen Himmel in leuchtende Rot- und Gelbtöne taucht. Fast zweieinhalb Monate wird es im Sommer am Nordkap nicht dunkel.

Wir lassen uns aber viel Zeit für die Fahrt Richtung Norden und beginnen die Reise mit einer entspannten Zeit in Dänemark. Dort fahren wir unseren Camper über den Sand von Rømø, verfolgen die Spuren der Wikinger und beobachten wild lebende Pferde auf Langeland. In Schweden wandern wir durch Moore und Wälder im Tiveden- und im Hamra-Nationalpark, wir setzen uns ins Kanu, um dieses ausgedehnte Seenland zu erleben und bewundern zum ersten Mal die zerfurchte Küstenlandschaft der Schären.

An der norwegischen Küste sind wir dann fast so viel auf dem Wasser unterwegs wie auf der Straße. Unsere Route auf dem Kystriksveien bringt uns von Insel zu Insel und wir fühlen uns beinahe wie auf einer Kreuzfahrt. So nähern wir uns langsam dem Polarkreis, der magischen Linie, hinter der die Mitternachtssonne die Nacht zum Tag macht. Hier liegen die Lofoten und die Vesterålen im Meer – Inseln, von denen wir lange geträumt haben. Über vier Wochen verbringen wir in der Region nördlich des Polarkreises. Sie fasziniert mit Kargheit und Weite, zauberhaftem Licht und gewaltigen Bergen und Gletschern – und einer ungewöhnlichen Tierwelt. Die halbwild lebenden Rentiere spazieren hier recht häufig auf der Straße herum. Wir begegnen aber auch Seeadlern und Papageientau-

chern – und vielen anderen Wasservögeln. Wale und Delfine kann man am besten auf einer Whale-Watching-Tour mit dem Boot beobachten, mit etwas Glück seht ihr kleinere Wale aber auch von der Küste aus.

Wir haben oft Glück mit dem Wetter hier im Hohen Norden, das Nordkap erleben wir wolkenlos und bei 25 Grad. Aber unser absolutes Highlight – da sind wir uns tatsächlich einig und das ist nicht alltäglich auf einer langen Reise zu zweit in einem Minihaus mit knapp zwölf Quadratmetern – unser absolutes Highlight liegt im Nordosten. Es ist der Varangerfjord, die Halbinsel in der Barentsee: das abgelegene Vardø mit seiner Vogelinsel und das Dorf Hamningberg, in dem die Rentiere vor der Kirche grasen. Der Varangerfjord ist auch unser letzter Spot ganz im Norden. Von hier aus geht es nur noch südwärts.

Wir trennen uns schwer und die Fahrt über den Polarkreis in Rovaniemi ist tatsächlich ein Abschied. Ein Abschied von den knuffigen Rentieren und bald auch von den Wäldern voller Blaubeeren. Dass es kaum mehr Blaubeeren gibt, liegt aber eher an der Jahreszeit. Es ist jetzt Mitte August und es wird langsam Herbst hier im Norden. Südlich des Polarkreises beginnt es erst einmal zu ruckeln. Es braucht tatsächlich ein wenig Zeit, bis wir uns eingrooven, die besonderen Qualitäten unseres neuen Reiselandes entdecken und uns langsam dem Geheimnis annähern, warum Finnland so glücklich macht.

Die Ankunft in Estland ist für uns ein bisschen wie Heimkommen. Die baltischen Länder sind uns bereits von zwei langen Rechercheereisen vertraut und wir freuen uns darauf, euch die schönsten Orte zu zeigen und noch ein wenig Zeit zu verbringen an Spots, die wir besonders mögen. Wir haben noch einmal Glück mit dem Wetter und oft verwöhnt uns der September mit Sonnenschein. Hier im Baltikum ist die Saison im September längst vorbei und so stehen wir meist ganz allein – egal ob in der Natur oder auf dem Campingplatz. Wir bekommen jeden unserer Lieblingsplätze, anderen Campern begegnen wir selten. Und so wird es langsam Oktober und mit dem Oktober kommt auch der Wind. Es ist häufig so stürmisch, dass wir einen geschützten Platz brauchen und die tollen Spots am Wasser links liegen lassen. In Polen erwischt uns der erste herbstliche Kälteeinbruch mit einstelligen Temperaturen und unsere Dieselheizung kann zeigen, was in ihr steckt. Im Bus ist es kuschelig warm, aber zum Paddeln ist es uns bei sechs Grad zu kalt – auch wenn sich die Krutynia noch so einladend durch grüne Wiesen und Hügel schlängelt. Polen ist ein grandioses Kanurevier, aber für diese besonderen Highlights sind wir zu spät dran. Zum Besuchen touristischer Hotspots ist der Oktober dagegen nicht die schlechteste Jahreszeit.

Etwa fünf Monate sind wir unterwegs. Dabei nutzen wir das Zeitfenster von Mai bis September fast komplett, in dem man den Norden Europas unter halbwegs sommerlichen Verhältnissen bereisen kann. Aber natürlich könnt ihr auch in Skandinavien im Winter reisen – sogar mit dem Campervan. Wer Nordlichter statt Mitternachtssonne sehen möchte, findet die Infos zur richtigen Reisezeit ab **[› Seite 414 und 420]**.

Mehr Infos zu einer Region?

Natürlich gibt es an der Route noch viel mehr zu entdecken. Unsere kleine Auswahl lohnenswerter Ziele eignet sich

perfekt für einen Überblick und wenn ihr einen längeren Roadtrip durch mehrere Länder plant. Wollt ihr eine bestimmte Region intensiver erforschen, empfehlen wir die Reiseführer aus dem WOMO-Verlag, die ein Gebiet sehr viel detaillierter beschreiben. Zu Estland und Lettland gibt es auch Outdoor- und Wanderführer aus unserem Naturzeit Verlag. Sie sind die perfekte Ergänzung, wenn ihr in den baltischen Ländern wandern und paddeln wollt. Alle Touren in den Büchern sind ausführlich beschrieben und mit vielen Fotos, topografischer Wanderkarte und Höhenprofil ergänzt.

Die Bücher aus der WOMO-Reihe

Die Wohnmobilreiseführer aus dem WOMO-Verlag sind speziell für Camper konzipiert. Ihr findet hier viele praktische Reise-Infos, zum Beispiel auch zu Frischwasser und Entsorgungsstationen. Neben Wohnmobilstellplätzen und Campingplätzen werden in dieser Buchreihe auch viele freie Stellplätze vorgestellt. Dazu gibt es ausführliche Beschreibungen der Routen mit den wichtigsten Sehenswürdigkeiten, Badeplätzen und kurzen Wanderungen und Fahrradtouren.

Die Bücher werden etwa alle vier Jahre vor Ort komplett überprüft und erscheinen dann in neuer Auflage. Alle Autoren und Autorinnen reisen selbst mit dem Campervan oder dem Wohnmobil und schreiben und berichten aus ihrer eigenen Praxis. Wir selbst gehören seit vielen Jahren zum Team des WOMO-Verlags. Von den Titeln der WOMO-Reihe, die an der Nordwärts-Route liegen, haben wir das Buch über das Baltikum recherchiert und geschrieben.

Aber jetzt wünschen wir euch erst einmal

gute Reise und eine richtig coole Zeit!

Nordsee, Südsee und Ostsee

Durch Dänemark nach Schweden

Nordsee, Südsee und Ostsee

Durch Dänemark nach Schweden

Was machen wir eigentlich mit Dänemark? Diese Frage stellen wir uns tatsächlich erst am Ende der Routenplanung. Von Fehmarn nach Lolland und so schnell wie möglich nach Schweden? Oder doch ein bisschen mehr Dänemark schnuppern und im großen Bogen über Kolding nach Fyn fahren und über die beiden großen Brücken? Finanziell ist das kaum ein Unterschied, denn für die Fahrt über Storebælt- und Øresundbrücke zahlt man Maut. Dann entdecken wir die Route von Insel zu Insel durch die Fünische Südsee und sind sofort Feuer und Flamme. Wir lieben kleine Inseln und die Fährfahrten sind in der Nebensaison nicht allzu teuer. Unsere Route ist fix: Wir fahren mit der Fähre von

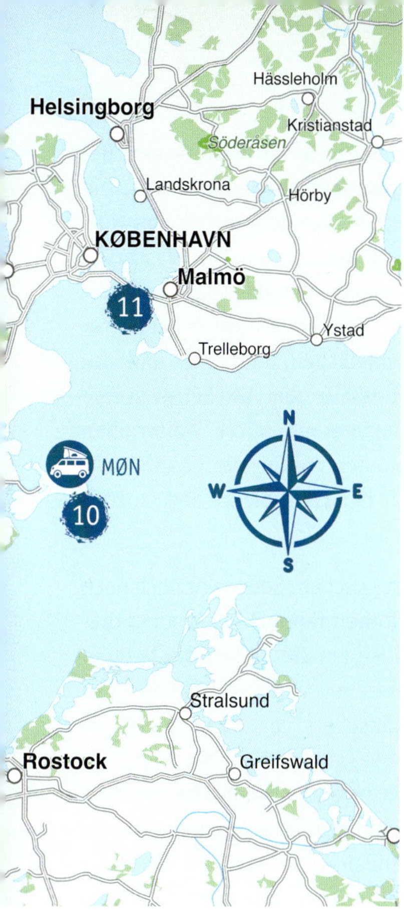

AUSZEITPLÄTZE

1 | AUTOSTRAND RØMØ

2 | RØMØ ZU FUSS

3 | RIBE

4 | DÜNENSTRAND HENNE

5 | BORN VIKINGERHAVN

6 | ÆRØ

7 | DIE WILDE HERDE

8 | TRANÆKER GÄRTEN

9 | DODEKALITTEN

10 | MØNS KLINT

11 | ØRESUNDBRON

Zur Online-Info
Fähren Dänische Südsee

Fynshav auf die Insel Ærø und von dort weiter nach Svendborg auf Fyn und über Langeland nach Lolland. Der Abstecher nach Møn mit seinen Kreideklippen funktioniert dann ohne Fähre. Nach Schweden geht es über die Øresundbrücke, denn einmal da drüberzufahren muss ein grandioses Erlebnis sein. Soweit also die Planung.

Dann begegnet uns bei der Recherche Rømø mit seinem megabreiten Strand, auf den man mit dem Camper fahren kann. Dieses Abenteuer kennen wir schon von Irland und klar, das wäre ein perfekter Auftakt für unser Buch. Und schon bekommt unsere Route die erste kleine Beule.

Fährt man vom deutschen Nordfriesland über die Grenze nach Dänemark, verändert sich die Landschaft kaum. Sie ist bretteben und oft weht eine steife Brise. Rømø ist die erste Insel auf der dänischen Seite der Grenze. Wie die deutschen

Inseln Föhr, Amrum und Sylt liegt sie im Wattenmeer. Bei Ebbe fallen hier weite Teile des Meeresbodens trocken. Die Wattflächen sind voller Leben: Sie wimmeln nur so von Würmern, Schnecken, Muscheln und Krebstieren. Für Wasservögel und für Millionen von Zugvögeln, die jedes Jahr im Frühling und im Herbst hier rasten, sind sie ein reich gedeckter Tisch. Das Wattenmeer an der dänischen, deutschen und niederländischen Küste gehört deshalb zum UNESCO-Welterbe und ist als Nationalpark Wattenmeer geschützt. Weiter oben an der dänischen Küste wirken sich die Gezeiten dann nicht mehr ganz so stark aus. Auch bei Ebbe bleibt dort ausreichend Wasser zum Baden.

An der Nordsee sind wir jetzt ja schon. Sollen wir doch noch ein Stück an der Küste nach Norden fahren? Der Wikingerhafen in Bork – das wäre doch auch ein Ziel, oder? Die Neugier siegt. Wir können nicht widerstehen und schließlich laufen wir durch die wilde Dünenlandschaft von Nymindegab. Es zieht uns kräftig weiter, über die schmale Nehrung nach Hvide Sande und nach Norden. Unser erster Eindruck von Dänemark macht definitiv Lust auf mehr. Aber so kommen wir nie am Nordkap an. Bedauernd wenden wir uns also ab. Für diese Reise rauschen wir auf der E20 quer durchs Land zurück an die Ostsee. Der Norden Dänemarks muss warten.

Ab in die Südsee

Stattdessen bringt uns dann ein Fährboot hinüber nach Ærø, zurück auf unsere ursprüngliche Route und mitten hinein in ein zauberhaft stilles Inselparadies, das wir ganz so schnell auch nicht wieder verlassen können. Traumhafte Plätze am Wasser und hübsche kleine Orte – der dänische Hygge-

Marstal ist der größte Ort auf der Insel Ærø

Zauber **[› Spot 3]** entfaltet hier seine volle Wirkung. Genauso ist es auf Langeland und noch mal auf Møn. Die Fünische Südsee, die ja eigentlich nur die Ostsee südlich der Insel Fyn ist, schillert bei Sonnenschein an vielen Stellen einladend türkis. Das Wasser ist hier nicht besonders tief, was das Meer zwischen den Inseln zum Seekajakparadies macht. Kajaks könnt ihr zum Beispiel in Marstal auf Ærø mieten **[› Spot 6]**. Von Marstal fährt außerdem ein Fährboot zur Mini-Insel Birkholm. Auch von Svendborg und Fåborg sind einige der kleineren Inseln per Boot erreichbar. Ihr könnt sie gut mit dem Fahrrad erkunden.

Wir bleiben also länger als geplant und hätten auch nichts dagegen, den Aufenthalt noch weiter auszudehnen. Die wild lebenden Pferde im Süden von Langeland sind noch einmal eines unserer persönlichen Highlights. Doch ganz langsam beginnt dann auch Schweden zu locken und wir schaffen es

Mit dem Camper über den Sand am Autostrand von Rømø

Spaziergang ins Meer am Hafen von Marstal

doch noch auf die Øresundbrücke und hinüber nach Malmö – entspannt und erfüllt von einem traumhaft schönen Auftakt unserer Reise. Wer hübsche Städte liebt, sollte hier noch einen Stopp in Kopenhagen einplanen. Wir verschieben auch das auf die nächste Reise, denn Dänemark, wir kommen wieder! Ganz sicher.

Die Wikinger in Dänemark

Bei einer Reise durch Dänemark begegnet man ihnen immer wieder: den Wikingern. Die Hochzeit ihrer Kultur reichte von ungefähr 800 bis 1050 unserer Zeitrechnung. Ihre Spuren sind aber in Dänemark heute noch an vielen Stellen gegenwärtig. Neben dem Wikingerhafen in Bork, den wir als Spot 5 vorstellen, gibt es für Wikingerfans auf der Route weitere Highlights. Im Wikingermuseum Ladby im Norden von Fyn ist das Original eines Grabbootes zu sehen. Hier wurde um das Jahr 925 eine hochrangige Person in ihrem Schiff beigesetzt. Vom Wikingerschiffmuseum in Roskilde bei Kopenhagen könnt ihr mit dem Nachbau eines Wikingerbootes aufs Meer hinausfahren. Im Museum selbst sind die fünf Skuldelev-Schiffe zu

Einblick in die Welt der Wikinger im Wikingerhafen Born

DIE BESTE REISEZEIT

Das Klima in Dänemark ähnelt dem an der deutschen Nord- und Ostseeküste. Die Hauptsaison beginnt Mitte Juni mit den Ferien in Norddeutschland. Vor allem an der Nordseeküste sieht man auf Stell- und Campingplätzen fast nur deutsche Nummernschilder. Die Badesaison in Dänemark ist kurz. Auch im Hochsommer steigt die Wassertemperatur selten über 17 Grad an der Nordsee und 21 Grad an der Ostsee.

In der Nebensaison ist das Wetter Glückssache. Wer die Küste nicht nur bei Badewetter liebt, kann das ganze Jahr nach Dänemark reisen. Die meisten Campingplätze sind zwar im Winterhalbjahr geschlossen. Viele der Stellplätze, die ihr meist an den Marinas findet, bleiben aber ganzjährig zugänglich. Sie sind fast immer auch mit Dusche und WC ausgestattet, sodass ihr sie auch mit Vans ohne Toilette nutzen könnt.

REISE-LITERATUR

Mit dem Wohnmobil nach Dänemark

Freistehplätze, Stellplätze, Campingplätze und die besten Spots in ganz Dänemark zeigt euch Anke Globi in diesem Buch aus der WOMO-Reihe. Mehr Infos: www.womo.de

sehen, die im Jahr 1070 unserer Zeitrechnung versenkt wurden, um die Hauptfahrrinne des Fjordes von Roskilde vor einem Angriff zu schützen. Sie wurden hier 1962 geborgen. vikingemuseetladby.dk | www.vikingeskibsmuseet.dk

1

Mit dem Camper durch den Sand

Am Autostrand von Rømø

Es knirscht unter den Rädern und vor uns liegt eine weite Sandfläche. Am Horizont ist das Meer geradeso zu erahnen. Die deutlich erkennbaren Fahrspuren geben zumindest mentale Sicherheit. Also, los geht's. Dann rollen wir über den Sand, aus dem fast vierzig Prozent der Insel Rømø bestehen.

Der Havsand, der etwa vier Kilometer breite Strand auf der Nordseeseite der Insel, war vor 200 Jahren noch eine Sandbank, die ein Priel von der eigentlichen Insel trennte. Heute ist der Riesenstrand fest mit Rømø verbunden. Sein Sand ist an vielen Stellen bretthart verdichtet und kann problemlos befahren werden. Das ist schon deshalb sehr praktisch, weil es wohl sonst kaum jemand zum Baden oder zum Strandspaziergang bis ans Wasser schaffen würde – der Weg ist einfach zu weit.

Besonders gut befahrbar ist der Sand am Strand von Lakolk. Hier führt eine breite Fahrspur zum Meer und zu einem Holzschild, das den Surfplatz markiert. Achtet unten am Wasser darauf, nicht zu weit in den losen Sand zu fahren. Hier bleiben immer wieder mal Campervans stecken. Haltet außerdem einen Sicherheitsabstand von der Wasserkante – vor allem bei auflaufendem Meer. Der Strand von Rømø ist aber ein richtiger Strand, kein Wattgebiet. Er wird auch bei Flut nicht überschwemmt. Trotzdem dürft ihr nur tagsüber auf dem Sand parken, das Übernachten ist auf allen Stränden in Dänemark verboten.

ÜBER NACHT

Auf Rømø gibt es drei Campingplätze. Das beste Preis-Leistungsverhältnis bietet jedoch der schöne Stellplatz im Süden der Insel.

Wohnmobilstellplatz Oasen
Gepflegte Anlage mit großen Stellplätzen rund um einen künstlichen See. Ausgestattet mit Stromsäulen, WC, Dusche und Sauna.
€€ | N 55°05'29.8", E 8°32'24.9" |
www.oasen-roemoe.dk

IN DER NÄHE

Die breiten Strände von Rømø eignen sich perfekt zum **Strandsegeln**. Die dreirädrigen Wagen mit Segel können am Südstrand (Sønderstrand) ausgeliehen werden. Beim ersten Mal gibt es eine kurze Einweisung.
www.kitesyd.dk

Ein Fahrweg durchs Watt

Die Nachbarinsel Mandø ist nicht durch einen Damm, sondern nur durch eine Wattstraße mit dem Festland verbunden. Bei Niedrigwasser kann man hinüberlaufen oder -fahren. Quasi durch das Meer zu fahren, ist noch einmal eine ganz andere Erfahrung, braucht aber gutes Timing. Geratet ihr auf der Wattstraße ins auflaufende Wasser, ist das lebensgefährlich. Infos über die aktuelle Tide bekommt ihr im Wattenmeerzentrum in Vester Vedstedt. Dort starten auch die Traktorbusse, die euch auf die Insel bringen, wenn ihr nicht selber fahren wollt. GPS N 55°17'45.6", E 8°40'11.9"

2

Rømø zu Fuß und zu Pferd

Durch die Kirkeby-Plantage auf den Spitsbjerg

Mit stolzen 18 Metern ist der Spitsbjerg einer der beiden höchsten Gipfel auf Rømø, nur der Dünenhügel des Höstbjerg erreicht noch dieselbe Höhe. Aber da die Insel rund um den Dünengürtel ziemlich flach ist, hat man vom Spitsbjerg tatsächlich einen recht guten Überblick. Der Weg zum Berg ist gelb markiert und windet sich streckenweise malerisch durch den Kiefernwald. Am Rundweg liegt außerdem der schöne Moorsee Hviddal Sø, der sich gut für ein Picknick oder zum Baden eignet. Starten kann man an zwei direkt an der Insel-

straße gelegenen Parkplätzen. Geht ihr am nördlichen Platz los, beginnt und endet die Tour am Moorsee.
Gehzeit: 2 h, 5 km, ↓↑20 m | Start bei GPS N 55°07′14.4″, E 8°32′49.9″ oder N 55°07′30.1″, E 8°32′56.7″ | GPX

Pferdeinsel Rømø

Überall auf der Insel halten Pferdeherden die großen Grasflächen kurz. Meist sind es die kleinen, robusten Islandpferde, die man auch an ihren wilden Wuschelmähnen erkennt. In den Plantagen im Inselinneren gibt es gut angelegte Reitwege und auch am Südstrand darf geritten werden. Gleich drei Ställe bieten Ausritte an – für Pferdefans sicher eine der schönsten Möglichkeiten, die Natur Rømøs auch abseits der Strände kennenzulernen.
www.romo-ponyfarm.com, www.sigurd-thomsen.com

ÜBER NACHT

Camping Kommandørgården
Für Pferdefans und Familien mit Kindern ist das Campinggelände des Isländercenters Kommandørgården mit Reitstall und großem Spielplatz eine gute Alternative zum Stellplatz.
€€ | N 55°05′57.2″, E 8°32′34.4″ | www.kommandoergaarden.dk

IN DER NÄHE

Fisk im Hafen von Havneby
Den besten Räucherfisch der Insel gibt es im *Fisk* bei Ani und Otto – frisch zubereitet im Imbiss oder zum Mitnehmen im Laden.
N 55°05′12.1″, E 8°33′53.4″ | ottooganisfisk.dk

3

Fachwerkidylle in Ribe

Die älteste Stadt Dänemarks

Hyggelig. In Ribe begegnen wir diesem skandinavischen Adjektiv zum ersten Mal. Es passt zu Ribe wie kein anderes. Hygge wird oft gleichgesetzt mit der deutschen Idee von Gemütlichkeit, aber eigentlich bedeutet es mehr. Ein hyggeliger Ort ist ein Ort zum Wohlfühlen. Hygge als Lebensstil konzentriert sich weniger auf materielle Dinge als auf den Wert des Moments, der schönen kleinen Dinge im Leben und der Nähe zu Freunden und Familie.

Die schmucke Altstadt von Ribe mit ihren bunten Fachwerkhäusern und dem einladenden Platz am Dom, auf dem die Tische der Restaurants und Cafés stehen, ist definitiv hyggelig. Der Duft hausgebackener Waffeln zieht durch die Gassen und an den Fassaden der Häuser könnt ihr viele liebevoll gestaltete Details entdecken. Die Stimmung ist überall gelassen. Selbst der Flusshafen wirkt ein bisschen verträumt. Die großen Containerschiffe ankern heute in Esbjerk.

ÜBER NACHT

Wohnmobilstellplatz Ribe
Zweckmäßiger Parkplatz am Stadtrand, kurzer Weg ins Zentrum, kostenlos.
N 55°19'28.5", E 8°45'27.3"

IN DER NÄHE

Freilichtmuseum VikingeCenter
Südlich von Ribe könnt ihr den Nachbau eines Wikingerdorfes besuchen.
www.ribevikingecenter.dk

Ribe gilt als die älteste Stadt Dänemarks. Ihre Geschichte lässt sich bis in die Wikingerzeit zurückverfolgen. Durch die Lage an einem schiffbaren Fluss war die Stadt im Mittelalter ein wichtiges Handelszentrum. Im 17. Jahrhundert verlor Ribe an Bedeutung. Im Zweiten Weltkrieg hat man die unbedeutende Provinzstadt zum Glück weitgehend übersehen. So blieben Altstadt und Dom gut erhalten. Mehr als hundert der alten Fachwerkhäuser stehen heute unter Denkmalschutz.

Ribe ist außerdem Bischofssitz. Vom Turm des stattlichen Doms kann man weit übers Land gucken. Im 8. Jahrhundert wurde hier eine der ersten Kirchen Dänemarks errichtet. Im Mittelalter war die Kirche in Ribe aber auch für ein düsteres Kapitel der Stadtgeschichte verantwortlich: die Hexenverfolgung. Das Hexenmuseum erzählt die tragische und empörende Geschichte von Frauen, die wegen ihrer besonderen Talente von der Kirche als Hexen verbrannt wurden. Wenn ihr noch mehr über die frühe Stadtgeschichte wissen wollt, könnt ihr das Wikingermuseum in Ribe besuchen.
www.ribesvikinger.dk, www.hexmuseum.dk

4

Berge aus weißem Sand

Die Dünenstrände rund um Henne

Zwischen Vejers Strand und Nymindegab ist der Nordseestrand einmalig schön. Der Sand ist weiß und fein und hinter dem breiten Strand türmt sich er sich auf zu einer wilden Dünenlandschaft. Ganz im Süden befindet sich in Vejers noch einmal ein Strandabschnitt, der mit dem Auto befahren werden darf. Der Sandstreifen ist hier aber längst nicht so breit wie auf Rømø. Nördlich des Autostrandes beginnt dann das Urlaubs-Badeparadies. In den Badeorten Vejers-Strand und Henne-Strand stehen hunderte von Ferienhäusern hinter den Dünen. Dazwischen bieten mehrere große Campingplätze attraktive Stellplätze nahe am Meer.

Einen landschaftlich besonders schönen Spot findet man südlich von Henne-Strand an der Mündung des Flüsschens **Henne Mølle**. Vom Parkplatz am Henne Mølle Å Badehotel führt ein Weg am Flussufer entlang bis zum Meer.

Wenn ihr die Küste eher wild und einsam liebt, fahrt ans Nordende des langen Sandstreifens. Hier beginnt **Houstup Strand,** der vor den Lagunenseen des Nymindestrom liegt. Die Dünen sind hier völlig unverbaut, denn wir befinden uns im Naturschutzgebiet. Stichwege führen von der Uferstraße zu vier kleinen Parkplätzen. An den letzten beiden verstecken sich in den Dünen etliche Bunkerruinen aus dem Zweiten Weltkrieg. Auf allen Parkplätzen dürft ihr tagsüber auch mit dem Camper parken, übernachten ist im Naturschutzgebiet verboten.

Vorsicht: Zwischen Vejers und Henne gibt es bei Kærgård einen gesperrten Strandabschnitt, der durch Giftstoffe aus Abfällen einer Pharmafabrik verseucht ist.

ÜBER NACHT

Campingplatz am Farm Café
Große Wiese hinter einem sehr netten Café in Nørre Nebel etwas abseits vom Meer. Wenige Stellplätze und viel Raum, Gemeinschafts-Feuerstelle.
€ | N 55°46′00.9″, E 8°14′38.2″ | farm-cafe.de

Dünencamp Vejers Strand
Schöner, komfortabel ausgestatteter Naturcamping mit weitläufig verteilten Stellplätzen zwischen den Dünen. Einige Plätze sind nur mit Allrad-Campern erreichbar.
€€€ | N 55°37′11.9″, E 8°07′10.2″ | www.vejersstrandcamping.de

5

Zeitreise zu den Wikingern

Der Wikingerhafen in Bork

Drei Schiffe liegen im Hafenbecken vor dem großen Langhaus von Bork. Es sind originalgetreue Nachbauten alter Wikingerboote. Die Vorlage für die 15 Meter lange Seeadler war ein Grabschiff, das im norwegischen Gokstad gefunden wurde. Wikinger nannte man im frühen Mittelalter die kriegerischen Seefahrer aus den nordischen Ländern. *Fara i viking* heißt soviel wie »auf Kaperfahrt gehen«. Heute wird der Begriff »Wikinger« für das ganze Volk verwendet, obwohl auch in Skandinavien die meisten Menschen von der Landwirtschaft lebten. Zur See fuhren nur wenige von ihnen.

Während der Hochzeit der Wikingerkultur verehrte man die nordischen Gottheiten wie Odin, Thor, Freyja und Hel. Erst gegen Ende der Wikingerzeit gewann das Christentum an Einfluss. Im Wikingerhafen Bork könnt ihr beides sehen: einen

ÜBER NACHT

Wohnmobilsstellplatz Bork Havn
Zwölf Stellplätze in der Marina mit Blick auf das Hafenbecken. Strom, WC und Dusche. Camper-Station am benachbarten Campingplatz. Imbiss im Hafen. Kleiner Strand mit Kanuverleih.
€€ | N 55°50'54.6", E 8°16'38.7"

IN DER NÄHE

Fahrrad und Surfbrett
Hinter dem schmalen Strand gibt es eine Surfschule und an der Zufahrt zum Hafen einen Fahrradverleih. Vom Stellplatz sind es zwei Kilometer zum Wikingerhafen und auch *Houstup Strand* ist mit dem Rad erreichbar.

Opferplatz für die alten Götter und eine kleine Kirche aus der Frühzeit des Christentums. Die ausdrucksstarke Christusfigur in der Kirche ist eine Rekonstruktion des Åby-Kruzifixes. Das Original wurde um 1050-1100 angefertigt und stammt aus der Åby-Kirche bei Aarhus.

Nicht nur diese kleinen Kunstwerke sind es, die die Siedlung so authentisch und lebendig machen. Von Hand gehobelte Bretter, Türschlösser aus Holz mit einfacher, erstaunlich exakter Mechanik und kunstvolle Verzierungen – für den Bau hat man ausschließlich alte Techniken verwendet. Das Dorf wirkt überzeugend und die Zeitreise gelingt. Wir tauchen tief ein in die Welt des 9. Jahrhunderts.
€€ | GPS N 55°50'10.7", E 8°16'02.6" | ringkobingfjordmuseer.dk

6

Auszeit auf Ærø

Slow Down in der Fünischen Südsee

Das Südfünische Inselmeer entstand am Ende der letzten Eiszeit. Das schmelzende Eis überschwemmte große Bereiche des Landes und hinterließ südlich der Insel Fyn eine malerische Wasserlandschaft mit stellenweise sehr flachem Wasser und 55 kleinen Inseln. Ærø ist eine davon und gehört mit rund 30 Kilometern Länge schon zu den Großen in der Kleininselwelt. Etwa 6000 Menschen leben hier und obwohl der Tourismus ihre wichtigste Einnahmequelle ist, ist Ærø noch wunderbar verschlafen.

ÜBER NACHT

Auf der Insel gibt es **drei Campingplätze**, bei jedem der größeren Orte einen. Alle drei liegen ähnlich: Man kommt zu Fuß in den Ort und mit wenigen Schritten zu einem Badeplatz.
soeby-camping.dk | www.aeroecamp.dk | www.marstalcamping.dk

In Marstal gibt es außerdem einen **Stellplatz in der Marina.**
€€€ | N 54°50′59.9″, E 10°31′19.4″

Alternativ könnt ihr auf Ærø auch ganz gut freistehen.

IN DER NÄHE

Ærø Kajak & SUP
In Marstal werden im Sommer Kajaks vermietet, um das Inselmeer zu erkunden. Eine Sandbank nicht weit vom Hafen entfernt ist ein Ziel, das an windstillen Tagen gut mit dem Kajak erreichbar ist.
www.teglvaerkspladsen.dk

Eine der wichtigsten Sehenswürdigkeiten der Insel ist die in Terrassen angelegte Steilküste von Voderup – eine Wiesenlandschaft mit steil abfallenden Klippen von überschaubarer Höhe. Unser Highlight: die Picknicktische oben am Parkplatz, von denen man weit über das Meer gucken kann. Weiter im Norden bei Søby gefällt uns die Aussicht von der Vester Mølle, einer gut restaurierten Reet-Windmühle, die zum Museumshof Søbygaard gehört. In Ærøskøbing entzücken die süßen Badehäuschen am schmalen Sandstrand und köstliche Fisch and Chips in der Røgeri, der Fischräucherei, im Hafen. Ihr seht schon, die Attraktionen der Insel sind eher stiller Natur – genau wie die Plätze, an denen wir der Sonne zusehen, wie sie im Meer versinkt. Ærø entschleunigt.

7

Die wilde Herde

Auf die Hutberge und zu Dovns Klint

Die Landschaft um uns herum ist sanft gewellt, nur einige Hügel ragen keck aus den Wiesen. Man nennt sie Hatbakker, Hutberge. Auf Langeland gibt es hunderte davon. Genau wie das Inselmeer sind sie ein Relikt der Eiszeit. Unser Aussichtsberg ist der Ørnehøj, der vom Infopavillon Vilde Heste (Wilde Pferde) mit wenigen Schritten erklettert werden kann. Links ist die Abbruchkante des Dovns Klint zu sehen und im Tal vor uns glitzert eine Wasserfläche. Am Seeufer döst eine Herde dunkelbrauner Kleinpferde. Es sind Exmoor-Ponys. Die Pferderasse stammt aus Großbritannien und ähnelt vom Erbgut dem ursprünglichen Wildpferd. Hier im Naturschutzgebiet im Süden von Langeland dienen die robusten Tiere der Landschaftspflege und zugleich als touristische Attraktion.

ÜBER NACHT

Auf dem Parkplatz Vilde Heste wird das Nachtparken bislang toleriert, am Dovns Klint steht ein Camping-Verbot. Einen offiziellen Stellplatz gibt es in der Marina im nahen Bagenkop.

Wohnmobilsstellplatz Bagenkop
Asphaltierter Platz nahe am Hafen mit Imbiss und Spielplatz. Stromanschlüsse, WC, Dusche und Camper-Station. Wenige Schritte zu schönem Sandstrand mit Badesteg.
€€ | N 54°45'06.6", E 10°40'36.2"

Die Herde besteht aus Familienverbänden – Stuten mit ihrem Nachwuchs aus mehreren Jahren. Der Leithengst wird in regelmäßigen Abständen ausgetauscht, um Inzucht zu vermeiden. Die Pferde leben zwar im eingezäunten Gehege, aber weitgehend ohne Einfluss des Menschen. Wer sich Zeit nimmt, sie zu beobachten, erlebt hier tatsächlich das typische Verhalten einer wilden Herde. Die Tiere sind nicht besonders scheu, trotzdem ist es wichtig, Abstand zu halten.

Sind die Pferde vom Ørnehøj nicht zu entdecken, könnte der Aussichtsturm helfen, der eine Kurve weiter vorne am Parkplatz Gulstav Mose zu finden ist. Am Infopavillon bekommt ihr eine Karte, auf der die markierten Wege eingetragen sind, die teilweise mitten durch das Gehege der Pferde führen.
Parkplatz Vilde Heste: GPS N 54°43'29.5", E 10°41'37.5"

Wanderung am Dovns Klint

Am Parkplatz Dovns Klint (200 m weiter am Straßenende) starten mehrere kurze, markierte Wanderwege. Die weiße Runde führt euch hier direkt ins Gehege und ist perfekt, um zielstrebig die Pferdeherde zu finden. Kombiniert man gelb, weiß und blau, wird eine kleine Wanderung daraus und den Pferden begegnet ihr wahrscheinlich auch.

Zuerst folgen wir dem gelb markierten Weg an der Küste entlang nach Osten und halten dabei auf den Leuchtturm am Lagunensee Keldsnor zu. Die Küste mit schönen alten Bäumen oberhalb der niedrigen Klippe ist hier sehr malerisch. Vor dem Seeufer macht der Weg einen Linksknick und bringt uns zum Aussichtspunkt Bruns Banke auf dem ersten Huthügel, von dem man gut die Landschaft überblickt. Dort wo der gelbe Weg auf die Straße trifft, folgen wir der weißen Markierung nach rechts und am Parkplatz Gulstav Mose vorbei zum Aussichtsturm. Hier wechseln wir auf die blaue Runde. Dazu folgen wir noch einmal 100 Meter der Straße und durch-

queren dann links das Tor, das uns ins Gehege der Pferde bringt. Dort geht es steil hinauf auf den nächsten Huthügel, gleich darauf folgt ein zweiter.

Hinter den Hügeln kreuzen sich der blaue und der weiße Weg. Weiß führt hier direkt zur Küste, der längere blaue Weg lohnt vor allem für den Abstecher vom Søgård-Hof nach rechts zum Grabhügel Hulbjerg Jettestuen. Der Grabhügel ist aber auch über die Straße mit dem Camper erreichbar.

Hinter dem Søgård-Hof folgen wir dann dem markierten Weg nach links und durch den Wald bis zur Küste. Oberhalb der Abbruchkante des Dovns Klint wandern wir zurück zum Parkplatz.
6 km | ↓↑ 80 m | Gehzeit 2 h | GPX
Start am Parkplatz Dovns Klint: GPS N 54°43'20.9", E 10°41'37.8"

Das Hügelgrab im Hulbjerg

Einer der kegelförmigen Hügel ist innen hohl. Im Hulbjerg hat man in den 1960er Jahren eine Grabkammer aus der Jungsteinzeit entdeckt. Ein niedriger Gang führt ins Grab, in dem neben Keramik, Feuerstein und Bernstein die Knochen von 36 Erwachsenen und 17 Kindern gefunden wurden. An den Skeletten hat man Spuren erstaunlicher medizinischer Eingriffe gefunden: Ein Schädel wies die Spuren einer gelungenen Trepanation auf, der operativen Öffnung der Schädeldecke. Bei einem anderen entdeckte man einen gefüllten Backenzahn. Das Hügelgrab ist frei zugänglich. Die Funde aus dem Grab sind im Langeland Museum in Rudkøbing zu sehen.
Parkplatz Hügelgrab: GPS N 54°44'08.7", E 10°41'12.1"

8

Die Gärten von Tranekær

Eine Runde durch den Schlosspark

Das rote Schloss von Tranekær stammt aus dem 13. Jahrhundert und wird inzwischen von der 13. Generation der Familie Ahlefeldt-Laurvig bewohnt. Besichtigt werden kann es nur mit Voranmeldung und an wenigen Tagen im Jahr. Frei zugänglich sind jedoch die Gärten – einmal ist da der Schlosspark mit alten Bäumen und LandArt-Kunstwerken. Sie sind aus organischen Materialien wie Holz, Erde und Steinen gebaut und verschmelzen mit der Natur. Wind und Wetter ausgesetzt, verändern sie sich im Laufe der Zeit und sind auch ein künstlerischer Ausdruck für den Kreislauf des Lebens. Der zweite Garten von Tranekær ist aufwendig angelegt und ganz anderer Natur.

ÜBER NACHT

Wohnmobilsstellplatz Tullebølle
Drei Plätze auf dem geschotterten Parkplatz an einer Parkanlage mit Grillstellen, Spielplatz und WC.
€ | N 54°57'39.0", E 10°48'13.7"

IN DER NÄHE

Café Orangeriet
In der Orangerie des Schlosses ist heute ein Café untergebracht. Geöffnet 11 bis 16 Uhr, außerhalb der Saison leider nur am Wochenende.

Im Medizingarten von Tranekaer

In fünf kreisförmigen, üppig grünen und liebevoll gestalteten Gärten wachsen über 650 Heilpflanzen aus aller Welt: von Lavendel über Minze und Kamille zu hochwirksamen Giften wie Fingerhut, Maiglöckchen und Alraune. Jede Pflanze im Garten wird auf einer kleinen Tafel benannt. Wer die lateinischen Namen nicht kennt, braucht allerdings den digitalen Übersetzer. Nur die Infotafel mit der Geschichte der *Hildegard von Bingen* ist auch auf Deutsch zu lesen.

Besonders intensiv riecht es dann im Duftgarten zwischen Rose und Jasmin. Am durch die Gärten plätschernden Bach und am Seerosenteich laden Sitzgelegenheiten zum Entspannen ein. Heilung findet ja auf vielen Ebenen statt.
Parkplatz an den Gärten: GPS N 55°00'01.3", E 10°51'19.3".
Wohnmobilparkplatz (tagsüber): GPS N 54°59'59.3", E 10°51'07.4"

Die Exmoor-Ponys von Flådet

Im Flådet, einem Feuchtgebiet südlich von Tranekær, weidet eine weitere Herde Exmoor-Ponys. Sie stammen aus dem Gehege im Süden der Insel. Um Inzucht zu vermeiden, hat man den Nachwuchs auf mehrere Gebiete auf Langeland verteilt.

9

Die Dodekalitten

Kunst und Klang

Zwölf Steine bedeutet der Name des Kunstwerks, das der Bildhauer Thomas Kadziola südlich des Hafens von Kragenæs auf eine Wiese am Meer gesetzt hat. Die zwölf Steinfiguren sind sieben bis neun Meter hoch und gemeißelt aus Granit. Sie stehen streng ausgerichtet in einem großen Kreis und erinnern an die geheimnisvollen Steinkreise der Megalithkultur. Im Inneren des Kreises liegt vor jeder Figur ein Sitzstein.

Die Dodekalitten sind nur zu Fuß zu erreichen und selbst der knapp einen Kilometer lange Weg zu den Steinen zeigt gut geplante Dramaturgie. Zunächst sind wir im Wald unterwegs. Dann treten wir hinaus auf die Felder und – tada – da ist er, der Steinkreis. Wenn wir uns langsam nähern, wehen die ersten Töne über die Ähren und sie werden immer lauter.

Solkreds, Sonnenkreis, heißt die von Wayne Siegel eigens komponierte Klanginstallation, die sich, computergesteuert, immer wieder neu erfindet. Das Computersystem nutzt Daten über den Sonnenstand am Himmel, die Mondphase und die Gezeiten, um die musikalischen Prozesse zu steuern. Sitzt man auf den flachen Steinen im Kreis, ist der Ursprung der Töne deutlich wahrnehmbar: Die Sitzsteine sind auch Klangsteine. Die Töne dringen aus der Erde in den Kreis. Kommt der Ton aus eurem Stein, ist das auch körperlich zu spüren.

Beim Blick in die Runde schaut ihr in ernste, würdige Gesichter, nur eines hat weibliche Züge. Es handelt sich dabei nicht um konkrete Personen. Was der Künstler darstellen will, sind zwölf Charaktere, die widerspiegeln, wo er sich im Leben befand, als die Figur erschaffen wurde. Der erste Dodekalit bekam sein Gesicht im Jahr 2010, der letzte der zwölf Steine soll 2025 fertig werden. »Meine Hoffnung ist, dass das fertige Dodekalit als eine Art Zodiak des Lebens stehen wird. Die zwölf Einsichten des Lebens.« So erklärt der Künstler selbst die Intention seines Werkes.

Kommt ihr mittags zum Steinkreis, wird aus dem mystisch anmutenden Klangteppich Musik. Zum astronomischen Mittag erklingt im Kreis das Sonnenlied. Die genaue Zeit variiert von Tag zu Tag, liegt aber während der normalen Winterzeit immer zwischen 11.58 und 12.30 Uhr. Wenn die Uhr auf Sommerzeit steht, müsst ihr eine Stunde später kommen. Es gibt 30 Sonnenlieder – für jeden Tag des Mondzyklus eines.
Parkplatz am Wegbeginn: GPS N 54°54'57.6", E 11°21'07.6"
Mehr Infos zum Kunstwerk: www.dodekalit.dk

ÜBER NACHT

Der Campingplatz Kragenæs liegt in Fußentfernung zu den Dodekalitten, ist aber teuer und im Sommer oft voll. Eine gute Alternative ist der Stellplatz im nahen Bandholm.

Wohnmobilstellplatz Bandholm
Stellplätze auf Wiesenboden direkt am Wasser. Stromanschlüsse, WC, Dusche und Camper-Station.
€€ | N 54°50'23.3", E 11°28'45.5"

IN DER NÄHE

300 Meter von den Dodekalitten entfernt befindet sich das Ganggrab Glentehøj. Der Hügel ist frei zugänglich, eine Taschenlampe ist sinnvoll.

ÜBER NACHT

Parkplatz Møns Klint
Auf dem Parkplatz am GeoCenter kann man über Nacht stehen bleiben (Parkticket für zwei Tage lösen).
€ | N 54°57′58.7″, E 12°32′48.4″

Camp Møns Klint
Schön angelegtes, sehr beliebtes Naturcamp, von dem die Klippen zu Fuß erreichbar sind.
€€€ | N 54°58′45.2″, E 12°31′20.7″ | campmoensklint.dk

IN DER NÄHE

Ganggräber und Dolmen
Auf Møn wurden besonders viele Grabstätten aus der Jungsteinzeit entdeckt. Dazu gehören zum Beispiel der Dolmen Sømarkedyssen und die Ganggräber von Jordehøj und Grønjægers Høj. Der Fahrradweg »Steinzeitroute« (Oldtidsrouten) im Westen der Insel führt euch zu den spannendsten Plätzen. Einen Fahrradverleih gibt es in Stege.
www.ebikemoen.dk

10

Møns Klint

Die Kreideklippen von Møn

Die größte Attraktion auf Møn sind die bis zu 128 Meter hohen Kreideklippen an der Ostseite der Insel. Nicht nur die Klippen, auch die Landschaft ähnelt sehr der Kreideküste auf der nahen Insel Rügen. Auch hier können wir auf einem Pfad durch den Uferwald mit uralten Buchen an der Steilküste entlangwandern. Die Wanderwege beginnen am GeoCenter Møns Klint, einem Museum, das die geologische Entstehung Dänemarks spielerisch und mit vielen interaktiven Stationen erlebbar macht. Dort führt auch die *Gråryqtrappen* über 468 Stufen hinunter zum Meer.

Wandern an Møns Klint

Die Haupttreppe am GeoCenter ist die mittlere von drei Treppen, die zum Kiesstrand vor der Klippe hinunterführen. Folgen wir den markierten Wanderwegen 4 und 5, können wir in einer kleinen Wanderrunde die Kreidefelsen von oben und unten erleben. Wir laufen dazu auf dem Weg an der Küste nach Norden und steigen die nördliche Treppe hinunter. Am schmalen Kiesstrand vor den Felsen geht es bis zur Südtreppe, dort wieder hinauf und im Küstenwald zurück.
Ganze Runde: Gehzeit 2 h | 4,5 km | ↓↑ 200 m | GPX
Start am Parkplatz: GPS N 54°57'58.7", E 12°32'48.4"

Da aus der weichen, steilen Kalkwand immer wieder Steine hinunterstürzen, ist das Wandern unten am Strand nicht ganz ungefährlich. Vor allem im Frühjahr und nach längeren Regenfällen steigt die Steinschlaggefahr. Vom oberen Weg sieht man aber nicht allzu viel von den Klippen. Wenn ihr nicht unten am Strand laufen möchtet, empfehlen wir zumindest zum Strand hinunterzusteigen. Interessanter als an der Haupttreppe ist das an der etwas steileren Südtreppe. Dort befinden sich besonders schöne Felsformationen.

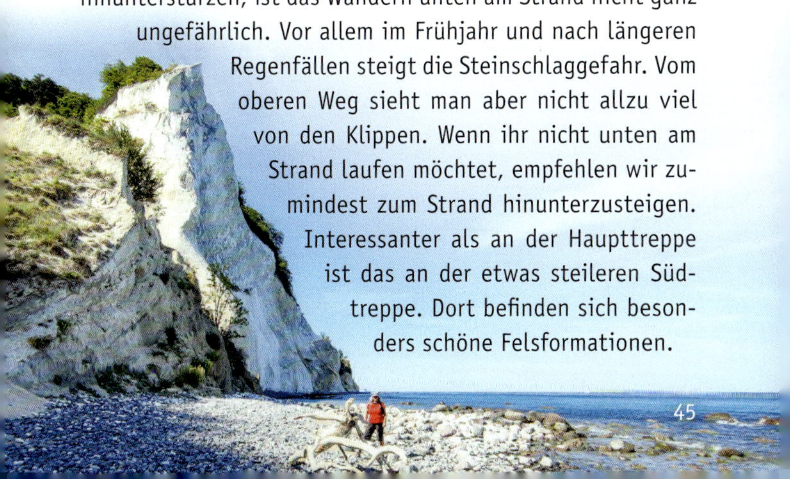

11

Über den Öresund

Eine Brücke über das Meer

Seit dem 1. Juli 2000 können wir die Landesgrenze zwischen Dänemark und Schweden auf einer Brücke überqueren. Die über sieben Kilometer lange Konstruktion des einmaligen Bauwerks besteht aus zwei auf Pfeilern stehenden Rampenbrücken, in deren Mitte eine 57 Meter über dem Wasser schwebende Schrägseilbrücke die Durchfahrt für Schiffe bildet. Die vergleichsweise kurze Bauzeit von 40 Monaten wurde durch die Verwendung von Fertigteilen ermöglicht, die man mit Hilfe eines Schwimmkranes im Wasser montiert hat. Die Baukosten lagen bei etwa einer Milliarde Euro, die jetzt durch die Mauteinnahmen refinanziert werden. Über die Brücke zu fahren, ist daher tatsächlich ein kleines bisschen teurer als die Überquerung des Öresunds mit der Fähre. Diese fährt ein gutes Stück weiter nördlich bei Helsingør nach Schweden hinüber.

Aufregender fanden wir die Fahrt über das einmalige Bauwerk. Kommt ihr von Dänemark, geht es dazu erst einmal durch den Drogdentunnel, der aus zwei Röhren für den Straßenverkehr, zwei weiteren für Züge und einem zusätzlichen Rettungstunnel besteht. Er führt unter dem Öresund hindurch bis zum künstlichen Inselchen Peberholm, das dafür sorgt, dass der Tunnel bei Wellengang nicht geflutet wird. Hier kommen wir zurück ans Tageslicht und auf die eigentliche Öresundbrücke.

ÜBER NACHT

Die Brücke endet am Stadtrand von Malmö. Folgender Stellplatz eignet sich für den Stadtbesucht:

Stellplatz Limhams Marina
Zweckmäßiger Platz mit Parkplatzatmosphäre, auf Asphalt.
€€€ | N 55°35'04.9", E 12°55'10.9"
www.smabatshamnen.se

IN DER NÄHE

Blick auf die Öresundbrücke
An einem kleinen Hafen am Stadtrand von Malmö befindet sich ein Parkplatz, von dem man einen tollen Blick auf die Brücke hat. Übernachten ist nicht verboten, der Platz ist aber auch ein beliebter Treffpunkt bei der einheimischen Jugend.
N 55°34'12.7", E 12°53'54.9"

Dass die Öresundbrücke eine dänisch-schwedische Kooperation ist, drückt übrigens schon ihr Name aus. Er ist weder ganz Schwedisch noch richtig Dänisch. Auf Schwedisch schreibt man den Øresund mit *Ö*, das dänische Wort für Brücke wäre dagegen broen. *Øresundsbron* ist also beides oder keines davon.

Am einfachsten ist es, die Maut vorher online zu bezahlen: www.oresundsbron.com

STELLPLATZ OASEN, RØMØ

Riesiger, aber recht angenehmer Stellplatz mit gepflegten Sanitäranlagen. Den Camper platziert man auf einer Schotterfläche, zwischen den Plätzen liegen großzügige Wiesenstreifen. Ihr habt hier fast so viel Raum wie auf einem Campingplatz, vor allem wenn ihr nicht unbedingt am künstlichen See stehen wollt. Kein Schatten. Gutes Preis-Leistungsverhältnis. Zahlung am Automaten (Ticket gültig bis 12 Uhr am Folgetag).
Ganzjährig geöffnet | €€ | Rømersvej 9, Rømø |
GPS N 55°05'25.1", E 8°32'22.6" | oasen-roemoe.dk

Die Buchten am Strand von Eriks Hale entstehen durch Wellenbrecher

STRANDCAMPING MØN

Naturnaher und angenehm familiärer Platz direkt hinter den flachen Dünen des Ulvshale Strand. Die Sanitäranlagen sind nicht mehr ganz neu, aber sauber. Die Stellplätze sind teilweise etwas uneben. Einige Plätze bekommen Schatten durch große Bäume, von der ersten Reihe (mit Aufpreis) sieht man das Meer. Drei Pfade führen durch den Sand zum Wasser. Die netten, engagierten Besitzer sprechen auch Deutsch. Brötchenservice.
April bis Anfang September | €€ | Ulvshalevej 236, Stege |
GPS N 55°02'21.7", E 12°16'45.9" | www.moenstrandcamping.dk

Ein Teil der Stellplätze liegt an einem künstlichen See

MARSTAL CAMPING

Gepflegtes Gelände am Ortsrand von Marstal. Im oberen Bereich stehen viele Häuschen. Dort befinden sich auch vier preisgünstige Camperplätze. Schöner steht man jedoch ganz unten auf der Wiese (kein Schatten), von der auch das Meer zu sehen ist. Ein schmaler Sandweg bringt euch zum Badesteg und zum Strand Eriks Hale mit kleinen Badebuchten. Ein schöner Spaziergang führt zwischen Meer und Hafenbereich hinaus auf die Nehrung. Kajakverleih links am Hafen. Das Ortszentrum ist zu Fuß zu erreichen.

Ganzjährig geöffnet | €€€ | 1 Egehovedvej, Marstal |
GPS N 54°50'47.5", E 10°31'05.9" | www.marstalcamping.dk

Einfach, familiär und direkt hinter dem Meer

Seen und Meer

Eine Reise durch Südschweden

Filipstad
Karlstad
Garphyttan
Kristinehamn
Fredrikstad
25
Tresticklan
Vänern
Djurö
Kosterhavets nationalpark
24
23
19
Mariestad
Tiveden
WASSBACKEN
22
20
Lidköping
Vättern
Skövde
21
Jönköping
Göteborg
Nässjö
SCHWEDEN
Gislaved
Store Mosse
Värnamo
Falkenberg
Växjö
Halmstad
14
Åsnen
Markaryd
GETNÖ GARD
Hässleholm
Karlshamn
Helsingborg
Kristianstad
Hundested
Söderåsen
Landskrona
Hörby
Kalundborg
KØBENHAVN
Stenshuvud
Roskilde
Malmö
Ystad
Trelleborg
13
12

Norrtälje
Ängsö
Lindesberg
Västerås
Enköping
Köping
Eskilstuna
STOCKHOLM
Örebro
Södertälje
Tyresta
Katrineholm
Nyköping
Norrköping
Linköping
18
Mjölby
N
W
E
S
17
LILLA KALVÖ
50 km
Västervik
Vimmerby
Vetlanda
AUSZEITPLÄTZE
Oskarshamn
12 | ALES STENAR
13 | SANDHAMMAREN
14 | NATIONALPARK ÅSNEN
16
15 | KOSTA SAFARIPARK
15
16 | ÖLAND
Öland
Kalmar
17 | SCHÄREN BEI TORRÖ
FIRST CAMP
18 | GÖTA-KANAL
19 | NATIONALPARK TIVEDEN
20 | HINDENS REV
Karlskrona
21 | SMÖGEN
22 | FJÄLLBACKA
23 | VEDDÖ-NATURPARK
24 | TANUM
OSTSEE
25 | KANUTOUR STORA LE

Seen und Meer

Eine Reise durch Südschweden

Falunrot. Das Farbpigment ist ein Abfallprodukt des Kupferbergbaues und stammt aus der größten schwedischen Mine in Falun. Versetzt mit einer wässrigen Lösung wird es zu einer leicht imprägnierenden Wandfarbe, die gut auf rauem und unbehandeltem Holz verarbeitet werden kann. Sie wird in Falun schon seit 1616 produziert. Dass das Rot an den Farbton der prunkvollen Backsteinbauten der Hansezeit erinnert, machte es im Mittelalter besonders beliebt. Inzwischen ist Falunrot so etwas wie die dritte schwedische Nationalfarbe und die rot gestrichenen Holzhäuser gehören unverrückbar zum gängigen Schweden-Klischee.

Ganz im Süden in Skåne sucht ihr allerdings vergebens danach. Es gibt die roten Holzhäuser hier nur vereinzelt. In der Küstenstadt Ystad trefft ihr eher auf Fachwerk und prunkvolle Bauten aus echtem Backstein. An der Küste östlich der Stadt sind einige der schönsten Strände Südschwedens zu finden. Südlich von Åhus steht ein großer Teil der Küstenlandschaft unter Naturschutz. Neben dem kleinen Naturpark Äspet ist hier auch der südlichste der 30 schwedischen Nationalparks angesiedelt. Im Zentrum des Stenshuvut-Nationalparks liegt der gleichnamige knapp 100 Meter hohe Berg. Im Parkgebiet dominiert Laubwald, der vor allem aus großen alten Hainbuchen besteht.

Idylle im Zentrum von Ystad

In Åhus verlassen wir zum ersten Mal die Küste und siehe da, plötzlich sind sie allgegenwärtig, die roten Schwedenhäuser. Alte und neue, schicke Wohnhäuser mit Satteldach und große Höfe mit mehreren Nebengebäuden – alles in falunrot. Bullerbü lässt grüßen. Wir fühlen uns mittendrin im Schweden-Klischee. In Småland entspricht es tatsächlich der Wirklichkeit.

Astrid Lindgren in Vimmerby

Småland war auch die Heimat von Astrid Lindgren und ihr findet hier viele Dörfer aus ihren Geschichten. Bullerbü heißt allerdings in Wahrheit Sevedstorp und liegt bei Mariannelund. Dort wuchs Astrid Lindgrens Vater auf. Die Häuser, in denen der Film gedreht wurde, sind in Privatbesitz und nicht zu besichtigen. Anders ist das in Katthult, dem Hof, auf dem die Michel-Filme gedreht wurden. Er liegt zehn Kilometer entfernt von Mariannelund. www.katthult.se

In Vimmerby gibt es außerdem Astrid Lindgrens Värld. Hier erwachen die Figuren aus den Lindgren-Büchern zum Leben. Ihr könnt Pippi Langstrumpf, Ronja und Madita begegnen und Michels Holzfiguren in die Hand nehmen. Auf den Bühnen im Park werden den ganzen Tag Astrid-Lindgren-Klassiker gespielt. Der Wohnmobilstellplatz vor dem Tor ist gigantisch groß und natürlich hat das Ganze seinen Preis. Deshalb haben wir aus Vimmerby keinen Spot gemacht. Aber wenn ihr mit Kindern reist oder echte Lindgren-Fans seid, müsst ihr natürlich trotzdem hin. €€€ | www.astridlindgrensvarld.se

In den Schären von Västervik

Die Spuren der Wikinger

Wie auch schon in Dänemark treffen wir im Süden Schwedens auf viele Spuren der Wikinger. Hier sind es vor allem Grabfelder und Runensteine, die beinahe allgegenwärtig sind. Typisch für Schweden sind außerdem die sogenannten Schiffssetzungen – Steinkreise in Form eines Schiffsrumpfes, die meist in der Nähe eines Grabfeldes zu finden sind. Die größte erhaltene Schiffssetzung ist Ales Stenar **[› Spot 12]** in der Nähe von Ystad.

Ebenfalls ein Relikt der Wikingerkultur sind die Felsritzungen, die an vielen Stellen in Südschweden gefunden wurden. Sie zeigen vor allem Kampfszenen, ab und zu auch die Jagd oder Motive aus dem Alltag und sehr, sehr viele Schiffe. Bei Tanumshede an der Westküste **[› Spot 24]** liegen mehrere Felsplatten mit Zeichnungen nahe beieinander, sodass ihr einen guten Eindruck bekommt. Weitere Felsen mit Zeichnungen gibt es an vielen Stellen in Schweden.

Bauwerk aus der Renaissance –
Schloss Kalmar stammt aus dem 16. Jahrhundert

Ostsee, Nordsee oder Moorsee?

Egal ob an der Ost- oder an der Westküste Schwedens – die Schärengärten sind landschaftlich außerordentlich reizvoll. Im Westen sind die Schären von Bohuslän, der Region zwischen Göteborg und der norwegischen Grenze, ein beliebtes Urlaubsgebiet mit hübschen kleinen Orten und tausenden kleiner Inseln, zwischen denen man besonders gut paddeln kann. An der Ostseeseite ist die Schärenküste südlich von Stockholm und rund um Västervik ein spannendes Ziel.

Die schönsten Badestrände liegen dagegen ganz im Süden Schwedens an der Ostsee und am Kattegat auf der Nordseeseite. Auch Öland gilt als Badeinsel. Aber nachdem wir das Meer ganz im Süden in Sandhammaren noch klar und sauber erleben, stehen wir an Ölands Stränden und auch an den Schären rund um Västervik oft vor einem grünen, unangenehmen Algenteppich. An einem Strand auf Öland schwimmen Dutzende toter kleiner Fische auf dem Wasser. Da kann der Strand dann noch so schön sein, die Lust zum Baden vergeht uns recht schnell – trotz sommerlich heißer Temperaturen. Das ist sicher nicht immer so krass und nur eine Momentaufnahme. Trotzdem ist es ja kein Geheimnis: Die Wasserqualität der Ostsee ist mäßig und das Meer ist ernsthaft in Gefahr.

Die Zimtschnecke ist sozusagen das »Schwedische Nationalgebäck«

Gute Wasserqualität haben dagegen die Seen im Landesinneren. Viele davon sind Moorseen und ihr Wasser ist nicht nur sauberer, sondern auch wärmer als das Meer. Wer baden möchte, ist hier mindestens genauso gut aufgehoben wie an der Küste. An den großen Seen Vänern und Vättern kann man sogar Sandstrände finden.

Die schwedische Fika

Jenseits der Straßen gibt es zwei Dinge, denen ihr in Schweden ganz sicher begegnet: der Zimtschnecke und der Fika. Beides ist oft eng verbunden, denn die Fika ist einerseits eine schwedische Institution, andererseits aber auch nur eine Kaffeepause. Und was könnte besser schmecken zum Kaffee oder zum Tee als eine frisch gebackene Zimtschnecke. *Kanelbullar* heißt das Gebäck auf schwedisch und je nachdem, wo ihr es kauft, kann die Schnecke ganz unterschiedlich schmecken. Meist ist sie jedoch saftig und wenn man den Hagelzucker entfernt, auch nur noch mäßig süß, jedenfalls fast immer köstlich. *Kanelbullar* gibt es in jeder Bäckerei und auch im Supermarkt. Sie sind sozusagen das schwedische Nationalgebäck und haben sogar einen eigenen Feiertag: der 4. Oktober ist der *Kanelbullens Dag*.

Eine Fika macht man in Schweden oft mehrfach am Tag. Sie dauert etwa 15 bis 45 Minuten und es geht darum, sich bei einer entspannten Pause zu erholen. Die Fika hat aber auch eine soziale Komponente, denn sie wird vorzugsweise mit Freunden, Familie oder Kollegen zelebriert.

Schärenhafen bei Fjällbacka

Blaubeere und Moltebeere

In den schwedischen Wäldern und Mooren gibt es nicht nur Bären, hier sind auch viele Blaubeeren zu finden. Reif werden sie in den südlicheren Regionen Anfang Juli, weiter im Norden brauchen sie zwei bis drei Wochen länger. Während wir im Tiveden-Nationalpark reiche Ernte haben, sind die Blaubeeren ein paar Tage später im nördlicheren Hamra-Nationalpark noch grün. Blaubeeren im Müsli oder ein Blaubeerpfannkuchen aus dem Omnia sind für uns ein echtes Reise-Highlight und ein Grund, eine Reise nach Skandinavien oder ins Baltikum zur richtigen Zeit anzutreten – auch wenn unsere Wanderungen dann meist etwas länger dauern. Auf dieser Reise probieren wir auch zum ersten Mal Moltebeeren, so richtig begeistern können wir uns dafür aber nicht. **[› Seite 418]**

DIE BESTE REISEZEIT

Die schwedische Sommersaison beginnt am Mittsommertag. Vorher ist es auf Camping- und Stellplätzen relativ ruhig. Südschweden ist außerdem von der deutschen Ostseeküste schnell per Fähre zu erreichen und ein beliebtes Ziel in den Sommerferien. Wer noch bis zum Nordkap will, sollte die Region also möglichst vor den Sommerferien bereisen, wenn es hier noch ruhig ist. Die Winter sind vor allem an der Westküste beeinflusst vom Golfstrom und vergleichsweise mild.

REISE-LITERATUR

Erlebnistouren mit dem Wohnmobil Schweden. Der Süden.
In Südschweden gibt es wirklich viel zu sehen. Infos, Stellplätze und Sehenswürdigkeiten in allen Regionen findet ihr im komplett neu recherchierten WOMO-Band 54, den unsere Kollegin Anke Globi für euch zusammengestellt hat. Das Buch erscheint im Mai 2024. Ihr findet die Autorin auch bei Instagram unter @ankeunterwegsimglobe.
Mehr Infos zum Buch: www.womo.de

12

Ales Stenar

Die Steinschiffe der Wikinger

Eine Schiffssetzung besteht aus aufgestellten Steinen in Form eines Bootes und erinnert an die Steinkreise im keltischen Raum. Schiffssetzungen sind vorrangig im Ostseeraum zu finden. Es gibt fast 2000 davon und die meisten stammen aus der Wikingerzeit. Wenige ältere Exemplare wurden in die Bronzezeit datiert. In einigen »Schiffen« hat man Urnen gefunden, häufig sind sie außerdem in Verbindung mit Grabhügeln und Runensteinen anzutreffen. Man geht daher davon aus, dass es sich bei den Steinreihen um einen Teil des Grabkultes handelte. Sie könnten zum Beispiel das Schiff symbolisieren, das die Verstorbenen in das Totenreich bringt. Eine andere, weniger akzeptierte Interpretation baut darauf auf, dass die Steinschiffe immer genau in Nord-Südrichtung errichtet wurden. Der Amateurarchäologe Bob G. Lind hält die Steinsetzungen für einen bronzezeitlichen Sonnenkalender.

Ales Stenar ist mit 67 Metern Länge und 19 Metern Breite eine der größten Anlagen in Skandinavien. Die Steine, die Bug und Heck des Schiffes symbolisieren, sind gute drei Meter hoch, der Rest ist kleiner. Ales Stenar hat die Zeit übrigens nicht unversehrt überstanden. Vor der ersten Restaurierung im Jahr 1916 standen nur noch 16 der 59 Steine aufrecht und ein Teil von ihnen war mit Sand bedeckt. Sie wurden vom Sand befreit und wieder aufgerichtet.

Das Steinschiff steht auf einer Ebene, die steil zum Meer hin abfällt. Vom Parkplatz läuft man einen guten Kilometer dorthin. Auf dem Rückweg könnt ihr rechts zum Hafen von Kåseberga hinunterlaufen. Dort warten mehrere Restaurants, die örtliche Fischerei und eine große Eisdiele auf hungrige Menschen. Auf dem Weg vom Wohnmobilparkplatz zu den Steinen kommt ihr außerdem am *Vanlife Hideout* vorbei, einem einladenden Café mit Campervan in der Einfahrt. Ihr habt also die Qual der Wahl.

Wohnmobilparkplatz: GPS N 55°23'18.1", E 14°03'45.6"

ÜBER NACHT

Wohnmobilstellplatz Ales Stenar
Großer Wiesenplatz zwischen Parkplatz und Straße. Mit Strom, Camper-Station, WC und Dusche.
€€ – €€€ | N 55°23'20.5", E 14°03'42.9"

IN DER NÄHE

Wikingergrab in Kivik
Ein Ganggrab aus der Wikingerzeit könnt ihr in Kivik besichtigen. Die Steine in der Grabkammer sind mit Ritzzeichnungen verziert.
€€ | N 55°40'59.8", E 14°14'00.4"

13

Sandhammaren

Karibikstrand in Südschweden

An sonnigen Tagen glitzert das Wasser am langen, schneeweißen Sandstrand, als hätten wir uns ans Mittelmeer verirrt. Das Meer wird hier ganz langsam tiefer und an manchen Stellen verstecken sich nur knapp überspülte vorgelagerte Sandbänke. Sandhammaren ist ein Traumbadestrand und so einladend, dass man fast vergessen könnte, dass das Wasser doch nur die gängigen Ostseetemperaturen aufweist.

Weil die Strömung Sand von den Nachbarstränden anspült, wird der Strand immer breiter. Dahinter hat sich Flugsand zu Wanderdünen aufgetürmt. Gestoppt wird er von einem Kiefernwald, den man im 18. Jahrhundert gepflanzt hat, um den ursprünglich hier stehenden Eichenwald zu ersetzen und den Sand an der Küste zu halten. Das ganze Gebiet von Sandhammaren steht heute unter Naturschutz.

Die Sandbänke, die den Strand als Badeziel so attraktiv machen, sind auch der Grund, aus dem das Meer vor Sandhammaren zum größten Schiffsfriedhof in Schweden wurde. Tausende von Booten liefen hier im Laufe der Jahrhunderte auf Grund. Einige davon haben Strandräuber mit falschen Lichtsignalen auf die Sandbänke gelockt.

In der Altstadt von Ystad

ÜBER NACHT

Löderups Strandbad Camping
Einfach ausgestatteter Campingplatz am Nachbarstrand mit vielen Dauercampern und einer Reihe Stellplätze für Reisende direkt hinter dem Meer.
€€–€€€ | N 55°22'54.1", E 14°07'43.2" |
www.loderupscamping.se

IN DER NÄHE

Sandhammaren liegt wenige Kilometer westlich von Ystad. Die Stadt ist den Fans der Wallander-Krimis sicher ein Begriff. Aber auch ohne die Suche nach Krimi-Locations lohnt sich ein Bummel durch die Altstadt. Besonders idyllisch ist es am Kloster.

So baute man 1861 den ersten Leuchtturm, ein Jahr später kam ein zweiter dazu. Das Zwillingssignal sollte Verwechslungen ausschließen und die Schiffe von den Sandbänken fernhalten. Da die Türme im tiefen Sand stehen, in dem das Bauen schwierig ist, wählte man eine offene Metallkonstruktion. Das Leuchtfeuer wurde zuerst mittels Rübenöllampen betrieben. Ab 1887 kam eine Petroleumlampe zum Einsatz. Beide Türme sind noch heute in Betrieb.

Parkplatz am Straßenrand: GPS N 55°23'13.7", E 14°11'39.5"
Zufahrt nur für Fahrzeuge bis sechs Meter Länge

14

Im Reich der Fischadler

Eine Kanutour im Åsnen-Nationalpark

Der Åsnen-Nationalpark ist ein Naturparadies mit über tausend teilweise nur winzigen Inseln. Viele davon sind Vogelschutzgebiete. Im Nationalpark sind Fisch- und Seeadler zu Hause. Wer Glück hat, sieht sie am Himmel kreisen oder kann sie sogar bei der Jagd beobachten. Der schwarz-weiß gefiederte Fischadler ist dabei an seinem Flugverhalten gut zu erkennen. Rüttelnd wie ein Falke steht er quasi über dem See. Sieht er Beute, lässt er sich senkrecht ins Wasser fallen und taucht dabei oft auch unter. Wenn die Jagd erfolgreich war, hat er anschließend einen Fisch in den Klauen.

ÜBER NACHT

Camping Getnö Gård Resort
Naturcampingplatz mit etwas einfacheren Sanitäranlagen. Tolle Plätze direkt am Seeufer (Aufpreis), eigene Badestelle und Verleih von Kanus.
€€ | April bis Oktober |
N 56°35'05.8", E 14°41'40.9" |
www.getnogard.se

IN DER NÄHE

Nationalparkzugang Trollberget
Trollberget ist einer von drei Zugängen zum Nationalparks. Hier sind mehrere kurze Wanderwege markiert. Die orange Runde (3 km) führt euch durch einen wilden Wald zu schönen Plätzen am Seeufer.
N 56°36'51.6", E 14°36'54.8"

Åsnen ist der jüngste Nationalpark in Schweden. Er wurde 2018 ausgewiesen und besteht zu 75 Prozent aus Wasser. Da liegt es nahe, ihn mit dem Kanu zu erkunden. Wenn ihr mit eigenen Boot unterwegs seid, informiert euch vorher über die Schutzgebiete, einige der Inseln sind Brutgebiete und dürfen im Sommer nicht betreten werden. Das wird vor Ort durch gelbe Schilder signalisiert. Einen Kanurastplatz findet ihr an der Südspitze der Insel Bergön. Kanus könnt ihr auf allen Campingplätzen am See ausleihen.

15

Wisent, Hirsch und Elch

Safaripark auf Schwedisch

Das Besondere an einem Safaripark ist, dass ihr mit eurem eigenen Fahrzeug durch ein Gelände fahrt, in dem Wildtiere sich frei bewegen können. Im Wald von Kosta sind aber keine Löwen und Giraffen zu Hause, sondern die Tierarten, die tatsächlich in den schwedischen Wäldern heimisch sind: Rotwild und Damwild, jede Menge Wildschweine, Mufflons, Wisente und natürlich auch Elche. Ein schmaler geschotterter Fahrweg führt in einer großen Runde durch einen naturbelassenen Wald, der bei unserem Besuch leider durch Maßnahmen gegen den Borkenkäfer stellenweise etwas ruppig aussieht.

Die Wildschweine sind allgegenwärtig und finden ein Auto auf dem Fahrweg völlig uninteressant. Nur eine Muttersau treibt ihre Rotte quirliger Frischlinge schnell in den Wald, als wir mit unserem Campingbus an einer der Schweinefutterstellen halten. Wenig später entdecken wir den ersten Wisent – weit weg vom Fahrweg. Kurz darauf stehen wir dann mitten drin. Eine große Wisentfamilie mit drei ganz jungen Kälbern döst in einer Sandkuhle. Sie sind zum Greifen nah und ebenfalls ziemlich unbeeindruckt von unserem Camper. Rotwild und Damwild kreuzt gleich mehrfach unseren Weg. Was uns jetzt noch fehlt, ist ein Elch.

Das bleibt so bis zum Ende der Runde. Und jetzt? Noch einmal rundherum! Aufmerksam durchkämmen wir den Wald mit unseren Blicken. Und tatsächlich, da ist er! Ganz am Ende der Runde, direkt an der Straße, kaum zu übersehen. Gelassen knabbert er an einer jungen Birke und demonstriert uns, dass Elche, um an frisches Grün zu kommen, mühelos kleine Bäume umknicken. Er geht zum Trinken in den Bach und verschwindet anschließend mit schwankendem Schritt im Wald.

€€€ | GPS N 56°48'55.9", E 15°22'47.2" | www.kostasafaripark.se. In der Nebensaison ist der Parkeingang unbesetzt. Euer Ticket kauft ihr dann online. Das Tor öffnet sich nach dem Scannen des Ticket-QR-Codes. Das Ticket gilt für einen Tag. Ihr könnt also mehrfach durch das Tor in den Park fahren.

ÜBER NACHT

Wohnmobilstellplatz Safaripark

Großer, schön angelegter Stellplatz am Eingang des Safariparks. Einige Plätze liegen am Gehegezaun und an einer Futterstelle des Damwildes. Sanitärhaus mit WC und Duschen, Camper-Service vor dem Platz.
€€€ | N 56°48'57.8", E 15°22'41.5"

IN DER NÄHE

Gronåsens Älgpark

Eine gute Alternative ist der wenige Kilometer entfernte Elchpark. Das Freigelände kann auf einem Fußweg umrundet werden. Garantiert zu sehen ist die Elchfamilie am Eingang.
€€ | N 56°50'14.5", E 15°26'36.5" | www.gronasen.se

ÜBER NACHT

Auf dem Parkplatz des **Museums Himmelsberga** dürft ihr gegen eine Spende auch nachts stehen.

Stellplatz Bläsinge Hamn
Stellplätze mit Meerblick hinter dem Hamnkrog (Strom) oder 200 Meter vorher auf einer Wiese am Meer.
€–€€ | N 56°37'12.1", E 16°42'05.5"

Stellplatz Nabbelund Hamn
Plätze mit Blick über den Grankullaviken auf den Leuchtturm. Strom, Dusche, WC, gelbliches Trinkwasser.
€€ | N 57°20'56.1", E 17°05'16.5"

Stellplatz Byxelkrok
Schöne Plätze verteilt in einem weitläufigen Gelände. Kurzer Fußweg zur steinigen Küste. Keine Ausstattung.
€ | N 57°20'58.4", E 17°02'10.2"

Es gibt auf Öland außerdem viele weitere Stellplätze und mehrere Campingplätze direkt hinter sehr schönen Sandbuchten. Wir waren am Mittsommer-Wochenende hier, sodass diese entsprechend voll waren. Da das Meer bei unserem Besuch außerdem wegen vieler Algen nicht besonders einladend war, haben wir keinen der Campingplätze getestet.

16

Öland

Insel der Windmühlen

Öland ist eine lange Insel. Zwischen dem schlanken weißen Leuchtturm *Långe Erik* ganz im Norden und dem *Långe Jan*, seinem Pendant auf der Südspitze der Insel, liegen knapp 140 Kilometer Luftlinie. Im Norden sind an der Küste interessante Steinformationen zu entdecken, im Landesinneren verstecken sich in den kargen Wiesen alte Runensteine und mehrere große Gräberfelder. In Karums Alvar und Gettlinge sind noch einmal Schiffssetzungen zu sehen – sie sind jedoch deutlich kleiner als Ales Stenar. Lange Sandstrände gibt es auf der Ostseite bei Böda und auf der Westseite bei Borgholm und Byrum.

Der Wind ist allgegenwärtig auf Öland. Noch im letzten Jahrhundert diente er als zuverlässiger Antrieb für etwa 2000 Windmühlen. Etwa 400 davon stehen auch heute noch, die meisten in der Mitte der Insel. Auch die Form der historischen Bauernhöfe, die in einigen Dörfern noch zu finden sind, ist dem stetig blasenden Wind geschuldet. Nur in einem vollständig umbauten Innenhof hatte man Ruhe vor den Böen. So stellte man Haus und Nebengebäude in ein Quadrat. Ein Tor in der Hofwand öffnet sich zum windgeschützten Innenhof und gibt dabei den Blick auf die Tür des Wohnhauses frei.

Bläsinge Hamn

Fahrt ihr hinter der Brücke direkt quer über die Insel, entkommt ihr schnell dem quirligen Ort Färjestaden und beamt euch mit kurzer Fahrt in eine dörfliche Idylle. Wir tuckern

Im Garten von Himmelsberga stehen die Tische des Museumscafés

durch das niedliche Dorf zum Meer und treffen am Fischerhafen auf den Hamnkrog, einen Imbiss, der nur im Sommer geöffnet ist. Daneben liegen Stellplätze für Wohnmobile. 200 Meter davor dürft ihr auf einer Wiese hinter einem schmalen Strand ebenfalls über Nacht parken. Fahrt ihr dann von hier aus zum Freilichtmuseum Himmelsberga, lernt ihr die Insel gleich von ihrer idyllischsten Seite kennen.

Zeitreise in Himmelsberga

In Himmelsberga könnt ihr einige der alten Vierseitenhöfe von Innen anschauen. Die Höfe Norrgården und Karl Olsgårdens wurden hier im 18. und 19. Jahrhundert erbaut und sind originalgetreu eingerichtet. Einige kleinere Gebäude hat man in anderen Orten der Insel ab- und hier wieder aufgebaut. Zwischen den Höfen befindet sich ein einladendes Café und im Haus auf der anderen Straßenseite werden Werke von Öländischen Küstlerinnen und Künstlern gezeigt.
€€ | GPS N 56°44'24.6", E 16°42'43.9" | olandsmuseum.com

Spuren der Erosion: Die Felssäulen von Byrums Raukar

Byrums Raukar und Neptuni åkrar

Ganz im Norden Ölands, südlich der langen Sandbucht von Byrum, hat das Meer aus dem Kalkboden bis zu vier Meter hohe Felssäulen geschliffen. Man bezeichnet sie als *Raukar*. In den Steinen stecken viele Fossilien.

Ebenfalls ungewöhnlich sind die weiten Kiesfelder nördlich von Byxelkrog, die als *Neptuni Åkrar* (Neptuns Felder) ausgeschildert sind. Ein Weg führt durch den Kies nach Norden, wo der Strand aus großen Steinplatten besteht. Sie sind genau wie die Raukar aus waagrechten Steinschichten aufgebaut und verleihen der Küste eine recht ungewöhnliche Optik, die an eine Mondlandschaft erinnert.

Byrums Raukar: GPS N 57°13'20.7", E 16°57'08.3"
Neptuni Åkrar: GPS N 57°20'44.4", E 17°01'37.4"

Der Nachbau einer historischen Ringwallburg in Eketorp

Der Långe Erik und die Nordspitze

Der weiße Leuchtturm an der Nordspitze Ölands steht auf einem Inselchen der mehrfach unterbrochenen Nehrung, welche die Bucht Grankullaviken fast vom Meer abtrennt. Der aus Kalkstein gemauerte Turm ist 32 Meter hoch und wurde 1845 in Betrieb genommen. Während der Sommersaison könnt ihr hinaufsteigen und den Blick über die Küste genießen.
Start am Parkplatz: GPS N 57°22'2.5", E 17°05'24.1"

Am gegenüberliegenden Ende der Nehrung ist das *Naturum Trollskogen* Ausgangspunkt für die besonders abwechslungsreiche **Wanderrunde auf dem Trollskogestigen**. Sie ist rot markiert und führt am *Grankullaviken* entlang zu einem Gräberfeld und zur Landspitze mit Leuchtturmblick. Zwischen windzerzausten Kiefern geht es weiter zu einer uralten Eiche und zum Wrack des 1926 gesunkenen Schoners Swift.
Start am Parkplatz: GPS N 57°20'31.1", E 17°07'06.5"
4,8 km | Gehzeit 1 h 30 | GPX

Der lange Erik steht an der Nordspitze von Öland

Schiffssetzung im Gräberfeld Gettlinge

Der Långe Jan und die Südspitze

Mit 41,6 Metern ist der Långe Jan der höchste Leuchtturm in Skandinavien – auch wenn er mit seinem schwarzen Querringel eher gedrungen wirkt. Er wurde aus den Trümmern der nahe gelegenen und nach der Reformation abgerissenen Sankt-Johannes-Kapelle erbaut und ging 1785 in Betrieb. 197 Stufen müsst ihr hinauf, um von seiner Plattform über die karge Landschaft der Südspitze, der *Södra Udde*, zu gucken. Flache Sumpfseen machen sie zum perfekten Brutgebiet für Watvögel. Am Fuß des Leuchtturmes informiert das Naturum Ottenby mit zugehöriger Vogelwarte über das Vogelschutzgebiet, das eines der wichtigsten in Schweden ist.
Parkplatz am Leuchtturm: GPS N 56°11'55.4", E 16°23'57.3"

Die Festung von Eketorp

In Eketorp wurde eine der Ringwallburgen aus der Eisenzeit nachgebaut. Die Anlage entstand auf den Grundmauern des Originals. Innerhalb der runden Mauer befindet sich in reetgedeckten Hütten eine Ausstellung zu den Ringburgen auf Öland. Die Hütten an der Außenmauer sind originalgetreu eingerichtet. An Stationen könnt ihr Brot backen, Bogenschießen und verschiedene Spiele ausprobieren.
€€ | GPS N 56°17'30.2", E 16°29'01.2" | www.eketorpsborg.se

Gräberfeld Gettlinge

Hier ist noch einmal eine besonders schöne Schiffssetzung zu sehen. Dahinter steht in fotogener Position eine Windmühle. Wer genauer hinguckt, findet ein paar Schritte weiter ein zweites, nicht ganz so auffälliges Steinschiff.
Anlage frei zugänglich: GPS N 56°23'18.2", E 16°26'07.1"

17

Einmal rund um Torrö

In den Schären von Ostergötland

Vor der Küste von Västervik beginnt einer der schönsten Schärengärten in Schweden. Er besteht aus hunderten kleiner Felsinselchen, die die Gletscher der letzten Eiszeit glattgeschliffen haben. Einige der größeren Inseln sind bewohnt, die meisten kleinen Inseln gehören nur den Wasservögeln. Von Västervik und Loftahammers fahren Boote nach Hasselöh, einer der größeren, bewohnten Schäreninseln. Ebenfalls per Boot erreichbar sind die kleineren Inseln Ragö und Idö.

Im Naturpark Åsvikelandet, einige Kilometer nördlich von Västervik, kommt ihr ganz ohne Boot mitten hinein in die Schärenlandschaft und auf das Inselchen Torrö. Die Zufahrt zum Wanderparkplatz erfolgt über eine gut drei Kilometer lange, schmale, aber gut befahrbare Schotterpiste.

ÜBER NACHT

Camping Lilla Kalvö
Wiesenplatz direkt am Ufer eines Schärensees. Schöne Badestelle, kein Strom, Dusche 800 Meter entfernt. Anmeldung per Telefon.
€€ | Nur im Sommer geöffnet | N 58°00'02.2", E 16°42'39.3"

Stellplatz Bondbacken, Västervik
Schöner Platz in ruhiger Lage, WC und Frischwasser vorhanden (sonst nichts). Kurzer Fußweg zur schöner Badebucht und zum Anleger der Boote nach Hasselöh.
€€ | N 57°45'46.1", E 16°41'12.8"

IN DER NÄHE

Mit dem Postboot durch die Schären
Mo, Mi und Fr fährt vom Gransö-Kanal auf der Insel vor Västervik ein Postboot durch die Schären und nimmt dabei Fahrgäste mit.
ww.solido.se

Der Wanderparkplatz befindet sich gut vier Kilometer vor Torrö im Wald. Nur Anwohner dürfen von hier aus weiterfahren. Wer Fahrräder dabei hat, kann die vier Kilometer Fahrweg bis zur Torrö-Brücke radeln. Erst hinter der Brücke links beginnt der schmale Wanderpfad, der über die Felsen der zerklüfteten Küste und durch den Kiefernwald mit Moos und Flechten einmal um die Insel führt. Er ist mit oranger Farbe gut markiert und bringt euch immer am Meer entlang zu einem Parkplatz in der Inselmitte. Wer auch noch um Torrös Westspitze laufen möchte, hält sich hier links. Rechts geht es zurück zur Brücke.

Kurze Tour: 4 h, 12 km | Lange Tour: 5 h, 16 km | GPX
Start am Parkplatz: GPS N 58°01'40.1", E 16°45'05.4"

ÜBER NACHT

Wohnmobilstellplatz Söderköping
Schotterplatz in ruhiger Lage am Ortsrand. WC, Dusche, Waschmaschine am Hafen. Camper-Service. Bezahlung online über Website mit Kreditkarte.
€€ | Mitte April bis September | N 58°28'51.6", E 16°19'58.1"

Wohnmobilstellplatz Berg
Großer Stellplatz auf Wiesen- und Schotterboden, direkt neben den Schleusen. Das Sanitärhaus mit Dusche, WC und Waschmaschine steht gut 200 Meter entfernt. Frischwasser und WC-Entsorgung.
€€ | N 58°29'04.4", E 15°31'41.9"

18

Bootsweg durch Schweden

Söderköping und der Göta-Kanal

22 Jahre vergingen zwischen dem ersten Spatenstich und dem Tag, an dem das erste Frachtschiff auf dem Göta-Kanal unterwegs war. Der Kanal wurde 1832 eröffnet, verbindet die schwedische Nordsee mit der Ostsee und machte Schweden unabhängig von der Gunst Dänemarks und dem Sundzoll, der fällig wurde, wenn ein Handelsschiff den Öresund durchqueren wollte. Mit Hilfe von 58 Schleusen überwindet der Kanal einen Höhenunterschied von fast 100 Metern. Sein wirtschaftlicher Nutzen war aber nur von kurzer Dauer, denn schon bald nach seiner Fertigstellung trat die Eisenbahn ihren Siegeszug an.

Heute fahren auf dem Göta-Kanal vor allem Freizeitboote, darunter auch die historischen Passagierschiffe Diana, Juno und Wilhelm Tham, die so gebaut sind, dass sie geradeso in die Schleusen passen. Die Juno fährt schon seit 1874 auf dem Kanal und gilt als das älteste Passierschiff der Welt, das heute noch im Einsatz ist. Außerdem führt ein Fahrradweg am Kanalufer entlang. Um die Schleusen gibt es Restaurants und Cafés – und auch häufig Stellplätze für Wohnmobile. Ein besonders netter Ort ist Söderköping am Übergang des Kanals in die Ostsee. Neben etlichen Restaurants ist hier direkt an der Schleuse die angeblich beste Eisdiele Schwedens zu finden.

Einen weiteren Stopp lohnt die Schiffstreppe *Bergs Slussar* einige Kilometer nördlich von Linköping. Sie überwindet mit sieben direkt aufeinander folgenden Schleusen fast 20 Meter Höhenunterschied. In der Nähe von Bergs Slussar könnt ihr außerdem den schönen Badestrand Bergsbaden sowie die Ruine des Klosters Vreta besuchen.

ÜBER NACHT

Camping Stenkällegården
Sehr schöner, in Terrassen angelegter Platz oberhalb eines kleinen Sees und am Eingang zum Nationalpark. Viele Plätze mit Seeblick. Restaurant, gute Sanitäranlagen, Camper-Service, Waschmaschine.
€€–€€€ | April bis Mitte Oktober | N 58°40'50.8", E 14°35'53.4" | www.stenkallegarden.se

IN DER NÄHE

Südlich des Nationalparks verbindet der Götakanal die Seen Vänern und Vättern. Am Kanal liegen mehrere Stellplätze. Empfehlen können wir den einfachen Platz an der Schleuse von Tatorp und den gut ausgestatteten Stellplatz am Café in Hajstorp. Beide sind in der Saison schnell belegt, dann ist der Camping Wassbacken **[› Seite 97]** eine gute Alternative.

19

Nationalpark Tiveden

Durch den Trollwald von See zu See

Zwischen den beiden großen Seen Vättern und Vänern hat das Inlandeis der letzten Eiszeit tausende dicker Steinbrocken und viele kleine Seen hinterlassen. Zwischen den moosbewachsenen Riesenfindlingen krallen sich die Wurzeln genügsamer Nadelbäume in den Boden. Das Gebiet des Nationalparks Tiveden wurde nie forstwirtschaftlich genutzt und so wächst hier einer der wildesten Wälder Schwedens – und dazu Unmengen von Blaubeeren, die Ende Juni langsam reif werden.

Es gibt mehrere Zugänge zum Nationalpark. Am besten zum Wandern eignet sich der Parkplatz Huvudentrén, an dem auch die Nationalpark-Info zu finden ist. Hier beginnen fünf verschiedene Rundwege, von denen wir zwei ausgesucht haben: Stenkällerundan und Trollkyrkorundan. Sie führen zu den bemerkenswerten Plätzen im Zentrum des Parks und lassen sich auch gut zu einer größeren Runde kombinieren.

Parkplatz Huvudentrén: GPS N 58°42′57.2″, E 14°35′34.8″
Weitere Wege, aus denen ihr gut eine Runde mit etwa 16 Kilometern zusammenstellen könnt, unter www.tiveden.se

Stenkällerundan

Der Rundweg ist gelb markiert und führt durch einen wilden Wald mit vielen dicken Findlingen zum *Stenkälle*, einer Höhle unter großen Felsbrocken. Ein Abstecher bringt uns über eine lange Treppe hinauf auf einen Aussichtspunkt, auf dem Felsbuckel *Stenkalleklack*, ein weiterer Stichweg (ein Kilometer zusätzlich) zum offiziellen Badeplatz in Vitsand. Auf dem Rückweg geht es dann am Ufer des großen Sees *Stora Trehörningen* entlang. Kurz vor dem Ende der Runde führt ein Weg nach rechts auf eine Landzunge mit schmalem Sandstrand, die sich perfekt für ein Picknick eignet.

Die Runde ist zwar kurz, aber alles andere als ein Spaziergang. Es geht stetig über Stock und Stein und immer wieder steil bergauf oder bergab. Da Felsplatten und Wurzeln bei Nässe schnell rutschig werden, solltet ihr trittsicher sein und auch Wanderschuhe sind nicht übertrieben.

2,6 km, ↓↑ 50 m, Gehzeit 1 h30 | GPX

Trollkyrkorundan

Die Trollkirchen (Trollkyrke) von Tiveden sind besonders große Findlingshügel, von denen ihr weit über die Baumwipfel gucken könnt. Gleich zwei davon liegen an der rot markierten Runde: die *Lilla Trollkyrkan* ist relativ leicht zu erklettern, der Aufstieg aufs Plateau der *Stora Trollkyrkan* ist anspruchsvoller. Die beste Route ist mit weißen Bändern markiert. Weitere Highlights an der Runde sind die beiden Moorseen *Trollkyrkesjön* und *Metesjön*. Am zweiten See gibt

es besonders schöne Plätze für eine Pause. Auch dieser Pfad führt über Stock und Stein, sodass die 3,5 Stunden Gehzeit, die vor Ort angegeben werden, tatsächlich nur leicht übertrieben sind.

Der Wanderpfad selbst führt durch einen besonders ursprünglichen Teil des Waldes. Hier könnt ihr gut erkennen, wie ein echter Urwald funktioniert. Etwa ein Drittel der Bäume sind hier tot. Das Totholz ist aber ein wichtiger Bestandteil des Ökosystems. Es bildet nicht nur die Lebensgrundlage für viele Insekten, auch die jungen Bäume ziehen Nährstoffe aus dem verrottenden Holz. Auch kleinere Brände sind wichtig für das natürliche Gleichgewicht. Sie sorgen dafür, dass die schnell wachsenden, aber nicht feuerresistenten Fichten im Unterholz nicht zu dicht werden und alle anderen Pflanzen verdrängen. Die riesigen Kiefern mit ihren hohen Stämmen überstehen kleinere Feuer dagegen meist unbeschadet.
5 km, ↓↑ 150 m, Gehzeit 2 h30 | GPX

20

Blick auf den Vänern

Der Strand von Söda und das Hindens Rev

Vättern und Vänern heißen die beiden großen Seen im Zentrum Schwedens. An beiden Seeufern gibt es lange Sandstrände. Am Vättern gilt der Strand von Motala als der beste Ort zum Baden. Er liegt jedoch direkt am Ortsrand und ist entsprechend gut besucht. Besser gefällt es uns am abgelegenen Strand von Söda am Ostufer des Vänern. Dort ragt außerdem das Hindens Rev, eine fast vier Kilometer lange, aber teilweise nur wenige Meter breite Landzunge in den See und lädt zu einem ungewöhnlichen Spaziergang ein.

Söda liegt an der Westseite der Halbinsel, die sich bei Lidköping in den Vänern zieht. Auf dem großen Parkplatz hinter dem Strand stehen immer auch einige Wohnmobile. Fahrt ihr an der Zufahrt zum Strand noch ein Stück weiter, kommt ihr zum Wanderparkplatz am Beginn der Landzunge. Strandparkplatz: GPS N 58°33'35.3", E 12°56'36.1"

Wanderung am Hindens rev

Erst am Ende der Landzunge realisieren wir so richtig, dass wir von Wasser umgeben sind. Wir stehen mitten im Vänern. Von der Südseite rauschen die Wellen auf das Kiesufer, auf der andern Seite kräuselt sich das Wasser nur ganz leicht im heftig pustenden Wind. Dann lösen sich die ersten Tropfen aus den graublauen Wolken über uns. Überall Wasser.

Der Weg zur Landspitze – eigentlich ist es eher ein Pfad – führt durch dichten Wald. Er beginnt am Parkplatz und ist eben und gut zu gehen. Meist verläuft er auf der südlichen Seite der Landzunge und ab und zu eiern wir auch mit gutem Blick auf den See über das Kiesufer. Hier gibt es einige schöne Rastplätze. Ab und zu sieht – oder hört – man auch das Wasser auf der Nordseite. Trotzdem haben wir eher das Gefühl am Seeufer entlangzuspazieren. Erst ganz am Ende des Weges sind plötzlich beide Ufer der Landzunge zu sehen.

Wanderung Hindens Rev: 2 h, 7,3 km | GPX
Wanderparkplatz Hindens Rev: GPS N 58°34'22.8", E 12°54'50.5"

Die Landschaft südlich des Vänern ist landwirtschaftlich geprägt. Zwischen den Feldern stehen viele große Höfe, die meisten bestehen aus einer Gruppe roter Holzhäuser in den unterschiedlichsten Größen. Wenn ihr so einen schwedischen Bauernhof aus der Nähe kennenlernen wollt, sind diese beiden privaten Stellplätze in der Nähe des Sees eine gute Möglichkeit dazu.

ÜBER NACHT

Bauernhof Söne Främmestad
Wiesenplatz neben dem Wohnhaus der gastfreundlichen Besitzerin. Stromanschluss möglich. Ihr könnt außerdem Eier, Honig und hausgebackenes Brot kaufen. Einen Kilometer vom Strand entfernt.
€ | April bis September |
N 58°33'10.1", E 12°57'52.5"

Pferdehof Kedumsvik
Wiesenplatz direkt an der Pferdeweide. Gepflegtes Sanitärhäuschen mit Küche und Waschmaschine. Camper-Service, Kanu- und Fahrradverleih. Man kann vom Platz auf einem Kanal zum See paddeln.
€€ | ganzjährig geöffnet |
N 58°28'52.9", E 12°53'27.0" |
www.kedumsvik.se

21

Smögen

Ein »Fischerdorf« in den Schären

In den Sommermonaten schaukeln im Jachthafen von Smögen Hunderte von Segel- und Motorbooten. Sie liegen in einer langen Reihe vor der Smögenbryggan, einer Promenade aus Holzplanken, die an mächtigen Granitfelsen entlangführt. Auf der anderen Seite des Holzstegs stehen auf Stelzen farbenfrohe Holzhäuschen, in denen heute keine Fischerfamilien mehr leben. Hier sind stattdessen Restaurants, Cafés, Boutiquen und Souvenirläden zu finden.

Das touristische Smögen ist ein bunter, moderner Jachthafen. In den Restaurants vor Ort könnt ihr auch die Smögenrakör kosten. Die Garnelen werden in der Nordsee und im Atlantik gefangen und der Fischerhafen von Smögen ist dafür immer noch der wichtigste Umschlagsplatz in Schweden.

Am westlichen Ende der Promenade wird es ruhiger. Hier liegen die Boote der Einheimischen und hier stehen auch die bunten Bootshäuschen – das typische Smögen-Foto-Motiv. Folgt ihr hier der Straße in Richtung Meer, steht ihr bald vor einer Treppe, die zwischen zwei Felsen aufwärts führt. Hier geht es zu den Schären. Brücken und Treppen verbinden einzelne Inselchen und führen hinauf zu einem tollen Aussichtspunkt, von dem man bis nach Hållö hinüberschaut. Die Insel mit dem alten Leuchtturm ist von Smögen mit dem Fährboot erreichbar.

Parkplatz am Hafen: GPS N 58°21'15.4836", E 11°12'58.6"
Alle Parkplätze in Smögen sind im Sommer (Juni bis August) kostenpflichtig, nur per App (easy park oder mobill) zu bezahlen und außerdem extrem teuer.

ÜBER NACHT

Stellplatz Smögen
In der ersten Reihe schöne Plätze, sonst eher zweckmäßig. Die Hafenpromenade ist in 15 Minuten zu Fuß erreichbar – besonders attraktiv im Hochsommer, wenn Parken in Smögen teuer ist. Strom und Camper-Service.
€€€ | N 58°21'49.1", E 11°13'56.3"

IN DER NÄHE

Nahe am Stellplatz beginnt eine kurze markierte Wanderrunde über die Felseninsel des **Naturreservats Sandön.**

Um die Schären rund um Smögen vom Wasser zu erkunden, könnt ihr bei smogenskajakaventyr.se Kajaks leihen.

ÜBER NACHT

Fjällbacka Camping
Der einzige Platz, von dem ihr Fjällbacka zu Fuß erreichen könnt. Schöne Lage zwischen Felsen.
€€€ | April bis Mitte September | N 58°35'16.8", E 11°16'47.04" | fjallbackacamping.se

Stellplatz Tanumshede
Angenehmer, komplett ausgestatteter Wiesenplatz oberhalb der Straße und abseits von Orten.
€€ | N 58°29'40.9", E 11°20'18.4"

Stellplatz Hamburgsund
Großer Platz auf Schotter und Wiese in ruhiger Lage. Dusche und WC, Strom und Wasser, aber keine Entsorgung.
€–€€ | N 58°33'41.8", E 11°16'35.3"

22

Coole Locations in Fjällbacka

Rundweg durch die Kungsklyftan

Kennt ihr die Geschichte von Ronja Räubertochter? Und habt ihr auch den Film gesehen? Dann dürfte euch die Kungsklyftan bekannt vorkommen. Sie ist im Film die Wolfsschlucht, durch die die Mattisräuber zu ihrer Burg reiten.

Der gespaltene Felsen *Vetteberget* ragt direkt hinter den Häusern des Ortes Fjällbacka auf. Eine Treppe führt vom Hafen hinauf und durch die Schlucht, die mit dicken Steinbrocken gefüllt ist. Die Pferde der Mattisräuber wären ernsthaft in Gefahr, sich hier die Beine zu brechen. Wir balancieren vorsichtig von Stein zu Stein, gehen staunend unter vier dicken Steinbrocken hindurch, die zwischen den eng stehenden Felswänden klemmen, und treffen am Schluchtausgang auf eine weitere Treppe. Sie führt hinauf auf das Plateau des *Vetteberget*, von dem wir einen weiten Blick über die Bucht und die Schären genießen.

Der markierte Weg führt uns dann über den Felsen und auf der anderen Seite wieder hinunter in den Ort, in dem außerdem auch die Krimis der schwedischen Autorin Camilla Läckberg spielen. So wurde auch die Kirche des Ortes zu einem beliebten Touristen-Spot. Eine kleine Auswahl an Cafés und Restaurants unten im gemütlichen Hafen ermöglichen eine Einkehr, bevor die Reise weitergeht.

Wanderung: 2,5 km, ↓↑ 50 m, Gehzeit 1 h | GPX
Start am Parkplatz: GPS N 58°35'59.5", E 11°17'11.4"

23

Zu Fuß in die Schären

Im Naturpark von Veddö

Mehrere schöne Badeplätze, ein langer Steg über dem Meer, knubbelige Granitfelsen und ein weiter Blick über die malerische Schärenlandschaft machen die kurzweilige Wanderrunde um die Halbinsel des Naturparks Veddö zu einem echten Highlight. Plant am besten ausreichend Zeit ein, um auch den einen oder anderen Felsen mit Aussicht zu erklettern, an einer der Buchten zu baden oder zu picknicken.

Vom Parkplatz folgt ihr zuerst der Straße bis zu den letzten Häusern. Dann geht es durch ein Weidetor und ihr steht an einer weiten, schön geschwungenen Bucht mit einem

ÜBER NACHT

Stellplatz Tanumshede
Angenehmer, komplett ausgestatteter Wiesenplatz oberhalb der Straße und abseits von Orten.
€€ | N 58°29'40.9", E 11°20'18.4"

Stellplatz Hamburgsund
Großer Platz auf Schotter und Wiese in ruhiger Lage. Dusche und WC, Strom und Wasser, aber keine Entsorgung.
€–€€ | N 58°33'41.8", E 11°16'35.3"

schmalen Sandstreifen. Der Strand ist schnell zu erreichen und an schönen Sommertagen ist hier einiges los.

Der Wanderweg führt weiter über die Felsen bis zum langen Holzsteg, der am Fels befestigt über dem Wasser schwebt. Kurz darauf zweigt ein erster Stichweg nach rechts zu einer Badebucht ab. Hinter den Felsenbergen führt dann ein zweiter Trampelpfad zum Wasser hinunter. Der breitere Weg bringt euch auf direktem Weg zurück zum Parkplatz.
3 km, Gehzeit 1 h | GPX |
Wanderparkplatz: GPS N 58°37'22.4", E 11°16'34.8"

ÜBER NACHT

Stellplatz Ljungbytorp
Vier Stellplätze im Grünen bei einem Privathaus. Strom und Frischwasser vorhanden. Sehr nette Gastgeber.
€€ | N 58°41'25.3", E 11°22'54.6"

Tanum Camping
Der Campingplatz liegt direkt neben dem Museum von Vitlycke. Die Stellplätze befinden sich auf einer großen Wiese. Einfach ausgestattet.
€€€ | ganzjährig geöffnet | N 58°42'03.4", E 11°20'41.9"

24

Tanum

Kunst aus der Bronzezeit

Felsritzungen aus der Bronzezeit sind in Schweden an vielen Orten zu finden. Sie zeigen Menschen und Tiere, viele Kampfszenen, Symbole wie Fußspuren und den Sonnenkreis und eine schier endlose Zahl an Booten. Die Felsplatten sind dicht bedeckt mit den unterschiedlichsten Szenen, die in Bildern kleine Geschichten erzählen und auch Rückschlüsse auf das Leben der Menschen in der Bronzezeit zulassen. Die Steinritzungen sind daher auch Teil des UNESCO-Welterbes.

Besonders viele gut erhaltene Zeichnungen hat man an unterschiedlichen Plätzen südlich des Ortes Tanumshede entdeckt. In ihrem Zentrum informiert das **Museum Vitlycke** mit vielen interaktiven Stationen und dem Nachbau einiger Häuser aus der Bronzezeit. Ein kurzer Rundweg führt vom Museum zu mehreren Steinplatten mit Felsritzungen, die mit roter Farbe nachgezeichnet wurden, um sie besser erkennbar zu machen. Auf Infotafeln werden einige der Motive erklärt.
Museum Vitlycke: GPS N 58°42‘02.4", E 11°20‘25.9"

Südlich von Vitlycke liegen die Steinplatten von Litsleby und Aspeberget, wenige Kilometer weiter östlich lohnt die Steinplatte von Fossum (Bild links) einen Besuch. In **Litsleby** ist eine ungewöhnlich große Darstellung eines Kriegers zu sehen, die Platte von **Fossum** ist besonders dicht mit Motiven bedeckt und hier sind unter vielen Kriegern mit Streitäxten auch einige Frauen abgebildet. Die Steinplatten sind jeweils auf kurzem Weg vom Parkplatz erreichbar.
Litsleby: GPS N 58°41‘20.5", E 11°19‘27.9"
Fossum: GPS N 58°43‘24.2", E 11°23‘00.9"

An der Fundstelle **Aspeberget** verbindet noch einmal ein kurzer Rundweg mehrere Steinplatten mit Ritzungen. Besonders spannend finden wir, dass hier bei den Platten im hinteren Bereich die Ritzungen nicht eingefärbt wurden, einige aber trotzdem gut zu erkennen sind. So bekommt man eine gute Vorstellung davon, wie die Bilder ursprünglich aussahen.
Aspebeget: GPS N 58°41‘44.2", E 11°20‘14.8"

25

Paddelparadies Dalsland

Wildnistour mit Kanu

In der hügeligen Landschaft in Dalsland versteckt sich ein ausgedehntes Wassersystem aus unzähligen langezogenen Seen und Wasserläufen. Der längste zusammenhängende Wasserweg ist dabei der 250 Kilometer lange Dalsland-Kanal, der eine Reihe großer Seen zwischen dem Vänern und der norwegischen Grenze verbindet. Gebaut wurde er im 19. Jahrhundert zum Transport von Holz und anderen Gütern. Nur zwölf Kilometer des Kanals mussten dazu künstlich angelegt werden, der Rest besteht aus natürlichen Wasserwegen.

Heute ist die Region ein perfektes Kanurevier, in dem ihr wilde Natur erleben könnt, ohne euch allzu weit von der Zivilisation zu entfernen. An den Seen gibt es einfache Biwakplätze – oft mit Feuerstelle und Holzvorrat. Kanustationen verleihen Boote sowie einen Teil der notwendigen Ausrüstung und helfen bei der Routenplanung. Ein Zentrum des Kanutourismus ist der Ort Bengtsfors im Süden der Seenplatte. Hier befindet sich die Basis von www.silverlake.se. Ein gutes Angebot mit verschiedenen Touren in Eigenregie hat auch Kanu King in Äng (www.kanuking.de). Hier gibt es auch geführte Kanu-Abenteuer. Weitere Touren in der Gruppe findet ihr bei www.elchwärts.de.

ÜBER NACHT

Dalsland Camping & Kanotcentral
Großer, naturnaher Campingplatz mit Kanu- und Fahrradverleih in der Nähe von Bengstfors. Gute Lage zwischen den Seen und eine gute Basis, wenn ihr nur mal für einen Tag auf den Seen paddeln möchtet.
€€ | ganzjährig geöffnet | N 59°02'15.9", E 12°11'24.2" | dalslandscamping.se

Nössemarks Gästhamn
Kleines liebevoll und kreativ gestaltetes Campinggelände an einem Café mit guter Küche (Montag und Dienstag geschlossen). Der Platz liegt am Seeufer und am Ortsrand von Nössemark. Meist gute Stimmung, aber nicht unbedingt ruhig und einsam.
€€ | Mitte Mai bis Mitte September | N 59°08'07.4", E 11°50'17.6" | nossemarkscamping.com

Kanutour am Stora Le

Ein Anbieter, mit dem unsere Autorin Regina Stockmann bei der Recherche für das Buch »Trekkingträume« gute Erfahrungen gemacht hat, ist *Villa Smile* in Nössemark. Die Station von Katarina und Mike liegt am Stora Le ganz im Westen von Dalsland und schon fast an der norwegischen Grenze. Ihr könnt dort eine ganze Woche in der Natur unterwegs sein und über Seen in Schweden und Norwegen paddeln. Übernachtet wird auch hier an einfachen Biwakplätzen am Seeufer. Ein kurzer Landweg zwischen zwei Seen wird mit Hilfe eines Bootswagens gemeistert.
Eine Woche, 65 km | www.villa-smile.com

CAMPING GETNÖ GÅRD RESORT

Weitläufiges, naturbelassenes Gelände in Alleinlage auf einer Halbinsel zwischen Seen. Die Plätze in der ersten Reihe liegen ganz nah am Seeufer. Schöner Badeplatz mit Steg und Floßinseln, Kanu- und Fahrradverleih sowie kleiner Laden. Sanitärhäuser mit Küche und Waschmaschine, schöner Spielplatz. Perfektes Kanurevier mit vielen kleinen Inseln. Das Gebiet des Åsnen-Nationalparks ist mit dem Kanu gut zu erreichen.

April bis Oktober | €€–€€€ | GPS N 56°35'05.8", E 14°41'40.9" | www.getnogard.se

Auf der Halbinsel Stensö führt ein Radweg zu schönen Badeplätzen

Für Stellplätze in der ersten Reihe zahlt man einen kleinen Aufpreis

FIRST CAMP KALMAR

Der Campingplatz liegt mitten in der Natur und doch nahe an Kalmar. Die hübsche Altstadt und das Renaissanceschloss Kalmar sind gut mit dem Fahrrad zu erreichen, ebenso die schönen Badeplätze auf der Halbinsel Stensö. Die Plätze sind teilweise unparzelliert und verteilen sich locker rund um einem Hügel mit Wiese und Bäumen. Gut ausgestattet mit Minigolf, Spielplatz, Kanu- und Fahrradverleih auf dem Platz.
Ganzjährig geöffnet | €€€ | GPS N 56°38'58.8", E 16°19'37.6" | www.firstcamp.de

Am Camping Getnö Gård

CAMPING LILLA KALVÖ

Der Campingplatz liegt mitten in den Schären und ist nur mit Anfahrt (5 km) auf einer Schotterpiste erreichbar. Es gibt nur wenige Touristenplätze und die liegen unterhalb des Bereiches für Dauercamper auf einer Wiese hinter dem bildhübschen Badeplatz. Mit eigenem Boot oder SUP kann man gut zu einer Fahrt in die Schären starten. Unten am Camperplatz gibt es keinen Strom und nur eine Komposttoilette. Dusche und Camper-Station befinden sich einen knappen Kilometer entfernt an der Zufahrt.
Mai bis Oktober | €€ | GPS N 58°00'02.2", E 16°42'39.3" | Anmeldung telefonisch am Info-Schild | www.lillakalvo.se

Ein Traumplatz direkt am Götakanal

Einfach ausgestattet, aber direkt an einer schönen Badestelle

CAMPING WASSBACKEN

Einfaches Campinggelände auf einer großen Wiese direkt am Göta-Kanal. Es gibt ein nettes Café, Anleger für Boote und viele großzügig bemessene Stellplätze direkt am Wasser. Der Preis ist etwas höher als auf den Stellplätzen am Kanal, dafür habt ihr hier viel Platz und steht auf der Wiese und nicht auf Asphalt. Die Sanitäranlagen sind etwas knapp bemessen für die Größe des Platzes. Camper-Service und Waschmaschinen vorhanden.
Mai bis September | €€ | GPS N 58°37'38.7", E 14°07'59.1" | wassbacken.com

Der Badeplatz am Camping Lilla Kalvö

Wald und tausend Seen

Vom Vännern in den Norden

Holm
Børgefjell
33
32
31
Kolvereid
Vilhelmina
NORWEGEN
34
Lierne
Blåfjella-Skjækerfjella
SCHWEDEN
Järpen
Krokom
30
Östersund
Sollefteå
29
Kramfors
Svenstavik
Bräcke
Härnösand
Sundsvall
Femundsmarka
Sånfjället
Töfsingdalen
MOSÄTTBRÜCKE
Gutulia
Sveg
Bergsjö
Ljusdal
28
Hudiksvall
Fulufjellet
Söderhamn
Mora
27
Rättvik
KULÅRA CAMP
Malung
Falun
Sandviken
Gävle
Vansbro
Färnebofjärden
Ludvika
Fagersta
Kopparberg
Uppsala
Filipstad
Västerås
Enköping
26
GLASKOGEN
Karlstad
STOCKHOLM
Garphyttan
Örebro
Eskilstuna
Kristinehamn

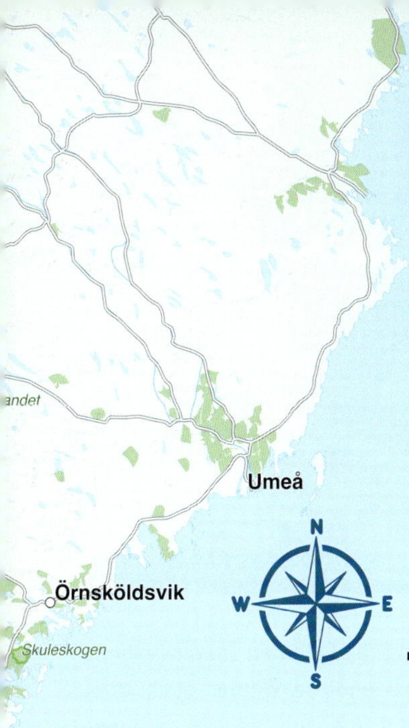

AUSZEITPLÄTZE

26 | GLASKOGEN-NATURPARK

27 | DALA-PFERDE

28 | HAMRA-NATIONALPARK

29 | MOOSE GARDEN

30 | KANUTOUR HARKAN

31 | VILDMARKSVÄGEN

32 | FATMOMAKKE

33 | BJURÄLVEN

34 | HÄLLINGSAFALLET

50 km

Wald und tausend Seen

Vom Vänern in den Norden

Von den beiden großen Seen machen wir uns jetzt zügig auf in Richtung Norden. Hier wird Schweden wilder und karger. Zuerst durchqueren wir Dalsland, die Region zwischen dem Vänern und der norwegischen Grenze. Die Landschaft ist geprägt von ausgedehnten Wäldern und vielen, vielen Seen, an denen etliche Kanustationen zu finden sind. Dalsland ist ein perfektes Revier für mehrtägige Kanutouren. Auf kleinen Sträßchen schlängeln wir uns zwischen den Seen hindurch und peilen über Arvika den Ort Torby an. Die Wohnmobildichte nimmt hier deutlich ab und zum ersten Mal ist es kein Problem, schöne Übernachtungsplätze am Seeufer zu finden, an denen nicht schon viel zu viele Wohnmobile stehen. Hier gibt es sie noch, die Traumplätze mitten in der Natur.

Moorwasser – glasklar, aber trotzdem rostrot gefärbt

In Torsby treffen wir dann auf die E45, den Inlandsvägen, der ohne große Umwege durch endlose Wälder nach Nordosten führt. Die Straße ist gut ausgebaut und weil an ihrem Rand außer Bäumen wenig zu sehen ist, kommen wir jetzt gut voran.

Mora und der Wasalauf

Bei Malung erreichen wir die Provinz Dalarna und noch ein Stück weiter nördlich Mora, einen der größeren Orte der Region, die als traditionelles Herz Schwedens gilt. Hier in Mora begegnen wir einem bedeutenden Kapitel der schwedischen Geschichte. Die Stadt ist der Startpunkt für den Wasalauf, eines der bekanntesten Skirennen der Welt. Er wird jedes Jahr am ersten Wochenende im März ausgetragen und führt ins 90 Kilometer entfernte Sälen. Das Rennen findet seit 1922 statt und erinnert an die Flucht des schwedischen Adeligen Gustav Eriksson Wasa, der nach einem Aufstand gegen den dänischen König Christian II. im Jahr 1521 in den Norden

Stellplatz mit Seeblick

floh. In Mora erreichte ihn die Nachricht über die grausame Hinrichtung seiner Anhänger. Er fand hier jedoch keine Unterstützung, sodass er weiter in den Norden floh. Kurz darauf wurden weitere Gewalttaten der Soldaten von König Christian bekannt. Die Menschen in Mora bereuten ihr Zögern und schickten die beiden schnellsten Skiläufer hinter Wasa her, um ihn zurückzuholen. Er führte die Schweden in den Kampf gegen den dänischen König und brachte dem Land die Unabhängigkeit.

Aus der Region um Mora stammen außerdem die roten Holzpferde, die eines der beliebtesten Souvenirs aus Schweden sind **[› Spot 27]**. Sie werden im nahen Dorf Nusnäs hergestellt. Auch das traditionelle Schwedenrot stammt aus Dalarna – die Kupfermine von Falun, aus der das Pigment für die Farbe stammt, liegt einige Kilometer weiter im Süden.

Ein fantasievoll bemaltes Dala-Pferd im Museumshof in Fågelsjo

Auf dem Inlandsvägen nach Östersund

Von Mora führt der Inlandsvägen weiter nach Norden. Seen liegen jetzt nur noch vereinzelt an der Strecke. Einen guten Einblick in die Naturlandschaften bekommt ihr im Hamra-Nationalpark. Westlich der E45 lohnt hier das hübsche Dorf Fågelsjo einen Besuch.

Östersund ist die nächste Stadt an der Strecke. Sie ist das Zentrum der Region Järmtland und bietet eine hübsche Innenstadt mit vielen Geschäften und einer attraktiven Seepromenade. Wer Lust auf Kultur hat, besucht das Freilichtmuseum *Jamtli Historieland* im Stadtzentrum. Im Sommer bringen Darsteller in historischen Kostümen Leben in die alten Gebäude auf dem Außengelände. Erklärungen gibt es aber leider nur auf Schwedisch. www.jamtli.com

Auf dem Inlandsvägen immer weiter nach Norden

Abstecher vom Vildmarksvägen

Die Sami und die Rentiere

Nördlich von Östersund wird die Landschaft karger und wilder. Unser letztes Ziel hier in Schweden ist der Vildmarksvägen und hier begegnen wir zum ersten Mal den Samen oder Sami, wie sie sich selbst nennen. Die Sami sind ein indigenes Volk, das Skandinavien bereits besiedelte, bevor die Wikinger hierher kamen. Ihr Lebensraum im Norden, Sapmi genannt, erstreckt sich heute über Norwegen, Schweden, Finnland und Russland. Auch unter den Sami gab es schon immer Fischer und Bauern, die sesshaft waren. Nur die Gruppe der Rentierjäger lebte nomadisch. Gezähmte Rentiere wurden schon früh als Last- und Zugtiere eingesetzt.

Heute gibt es keine wilden Rentiere mehr und aus Jägern sind Rentierzüchter geworden, die ihre Herden auf das Fjell treiben. Die samischen Sprachen gehören zur finno-ugrischen Sprachgruppe, wobei sich die regionalen Dialekte deutlich unterscheiden.

DIE BESTE REISEZEIT

Die Fahrt auf dem Vildmarksvägen über das Stekenjokk-Plateau ist nur zwischen dem 6. Juni und dem 15. Oktober möglich. Die Region ist auch in der sommerlichen Ferienzeit nicht überlaufen, nur der Vildmarksvägen ist meist gut befahren.

REISE-LITERATUR

Mit dem Wohnmobil nach Schweden Band 55, der Norden

Wollt ihr noch mehr von Nordschweden sehen? In diesem Buch haben Uwe und Anne Rohland tolle Stellplätze und Sehenswertes für die ganze Region zusammengetragen. Mehr Infos: www.womo.de

26

Wildnis für Newbies

Outdoorerlebnisse im Naturpark Glaskogen

Wegen seiner überschaubaren Größe, der guten Infrastruktur und der Lage relativ weit im Süden Schwedens ist der Glaskogen Naturpark gut geeignet, um eine erste Mehrtagestour in die Wildnis zu starten. Oder um zum ersten Mal abseits der Zivilisation mitten in der Natur zu übernachten – egal ob im Zelt, in einer Shelterhütte oder im eigenen Camper.

Wer von der Westseite in den Naturpark Glaskogen fährt, hat ein kleines Abenteuer vor sich. Die Schotterpiste, die von Arjäng durch das Schutzgebiet nach Arvika führt, ist für Fahrzeuge bis 3,5 Tonnen zugelassen und gleicht einer Berg- und Talbahn. Das Gefälle bis zu zwölf Prozent macht die Fahrt durchaus aufregend. Mit einem bisschen Schwung und Reifen mit gutem Profil sind wir auch ohne Allradantrieb trotz ziemlich feuchtem Boden überall gut durchgekommen.

In Lenungshammar, dem Platz zwischen den beiden großen Seen Stora Gla und Övre Gla, treffen wir dann auf das Infozentrum des Naturparks mit Campinggelände und Kanuverleih. Wer nur ein bisschen Wildnis schnuppern möchte, stellt sich auf den Campingplatz, alternativ könnt ihr aber auch einen von 16 Spots an abgelegeneren Orten im Naturpark buchen, an denen jeweils ein Camper Platz hat. Diese Spots haben keinerlei Ausstattung, während der Campingplatz mit Wasser und Stromsäulen versehen ist.

Trekkingtouren im Glaskogen Naturpark

Wanderwege in einer Länge von 300 Kilometern führen durch das Gebiet des Naturparks Glaskogen. Für mehrtägige Touren sind im Park Shelterplätze, offene Hütten mit Liegefläche und Feuerstelle, angelegt. Meist steht dort auch Feuerholz zur Verfügung. Ihr dürft euch aber auch einen eigenen Zeltplatz suchen und dort bis zu 48 Stunden bleiben.

Um im Park zu zelten oder die Biwakplätze zu nutzen, braucht ihr eine *Glaskogen Conservation Card*, die ihr für eine kleine Gebühr unter www.glaskogen.se bestellen könnt. Eure Karte kommt dann per E-Mail auf euer Handy. Eine Wanderkarte mit allen Wegen und der Infrastruktur des Naturparks könnt ihr in der Naturparkinfo kaufen oder euch vor der Reise zuschicken lassen.

Mit dem Kanu im Glaskogen Naturpark

Von der Kanustation in Lenungshammar sind die beiden großen Seen Stora Gla und Övre Gla erreichbar, auf denen ihr gut ein bis zwei Tage unterwegs sein könnt. Wollt ihr die Seen verlassen, müsst ihr euer Kanu von See zu See tragen, da es keine Verbindung auf dem Wasser gibt. Für längere Kanutouren würden wir daher eine andere Region vorziehen.

ÜBER NACHT

Wer auf einem der 16 Camper-Spots im Naturpark übernachten möchte, muss vorher über die Website buchen. Infos und eine Karte des Parks bekommt ihr im Naturparkzentrum im Lenungshammar. Dort befindet sich auch der Campingplatz mit schönen Plätzen im Wald und am See und ein Kanuverleih.

N 59°30'26.0" E 12°22'17.6" | www.glaskogen.se

27

Dala-Pferde

Ein Traditionsbetrieb in Nusnäs

Nicht nur das Falunrot, mit dem so viele Häuser in Schweden gestrichen sind, stammt aus der Provinz Dalarna – hier hat auch noch ein weiteres Wahrzeichen Schwedens seinen Ursprung. Schon seit dem 17. Jahrhundert schnitzen die Landarbeiter in Dalarna in den langen kalten und dunklen Wintern Tiere aus Holz als Spielzeug für Kinder. Meist waren es Pferde, denn die waren zu dieser Zeit für die Menschen von besonders großem Wert. Die Figuren verkaufte man an reisende Händler, um das schmale Budget aufzustocken. Das älteste überlieferte Schriftstück, in dem Holzpferde zum Verkauf angeboten werden, stammt aus dem Jahr 1624.

Im Jahr 1922 begann Grannas Anders Olsson aus dem Dorf Nusnäs die roten Dalapferde professionell herzustellen. Er arbeitete im Schuppen auf dem elterlichen Hof mit Rohlingen, die mit Hilfe einer Bandsäge hergestellt wurden. Das Schnitzen der Details und das Bemalen der Holzpferde blieb Handarbeit – und genauso werden die Pferde auch heute noch hergestellt. Schnitzen und Bemalen wird in Heimarbeit

erledigt. Die Firma Grannas beschäftigt dazu alleine um die 50 Holzschnitzer. In der Werkstatt in Nusnäs könnt ihr bei der Herstellung zusehen und neben fertig bemalten Pferden auch Rohlinge kaufen, um diese selbst zu gestalten. In den Vitrinen der Werkstatt sind außerdem ausgesprochen schöne alte Dalapferdchen zu sehen. Sie hatten noch eine ganz andere Form und wirken individueller.

Der Verkauf läuft nicht nur in Nusnäs gut, denn seitdem im Jahr 1939 bei der Weltausstellung in New York ein großes Dalapferd vor dem Schwedenpavillion stand, gelten die Pferdchen als Symbol für ganz Schweden und sind als Souvenir außerordentlich beliebt.

Ein besonders großes Exemplar in klassischem Rot steht in Mora an der Strandgatan, der Strandpromenade. Freier interpretiert und ein bisschen von Pippi Langstrumpf inspiriert wirkt die Gestaltung des großen Dalapferdes vor dem Museumsbauernhof in Fågelsjö **[› Seite 104]**.

ÜBER NACHT

Parkplatz am Dala-Pferde-Shop
Auf dem großen Parkplatz vor Shop und Werkstatt in Nusnäs dürft ihr auch über Nacht stehen blieben. (Stand 2023)
N 60°57'45.0", E 14°39'00.0"

Schöner, aber kostenpflichtig steht ihr am anderen Ende des Ortes.

Wohnmobilstellplatz Nusnäs
Wiesenplatz unter Bäumen und direkt am Seeufer, Dusche und Toilette etwa 350 Meter entfernt am Sportverein.
€€ | N 60°57'52.5", E 14°37'50.8"

ÜBER NACHT

Auf dem Parkplatz am Haupteingang wurde 2023 eine Übernachtung (ohne Campingverhalten) toleriert.
N 61°46'05.2", E 14°45'50.3"

Stellplatz Fågelsjö
Stellplatz auf einer Schotterfläche am historischen Bauernhof mit kleinem Museum, Café und Laden. Direkt am Seeufer. Stromanschlüsse, Dusche und WC vorhanden.
€€ | N 61°47'48.4", E 14°38'6.7"

IN DER NÄHE

Der Gutshof am Stellplatz Fågelsjö ist der älteste Hof im Ort und kann auch im Rahmen einer Führung besichtigt werden. Im Innenhof gibt es außerdem ein Café.

28

Hamra-Nationalpark

Durch den Urwald und ins Moor

Das wichtigste Schutzgebiet in Hamra ist der alte Wald im Svartåvallen. Er gehört zu den wenigen Urwaldresten in den schwedischen Wäldern und hat wohl nie eine Axt oder Motorsäge gesehen. Einige der großen Kiefern sind über 400 Jahre alt. Die andere Hälfte des Hamra-Nationalparks besteht aus einer Moorlandschaft mit kleinen Weihern und Bachläufen.

Im Moorgebiet balzen im Frühjahr Kraniche und Birkhühner, im Wald klopfen die Spechte und am Wildfluss Svartan sind Fischotter und Wasseramseln zu Hause. Außerdem ist der Hamra-Nationalpark das Gebiet mit der größten Bärendichte in Schweden. Dass ihr einem Bären begegnet, ist trotzdem unwahrscheinlich. Wer genau hinsieht, kann aber ihre Spuren entdecken: Fußabdrücke, Kratzspuren an Bäumen oder aufgegrabene Ameisenhaufen verraten, wo ein Bär unterwegs war.

Wandern im Hamra-Nationalpark

Wer genug Zeit hat, kann den Park auf dem zehn Kilometer langen Hamraleden durchqueren. Er führt durch das ausgedehnte Moorgebiet und am Fluss entlang. Unterwegs ermöglichen zwei Shelterplätze auch eine Übernachtung.

Es geht aber auch komprimierter. Einen guten Einblick in die unterschiedlichen Landschaften des Hamra bieten zwei kurze Runden, die am Huvudentrén, am Haupteingang, starten. Die **Waldrunde Urskogslingan** ist gelb markiert und lohnt besonders, wenn die Blaubeeren reif sind. Der pink markierte Weg **Myrslingan** führt euch ins Moor. Beide Wege lassen sich gut zu einer größeren Runde kombinieren.
5,5 km, Gehzeit 1 h 45 | GPS N 61°46‘05.2“, E 14°45‘50.3“ | GPX

Am Eingang Myrentrén (5 km weiter der Piste folgen) führt der drei Kilometer lange Rundweg **Långa Myrslingan** durch die schönsten Bereiche des Moores. Er ist blau markiert.
3 km, Gehzeit 1 h 30 | GPS N 61°44‘41.3“, E 14°49‘50.8“ | GPX

ÜBER NACHT

Wohnmobilstellplatz Orrviken
Große Wiese ohne Schatten neben dem örtlichen Gemeindehaus. Relativ ruhig und mit gutem Ausblick oberhalb der Straße gelegen. WC, Wasser und Entsorgung für Chemie-WCs vorhanden.
€ | N 63°06′05.2″, E 14°26′10.5″

IN DER NÄHE

Hackås kyrka
Wenige Kilometer südlich von Orrviken steht eine Kirche aus dem 12. Jahrhundert am Ufer des Storsjön. In ihrem Inneren sind gut erhaltene Fresken zu sehen und am Seeufer lockt das Pilger-Café Himmelriket.
N 62°55′19.2″, E 14°30′15.5″

29

Moose Garden

Zu Besuch beim Elch-Pionier

Als Sune Häggmark im Sommer 1998 die beiden Elchkälber Ludde und Ronja aufnahm, die ihre Mütter bei Unfällen verloren hatten, und einen Elchpark aufzubauen begann, hielten ihn viele für ein bisschen verrückt. Aber bald gab es den ersten Nachwuchs und es kamen jährlich mehr Menschen, um Elche ganz aus der Nähe zu sehen. Inzwischen ist Häggmark ein anerkannter Elch-Experte und seine Idee wurde vielfach kopiert.

Den Park in Orrviken hat vor einigen Jahren sein Sohn Emil übernommen. Heute sind im Moose Garden vier bis sechs Elche zu sehen. Im Sommer gehören meist auch ein oder zwei Elchkälber zur kleinen Herde. Besuchen könnt ihr sie nur im Rahmen einer kurzweiligen einstündigen Führung, die ein bis zweimal am Tag stattfindet (die Zeiten unbedingt vorher online checken). Dabei kommt ihr auch ins Gehege hinein und könnt die Tiere anfassen und ohne störende Zäune fotografieren. Emil kennt nicht nur seine Schützlinge genau, er wird auch so ziemlich jede Frage über Elche beantworten, die euch so einfällt. Anschließend könnt ihr im zugehörigen Café Waffeln aus Elchmilch kosten, Elchseife kaufen – oder einen Geldschein aus echtem Elchpapier. Das Papier wird aus der stark zellulosehaltigen Elchlosung produziert. An innovativen Ideen fehlt es den Häggmarks ganz sicher nicht.

€€€ | GPS N 63°06'39.7", E 14°26'28.2" | www.moosegarden.com

30

Flussfahrt auf dem Hårkan

Mit dem Kanu auf Wildnistour

Eine Kanutour auf dem Hårkan bringt euch mitten hinein in die Wildnis. Bis zu zwei Wochen könnt ihr auf dem Fluss abseits der Zivilisation unterwegs sein. An der bis zu 140 Kilometer langen Paddelroute, die zur Hälfte über Seen und zur anderen Hälfte auf dem Fluss entlangführt, liegt kein einziger Ort. Beim kleinen Dorf Lit, das etwa zwanzig Kilometer nördlich von Östersund zu finden ist, mündet der Hårkan dann in den Inlandsälven. Dort befindet sich auch das Kanucenter am Lits Camping, bei dem ihr ein Kanu leihen könnt, Kartenmaterial und Infos bekommt und zum Start gefahren werdet. Dabei sind Touren ab zwei Tagen möglich, ihr könnt aber auch die ganze Strecke buchen. Die Fahrten zu den verschiedenen Einstiegsplätzen finden nicht täglich statt und müssen rechtzeitig vorher abgesprochen werden.

Der Hårkan ist fast durchgängig ein Wanderfluss mit einigen flotten Schwällen und einer Wildwasserstelle der Schwierigkeit II bis III, die aber auch umtragen werden kann. Ansonsten gibt es auf der Route weitere vier Umtragestellen,

ÜBER NACHT

Lits Camping und Kanucenter
Im Zentrum des Platzes liegt ein kleiner Badesee, der an sonnigen Wochenenden tagsüber ganz schön voll werden kann. Oben an der Rezeption gibt es Schotterplätze mit Stromanschlüssen. Mit einem autarken Camper steht ihr schöner unten am Fluss. Campinggäste bekommen einen sehr günstigen Preis für die Kanumiete. Einfaches Sanitärhaus, Camper-Service vorhanden. Die nahe Straße und die Bahn (wenige Züge) sind gut zu hören.
€€ | ganzjährig geöffnet | N 63°19'09.6", E 14°51'54.1" | www.litscamping.com

davon eine lange mit knapp 1000 Metern. Übernachtet wird im eigenen Zelt an Biwakplätzen ohne Ausstattung. Ihr braucht also die vollständige Ausrüstung mit Zelt, Schlafsack, Kocher und Lebensmitteln für die komplette Zeit. Das Trinkwasser stammt aus dem Fluss und sollte gefiltert und abgekocht werden.

Wenn euch das alles zu aufwändig ist, könnt ihr vom Lits Camping auch eine Schnuppertour auf dem Hårkan machen und gegen die hier unten nur leichte Strömung die letzten acht Flusskilometer hinauf- und anschließend, deutlich müheloser, wieder hinunterpaddeln.
www.litscamping.com

31

Vildmarksvägen

Wilde Wasserfälle und karge Berge

Der Vildmarksvägen, die Wildnisstraße, ist die höchstgelegene Asphaltstraße Schwedens. Die Route ist 360 Kilometer lang und verläuft von Strömsund über Gäddede nach Vilhelmina im südlichen Lappland. Sie ist landschaftlich sehr reizvoll, aber nicht ganz so wild, wie wir uns das vorgestellt haben. Tanken könnt ihr in Stalon, am Stora Blasjön und in Gäddede. Dort gibt es auch einen ICA-Supermarkt.

Besonders spannend wird es dort, wo wir die Asphaltstraße verlassen, um auf Schotter zu Zielen etwas abseits des Rundwegs zu fahren: zum Marsfjellet, nach Fatmomakke oder zum Wasserfall Hällingsåfallet. Auch die Überquerung des Stekenjokk-Plateaus ist ein Highlight. Es ist mit gut 800 Metern der höchste Punkt des Vildmarksvägen. Die karge Bergregion ist Sami-Land und wer Glück hat, kann die Rentierherden beobachten, die hier frei umherstreifen. Dieser Teil des Vildmarksvägen kann nur zwischen dem 6. Juni und dem 15. Oktober befahren werden. Im Winter liegt hier zu viel Schnee.

ÜBER NACHT

Am Vildmarksvägen gibt es gute Möglichkeiten zum Freistehen. Wenn ihr einen offiziellen Platz bevorzugt, empfehlen wir das schön gelegene Naturcamp in Fatmomakke. Weitere Plätze findet ihr bei den **[› Spots 32 bis 34]**.

Wir wollen den Vildmarksvägen in Nord-Süd-Richtung fahren und biegen erst in Vilhelmina nach Westen ab, um dann später von Gädedde über die Grenze nach Norwegen zu wechseln. So kommen wir an allen wichtigen Highlights vorbei, ohne unnötige Schleifen zu fahren.

Der erste Spot an der Strecke ist einer der beiden großen Wasserfälle. Am **Trappstegsforsen** plätschert das Wasser über unzählige Felsstufen. Der Wasserfall liegt direkt an der Straße und der Imbiss am Parkplatz wird für seine Rentierburger gefeiert. Vor dem Parkplatz zweigt die Schotterstraße ins Marsfjellet ab. Auf halbem Weg kommt ihr hier zu einem schönen Badeplatz mit Sandstand und Grillstelle.
Parkplatz Trappstegsforsen: GPS N 64°57'20.6", E 15°27'56.8"
Badeplatz Marsliden: GPS N 65°01'49.2", E 15°25'22.3"

Zu einigen Plätzen am Vildmarksvägen, die uns besonders gefallen haben, gibt es etwas mehr zusagen: Das samische Kirchdorf Fatmomakke, den Hällingsåfallet und eine kurze Wanderrunde durch das Karstgebiet des Bjurälven-Naturparks findet ihr als eigene Spots auf den folgenden Seiten.
[› Spot 32 – 34]

32

Fatmomakke

Ein Kirchdorf der Sami

Rund um eine weiße Holzkirche aus dem Jahr 1886 gruppieren sich in Fatmomakke etwa 20 Blockhäuser und 80 samische Koten – einfache Unterkünfte, die aussehen wie aus Holz gebaute Zelte. Einige der Türen stehen offen, sodass ihr einen Blick in so ein Holzzelt werfen könnt. Die Kote neben der Kirche ist eingerichtet wie früher üblich. Neben der Feuerstelle sind zwei Schlafbereiche mit Reisig abgedeckt, am Kopfende sorgt ein Regal für Stauraum. Heute verwenden auch die Sami Isomatten, was nicht ganz so malerisch aussieht, aber sicher bequemer ist.

Fatmomakke war nie eine dauerhaft bewohnte Ansiedlung, sondern ausschließlich ein Kirchdorf. Hier trafen sich die

ÜBER NACHT

Naturcamping Fatmomakke
An der Brücke zum Kirchdorf gibt es hinter dem Café eine Handvoll Stellplätze für Camper in perfekter Lage direkt am Wasser. Weitere Plätze befinden sich am oberen Parkplatz auf einer Schotterfläche am Waldrand. WC und Dusche vorhanden, sonst nichts. Bezahlung per SWISH oder bar im Café an der Brücke.
€ | N 65°5'14.8", E 15°8'18.8"

samischen Rentierzüchterfamilien, die ihre Tiere im Sommer auf dem Kalfjäll, den kargen Hochebenen um Fatmomakke, weiden ließen. Der Name des Dorfes bedeutet »Platz, an dem man sich umarmt«.

Auch heute finden in Fatmomakke noch mehrmals im Jahr Gottesdienste statt und auch der Mittsommer wird gefeiert. Außerhalb dieser Veranstaltungen steht das Dorf leer und zieht als Kulturdenkmal viele Besucher an. Im Sommer könnt ihr auch an einer Führung teilnehmen. Fatmomakke liegt besonders malerisch zwischen Seen und ist vom Vildmarksvägen über eine gut befahrbare Schotterpiste erreichbar.
Parkplatz: GPS N 65°05'14.6", E 15°08'08.8"

33

Der verschwundene Fluss

Im Karst des Bjurälven-Naturparks

Als wir zum ersten Mal vor einem Haufen Elchkot stehen, wundern wir uns sehr, wie ein so großes Tier so zierliche Köttel hinterlassen kann. Zwischen den tiefen Kratern im Karstgebiet des Bjulrälven müssen sich die großen Hirsche recht wohl fühlen. Wer darauf achtet, kann die Elchköttel am Wegrand kaum übersehen. Der Weg ins Karstgebiet beginnt am See Leipigvattnet, der über eine kurze Zufahrt auf Schotter vom Vildmarksvägen erreichbar ist.

Wanderrunde durch den Bjurälven-Karst

Der Wanderweg schlängelt sich durch einen üppig wuchernden Wald und um tiefe Dolinen herum. Er führt immer oberhalb des Flusses entlang, der zeitweise im Karst versickert und unterirdisch weiterfließt.

Vom Parkplatz folgen wir dem markierten Wanderweg zwischen dem Seeufer und einer Kuhweide bis zum Waldrand. Dann geht es auf einem malerischen Waldpfad weiter. Streckenweise balancieren wir auf Bretterpfaden über sumpfige Stellen. So erreichen wir nach drei Kilometern eine Schutzhütte, in der man auch übernachten kann.

An der Hütte steigen wir eine Treppe zum Fluss hinunter. Unten teilt sich der Weg und der Rundweg durch das Karstgebiet beginnt. Wir überqueren zuerst rechts die Brücke und kommen zu einem schönen Biwakplatz. Dann geht es über viele Treppen zwischen den Dolinenkratern hindurch bis zu einem See und auf dem schmaler werdenden, leicht zugewachsenen Pfad bis zu nächsten Wegkreuzung.

Rechts käme man hier zu einem Rastplatz und zu einer Höhle. Wir biegen jedoch links ab und wandern jetzt am Flussbett entlang. Hier sieht man gut, dass der Fluss teilweise unterirdisch verläuft. Oft ist im Bachbett kein Wasser. Am Ende ist der Weg ziemlich zugewachsen. Auf dem bereits vertrauen Weg geht es zurück zur Hütte und durch den Wald zum Parkplatz.

9,5 km, ↓↑ 160 m, Gehzeit 3 h30 | GPX | **Mückenschutz nicht vergessen!** | Parkplatz: GPS N 64°55'47.2", E 14°09'20.5"

ÜBER NACHT

Am Vildmarksvägen gibt es auch Möglichkeiten zum Freistehen. Wer offizielle Plätze vorzieht, findet wenige Kilometer weiter einen Campingplatz am Seeufer abseits der Straße.

Lia Ranch Vildmarkscamping
Schöne Stellplätze am Seeufer. Einfaches Sanitärhäuschen oberhalb am Hang. Nette Betreiber.
€€ | N 64°51'29.9", E 14°15'25.4" | www.liaranch.com

34

Hällingsåfallet

Schlucht und Wasserfall

Der Hällingsåfallet beeindruckt vor allem durch seine Wucht und die ungewöhnliche Umgebung. Die Kaskade stürzt mit viel Schwung in eine 800 Meter lange und über fünfzig Meter tiefe Schlucht, die das ablaufende Wasser vermutlich schon in der Eiszeit gegraben hat. Vom Parkplatz führt ein kurzer, gut befestigter Fußweg zur Brücke über dem Wasserfall. Von dieser schaut ihr direkt von oben auf die stürzenden Wassermassen. Den besseren Blick in die Schlucht habt ihr vom Picknickplatz, der vor der Brücke am Weg liegt.

Auf der dem Wasserfall gegenüberliegenden Seite führt ein Bretterpfad am Rand der Klippen entlang, zu einigen Aussichtspunkten und weiter bis zum vorderen Parkplatz. Von dort könnt ihr auf dem Fahrweg zurück zum Camper laufen oder einfach umdrehen.

4,7 km, Gehzeit 1 h 30 | GPX
Oberer Parkplatz: GPS N 64°20′57.5″ E 14°22′45.8″

Die Zufahrt von Gädedde zum Wasserfall ist schon ein Teil des kleinen Abenteuers. Sie zweigt von der Straße ab, die von Gäddede in Richtung Norwegen führt. Der Hällingsåfallet ist hier ausgeschildert. Bis dorthin sind es aber noch 21 Kilometer und die fahrt ihr auf einer Schotterpiste. Sie ist meist breit genug für zwei Fahrzeuge und einigermaßen stressfrei zu befahren. Bei trockenem Boden staubt es gewaltig. Bei uns ist es nass, und unser Van sieht hinterher aus wie ein frisch im Schlamm gesuhltes Wildschwein.

ÜBER NACHT

Auf den beiden Parkplätzen am Wasserfall wird eine Übernachtung toleriert. Zumindest im Sommer sollt ihr den Platz aber tagsüber zügig wieder freigeben, damit alle Besucher einen Parkplatz finden.

Gäddede Camping
Direkt am See und am Ortsrand von Gäddede. Kanu- und Bootsverleih, Sauna und Pool. Für alle, die ein bisschen Zivilisation einem Platz in der Wildnis vorziehen.
€€ | N 64°30′19.5″, E 14°08′54.3″ | www.gaddedecamping.com

CAMPING GLASKOGEN

Weitläufiger Platz innerhalb des Naturparks in einem Waldstück am Seeufer. Die Stellplätze liegen mit großem Abstand zum Nachbarn auf ebenen Terrassen im Wald. Jeder Platz hat Strom und es gibt auch Wasserstellen. Auf dem Campinggelände stehen nur Komposttoiletten. Duschen und WC gibt es an der Rezeption, die je nach Platzwahl mehrere Kilometer entfernt liegt. Einige sehr schöne Seeplätze (ab Platz 54) sind auf einem etwas weiter entfernten Platzteil links der Straße zu finden.
Im Sommer geöffnet | €€€ | GPS N 59°30'26.0" E 12°22'17.6" | www.glaskogen.se

Das Kulåra Camp liegt auf einer gepflegten Wiese am Freizeithafen

STELLPLATZ MOSÄTTBRÜCKE

Einfacher Naturstellplatz am Seeufer, der von der Gemeinde betrieben wird. Das Gelände besteht aus zwei Plätzen – einer liegt vor und einer hinter der Brücke. Die Stellplätze liegen direkt am Seeufer. Außer einer Komposttoilette gibt es am Platz keine Ausstattung. Die nahegelegene Straße ist kaum befahren. Frischwasser und eine heiße Dusche stehen am knapp zwei Kilometer entfernten Gemeindehaus zur Verfügung. Die Gebühr wird abends am Platz kassiert oder in eine Box eingeworfen.
Ganzjährig zugänglich | € | GPS N 62°6'54.2", E 14°3'42.8"

Blaubeeren fürs Frühstück wachsen gleich neben dem Camper

STELLPLATZ KULÅRA CAMP

Einfaches Naturcamp mit Stellplätzen auf einer Wiese direkt am Seeufer und neben einem kleinen Freizeithafen mit öffentlicher Badestelle, die auch von Einheimischen gerne genutzt wird. Es gibt sowohl einen Steg als auch eine Sandbucht, an der man ins Wasser kommt. Auf dem Platz stehen eine Wasserpumpe, zwei Trockentrenntoiletten, drei Feuerstellen sowie Brennholz zur Verfügung. Keine Toilettenentsorgung möglich, kein Strom.
Ganzjährig geöffnet | €–€€ | GPS N 60°53'40.0", E 14°37'03.0" | Bezahlung per PayPal oder Einwurf im Briefumschlag in SEK

Halbinselchen für einen Camper auf dem Platz hinter der Brücke

Auf dem Kystriksveien

Inselhüpfen in den Schären

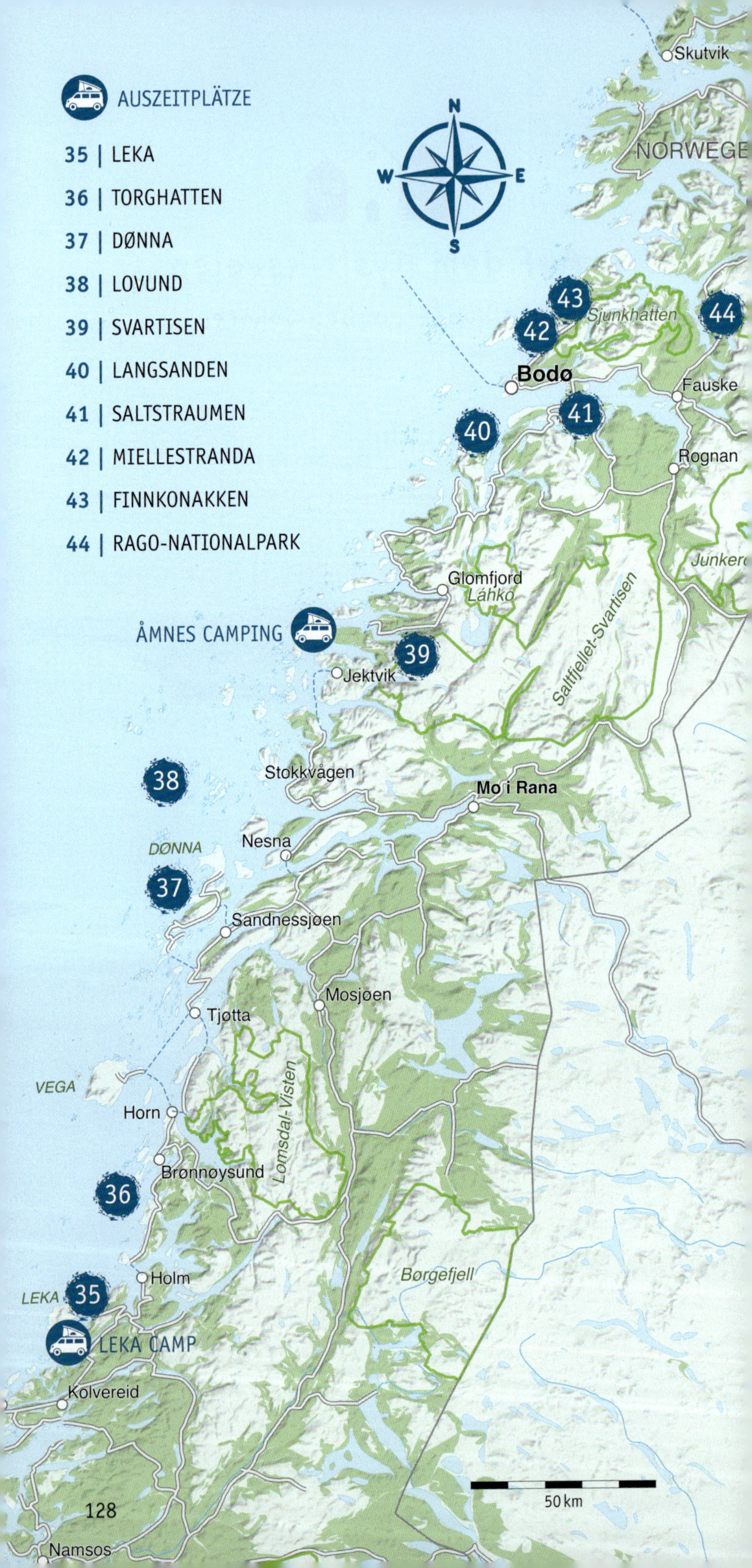
AUSZEITPLÄTZE
35 | LEKA
36 | TORGHATTEN
37 | DØNNA
38 | LOVUND
39 | SVARTISEN
40 | LANGSANDEN
41 | SALTSTRAUMEN
42 | MIELLESTRANDA
43 | FINNKONAKKEN
44 | RAGO-NATIONALPARK
N
W
E
S
Skutvik
NORWEGE
Sjunkhatten
Bodø
Fauske
Rognan
Junker
Glomfjord
Láhko
ÅMNES CAMPING
Jektvik
Saltfjellet-Svartisen
Stokkvågen
Mo i Rana
DØNNA
Nesna
Sandnessjøen
Mosjøen
Tjøtta
VEGA
Horn
Lomsdal-Visten
Brønnøysund
Børgefjell
Holm
LEKA
LEKA CAMP
Kolvereid
50 km
Namsos

Auf dem Kystriksveien

Inselhüpfen in den Schären

Der Kystrikveien, die Küstenstraße zwischen Steinkjer und Bodø, wird von National Geographic unter den 101 schönsten Straßen der Welt gelistet. Auf Karten ist die Route meist als Fv17 eingetragen. Die Strecke führt 650 Kilometer in unzähligen Kurven an der Westküste Norwegens entlang. Ihr eindrucksvollster Abschnitt nördlich von Holm gehört als **Landschaftsroute Helgelandskysten** zu den norwegischen Touristenstraßen. Bogenbrücken überqueren die Fjorde, und ein acht Kilometer langer Tunnel bringt uns unter dem Svartisen-Gletscher hindurch. Manchmal geht es nur noch auf dem Wasser weiter: Mindestens sechs Fährpassagen unterbrechen die ungewöhnliche Straßenführung.

Wer so viel Spaß am Inselhüpfen hat wie wir, kann noch weitere Inseln besuchen und ist dann fast so viel auf dem Wasser unterwegs wie auf der Straße. Die Fahrt auf viele der kleineren Inseln ist seit 2022 komplett kostenlos. So könnt ihr mit dem »Umweg« über eine kleinere Insel manchmal sogar Fährkosten sparen. Das kann im Sommer selbst für die Fahrt auf die Lofoten klappen, braucht aber viel Zeit. Mit der »AutoPass for Ferje-Card« **[› Seite 412]** zahlt ihr auch für die kostenpflichtigen Fährfahrten nur die Hälfte.

Die Fähren am Kystriksveien kann man nicht vorab reservieren. Am Hafen findet ihr nummerierte Spuren, die eine nach der anderen aufgefüllt werden. Wer in Spur 1 oder 2 parkt, kann sicher sein, auf die nächste Fähre zu kommen. Die Kapazitäten sind meist ausreichend. Auf unserer Tour in der Hochsaison blieben nur einmal Fahrzeuge im Hafen stehen. Wer übrig bleibt, platziert sich neu in Reihe eins. Dabei drängelt sich tatsächlich niemand vor.

Die Abfahrtszeiten aller Fähren findet ihr über den QR-Code oder bei www.vegvesen.no. Über den Link zu autopassferje.no (unter dem Punkt »Info«) könnt ihr auch die Preise nachsehen.

Abendstimmung am Lysfjord

Unsere Route von Schweden nach Norwegen

Wir erreichen den Kystriksveien einige Kilometer nördlich von Steinkjer. Von Gädedde am schwedischen Vildmarksvägen könnt ihr auf der landschaftlich eindrucksvollen Verbindungsstraße 74 bequem nach Norwegen hinüberfahren. Besonders spektakulär fanden wir die Fahrt entlang der Sanddøldalen-Schlucht am Rand des **Bjåfjella-Nationalparks**. In der steinigen Berglandschaft des Schutzgebietes weiden große Rentierherden. Bjåfjella ist tatsächlich echte Wildnis und ein Nationalpark ohne markierte Wege. Wer hier mit Rucksack und Zelt loszieht, sollte schon ein bisschen Outdoorerfahrung mitbringen.

Vom Hafen auf Herøy schaut man direkt auf die Felsgipfel der Sieben Schwestern.

Traumwetter auf der Fährfahrt von Vega nach Tjøtta

Auf dem Küstenweg

Kurz vor Medja erreichen wir die E6. Die Europastraße ist der schnellste Weg ans Nordkap und wird von allen gefahren, die zügig vorankommen wollen. Wir verlassen sie schon nach wenigen Kilometern wieder, wechseln in Gartland auf die Fv17 und befinden uns jetzt auf dem Kystriksveien. Er führt an den Seen Flakkan und Øyvatnet entlang. Die Küste erreichen wir am Lysfjord. Hier entscheiden wir uns gleich für einen ersten Inselausflug und bereuen es nicht: Leka mit seinen roten Felsen wird zu einem unserer persönlichen Highlights am Küstenweg, obwohl wir dort nicht viel Glück mit dem Wetter haben. **[› Spot 35]**

An der Nordspitze der Insel Vega

Vega und VIPPs

Dann folgen die erste reguläre Fährfahrt des Kystriksveien von Holm nach Vennesund und eine kurze Landstrecke. In Horn steht eine Entscheidung an: Bleibt ihr auf der regulären Strecke oder wählt ihr die Route über **Vega**? Vega ist bekannt für seine Daunen in ungewöhnlicher Qualität. Sie stammen von Eiderenten und werden am Ende der Brutzeit aus den verlassenen Nestern gesammelt. So werden die Enten auf Vega gehegt und gepflegt. Um die Daunen zu schützen, baut man sogar Nisthäuser. Die Daunenproduktion auf Vega gehört zum UNESCO-Welterbe. Wollt ihr mehr über die Geschichte der Insel wissen, lohnt die Fahrt zum Welterbezentrum.

Eine weitere Attraktion findet ihr an der landschaftlich besonders schönen Westseite der Insel: Die **Vegatrappa**. Mit über 2000 Stufen hilft die Holztreppe Wandernden über Geröllfelder auf einen steilen Felsgipfel und ermöglicht einen weiten Blick über die Bucht. Obwohl wir eigentlich wegen der Treppe auf die Insel gekommen sind, können wir uns nicht entschließen, uns in die Ameisenstraße einzureihen, die hier

am Wochenende die Stufen erklimmt. Auch das Parken ist etwas kompliziert. Sowohl der Tagesparkplatz als auch die Campingwiese am Einstieg können nur mit **VIPPs** bezahlt werden. Die App ist die norwegische Variante des schwedischen SWISH und ausschließlich für Menschen mit Wohnsitz in Norwegen verwendbar, da man eine Personennummer des Landes braucht. Das Problem begegnet uns noch öfter, meist können wir als ausländische Touristen aber auch mit Bargeld zahlen – zum Beispiel in eine bereitstehende Box. In diesem Fall sollen wir aber den Besitzer des Parkplatzes anrufen …

Kurz vor der Campingwiese befindet sich außerdem eine **Outdoorbasis**, die Touren auf einem Klettersteig und Seekajaktouren in der traumhaft schönen Schärenlandschaft anbietet. www.basecampvega.no

Über die Helgelandsbrua

Eine weitere Fährfahrt steht an. Diesmal sind wir fast eine Stunde auf dem Wasser unterwegs. Dann rollen wir in Tjøtta an Land und halten jetzt auf die Berggipfel der *sju systrene*, der sieben Schwestern, zu. Ihr Name stammt aus der gleichen norwegischen Legende wie der Torghatten **[› Spot 36]**, der Berg mit Loch. Die Sage erzählt, dass hier die sieben wilden Töchter eines Trollkönigs zu Stein erstarrten, weil sie von der aufgehenden Sonne überrascht wurden.

Am Ende der Insel überspannt eine besonders kühne Brückenkonstruktion den Leirfjord: Die Schrägseilbrücke *Helgelandsbrua* ist über einen Kilometer lang und wurde 1991 eröffnet. Wenige Kilometer weiter folgt die Fährfahrt nach Nesna. In Stokkvågen lockt uns dann die Papageientaucherkolonie von Lovund schon wieder auf ein Boot – diesmal allerdings ohne unseren Van **[› Spot 38]**.

Idylle am Picknickplatz beim Miellestranda

An der Küste nördlich von Bodø

Über den Polarkreis

Irgendwo auf der nächsten und vorletzten Fährfahrt überqueren wir den nördlichen Polarkreis. An der im Inland verlaufenden E6 steht hier das Polarkreiszentrum, ein Souvenirshop mit kleiner Ausstellung. An unserer Küstenroute hat man nur einen goldenen Globus aufgestellt, um das Ereignis greifbar zu machen. Die Position der Polarkreise (es gibt auch noch einen südlichen) ist allerdings nicht so statisch, wie uns diese Markierungen glauben machen wollen. Da sich die Neigung der Erdachse leicht verändert, liegen auch die Polarkreise nicht immer auf dem gleichen Beitengrad. Zurzeit nähern sie sich den Polen um knapp 15 Meter pro Jahr.

Der nördliche Polarkreis beginnt auf dem Breitengrad, an dem die Sonne am Tag der Sommersonnenwende gerade nicht mehr untergeht. Dieses Phänomen bezeichnet man als Mitternachtssonne. Je weiter wir nach Norden fahren, desto länger hält der Polartag an. Am Nordkap geht die Sonne im Sommer etwa zweieinhalb Monate nicht unter. Im Winter schafft es die Sonne nördlich des Poalrkreises nicht über den

Horizont. Am Nordkap ist es dann gut zwei Monate auch tagsüber dämmrig. Die Polarnacht dauert hier vom 20. November bis zum 22. Januar.

Der Svartisentunnel

Auf der Höhe des Polarkreises befindet sich auch einer der größten Gletscher Norwegens. Seit 1986 unterquert der Küstenweg den Gletscher durch eine Folge von drei Tunneln. Der erste ist fast acht Kilometer lang und besteht aus einer einzelnen Tunnelröhre, die so schmal ist, dass zwei größere Fahrzeuge geradeso passieren können. Er fühlt sich sehr nach »unter dem Berg« an und kann eine Herausforderung sein, wenn euch das nicht behagt. Hinter dem Tunnel folgen in kurzer Folge zwei weitere mit jeweils zwei Kilometern Länge. Wer die Tunnel umfahren möchte, kann auch die Fahrradroute wählen: Sie verlässt die Fv17 in Halsa und führt von Vassdalsvik mit der Fähre nach Ørnes. Von hier geht es ohne weitere Fährfahrten nach Bodø, wo der Kystriksveien endet.

DIE BESTE REISEZEIT

Wer die Mitternachtssonne erleben möchte, muss zwischen dem 12. Juni und dem 1. Juli am Polarkreis eintreffen. Auf den Lofoten geht die Sonne vom 24. Mai bis zum 17. Juli nicht unter und am Nordkap vom 14. Mai bis zum 29. Juli. Die beste Reisezeit liegt dabei relativ früh im Sommer. Dann ist es noch nicht ganz so voll wie im Juli, wenn in Norwegen (und auch sonst überall in Europa) Schulferien sind.

REISE-LITERATUR

Entdeckertouren mit dem Wohnmobil Norwegen – der Norden
Die Inlandsroute auf der E6 ist ausführlich und mit allen Sehenswürdigkeiten und vielen Stellplätzen im WOMO-Reiseführer Norwegen Nord beschrieben. Die beiden Norwegenbände der WOMO-Reihe werden voraussichtlich 2025 komplett überarbeitet neu erscheinen.
Mehr Infos: www.womo.de

35

Leka

Die rote Insel

Die Insel Leka ist aus geologischer Sicht eine Sensation. Hier findet man Gesteinsarten, die sonst eigentlich nur auf dem Boden des Ozeans oder im Inneren der Erde vorkommen. Man erklärt sich das so: Vor etwa 420 Millionen Jahren, als die Kontinente noch in Bewegung waren, stießen hier Amerika und Europa zusammen. Bei der Kollision kippte die Landmasse, sodass Gestein vom Meeresboden an die Oberfläche kam. Vor etwa 60 Millionen Jahren drifteten die Kontinente dann wieder auseinander. Leka ist ein Teil der Bruchkante, gehörte wohl ursprünglich zur amerikanischen Landmasse und blieb hier an der norwegischen Küste zurück. Große Teile der Insel bestehen aus dem gelb-roten Serpentinit und Olivinstein, die man sonst nur auf der amerikanischen Seite des Atlantiks findet.

Das Ergebnis der erdgeschichtlichen Turbulenzen ist auch optisch spektakulär. Im Nordwesten der Insel schlängelt sich die Straße durch eine eindrucksvolle Szenerie aus rotem Fels. Auf der anderen Seite, dort wo die Insel weniger schroff ist, sind Spuren früher Besiedlung zu finden. In Skeisnesset, dem Zipfel an der Ostseite von Leka, befindet sich eines der größten Hügelgräber Norwegens. In der Höhle Solsemhula im Westen Lekas hat man auch Höhlenzeichnungen entdeckt. Hier ist auch der Badestrand Årdalsanden zu finden. Außer-

dem ist die zerklüftete Küste der Insel ein erstklassiges Kajakrevier. Rund um Leka sind 18 Routen markiert, die ihr mit dem Seekajak erkunden könnt.

Mit dem Fahrrad rund um Leka

Rund um die Insel führt eine schmale Straße, an der fast alle interessanten Spots zu finden sind. Sie ist streckenweise einspurig und mit einem Campervan problemlos zu fahren. Intensiver erlebt ihr die Landschaft jedoch, wenn ihr für die Rundfahrt das Fahrrad wählt.

Inselrunde: 26 km | ↓↑ 200 m | GPX

An der asphaltierten Inselrunde sind außerdem kurze Wege markiert. Ihr könnt sie zu längeren Wanderungen kombinieren oder einige kurze Abstecher ins teilweise recht raue Inselinnere machen. Mit unseren drei kurzen Tourenvorschlägen bekommt ihr einen guten Eindruck von den unterschiedlichen Landschaftsformen der Insel.

ÜBER NACHT

Leka Motell og Camping

Der einzige Campingplatz auf der Insel Leka liegt an der geschützten Südseite der Insel an einem felsigen Abschnitt der Küste. Besonders attraktiv machen ihn seine Panoramaplätze mit weitem Blick über die Bucht und fünf Stellplätze mit Meerblick unten am Hafen. Sind diese belegt, steht ihr auf der Wiese an der Rezeption aber auch recht gut. Camper-Service und Waschmaschine.

€€ | N 65°04'53.3", E 11°41'50.9" | www.leka-camp.no

Wanderung Moho

Vom Parkplatz folgen wir einem breiten Feldweg, bis rechts ein Waldpfad abbiegt. Er ist mit einer weißen Tafel markiert und schlängelt sich zwischen den Bäumen hindurch. Bald wird er rauer, bis uns nur noch Steine mit weißen Spitzen durch ein rotes Geröllfeld führen. Die Markierung endet an einem Graben. Hier kann man Gestein aus dem Übergangsbereich zwischen Erdkruste und dem äußeren Mantel sehen. Mohorovicic-Diskontinuität, oder kurz Moho, ist der geologische Fachbegriff für diese Erdschicht. Als Laien sehen wir nicht viel, aber das rote Felsenchaos beeindruckt. Es ist nicht ganz einfach, hier vorwärts zu kommen. Zwischen den Steinen herumzuklettern, braucht Vorsicht und Trittsicherheit.

4 km | ↓↑ 70 m | Gehzeit 1 h 30 | GPX
Start am Parkplatz: GPS N 65°06'28.2", E 11°40'34.6"

Støypet und Ørnerovet

Mit wenig Aufwand bekommt ihr hier einen guten Eindruck von den roten Bergen. Vom Parkplatz führen zwei kurze Stichwege über die Felsen.

2–3 km | Parkplatz Kvaløy: GPS N 65°06'21.6", E 11°37'18.8"

Wanderung Skeisnesset

Ganz anders ist die Landschaft auf der Landzunge im Osten. Skeisnesset ist leicht hügelig und hat sumpfige Stellen. Der Blick schweift über den Fjord auf die Felsgipfel am Festland. Dicke Steinbrocken liegen in den Wiesen, auf denen Schafe grasen. Eine kurze Wanderrunde erschließt die Kernzone von Skeisnesset mit mehreren Hügelgräbern, einem Aussichtspunkt zur Vogelbeobachtung und einer voll ausgestatteten Hütte, die aus den Kieseln des unterhalb liegenden Strandes gebaut ist. Wer länger wandern möchte, kann einem Stichweg bis zur Spitze der Landzunge folgen.

3 km | ⇅ 30 m | Gehzeit 1h | GPX
Parkplatz Skeisnesset: GPS N 65°05'58.8", E 11°45'26.5"

ÜBER NACHT

Wohnmobilstellplatz Torghatten
Kleiner Schotterplatz direkt neben der Straße, unterhalb eines Cafés und am Start des Rundwegs durch den Torghatten. Gepflegtes kleines Sanitärgebäude.
€€ | N 65°23'40.7", E 12°05'54.9"

Campingplatz Torghatten
Großer Wiesenplatz in toller Lage zwischen dem Torghatten und dem Meer. Badebucht, Steg und Strandrestaurant vorhanden. Sanitärausstattung knapp für die Platzgröße und eher einfach. Dafür ist der Platz teuer.
€€€ | N 65°23'35.5", E 12°05'56.4"

36

Torghatten

Der Berg mit Loch

Die Form des Torghatten ist ungewöhnlich. Warum der Felsen den Namen »hatten« – Hut, trägt, ist gut nachvollziehbar. Mitten im Hutberg erstaunt ein Loch, durch das an zwei Tagen im Jahr die Sonne leuchtet. Ein gut ausgebauter Weg führt über viele Stufen hinauf und bringt euch durch den Berg hindurch auf die andere Seite. Steht ihr direkt vor dem Tor in der Felswand, hat es gewaltige Dimensionen. Die Felswände sind bis zu 35 Meter hoch, dann geht es durch eine 160 Meter lange Naturhöhle, bevor die Sicht auf das Meer frei wird. Der Ausblick von hier oben ist einfach grandios.

Wie das Loch in den Hut kam, erklärt eine alte Legende aus dem Reich der Trolle, in der Hestmannen, ein missratener Trollprinz, die hübsche Jungfrau Lekamøja verfolgt. Als sie ihm zu entkommen droht, schießt er einen Pfeil ab, der aber nur einen Hut trifft. Der König der benachbarten Sømnaberge hatte ihn geworfen, um Lekamøja zu retten. In diesem Augenblick geht die Sonne auf und die Trolle, die ja bekanntlich kein Sonnenlicht vertragen, erstarren zu Stein. Ebenso auch der durchschossene Hut, der auf der Insel Torgar zu Boden fällt und heute als Torghatten bekannt ist.

Der Weg durch den Torghatten

Der Weg ist beschildert und beginnt am Parkplatz rechts an der Zufahrtsstraße. Wir empfehlen wegen der Dramaturgie den kurzen Aufstieg auf der Südseite. Hinter dem Tunnel geht es dann zum Meer hinunter und links an der Küste zurück, durch das Gelände des Campingplatzes und auf der Straße zurück zum Parkplatz. Im Sommer 2023 hat man den Weg neu befestigt, sodass der Abstieg jetzt aus endlos vielen Steinstufen besteht. Der Aufstieg auf der Südseite dürfte wohl ähnlich gut präpariert werden, dann ist der Weg durch den Berg nur noch wegen seiner Höhenmeter anspruchsvoll.

3 km | ↓↑ 200 m | Gehzeit 1 h | GPX
Start am Parkplatz: GPS N 65°23′44.3″, E 12°05′50.0″

37

Dønna

Breivika Strand und Dønnesfjellet

Die Insel Dønna ist landwirtschaftlich geprägt, teilweise recht hügelig und vergleichsweise dünn besiedelt. Der höchste Berg ist der 856 Meter hohe Dønnamannen, der mit einer durchaus anspruchsvollen Bergtour erklettert werden kann. Das erste Highlight auf dem Weg auf die Insel ist die Anfahrt über die Straße von der Nachbarinsel Herøy, die euch über eine Kette kleiner Inseln führt. Die Straße windet sich zwischen Wasserflächen hindurch und über mehrere Brücken. Am Horizont vervollständigen die felsigen Gipfel der Sieben Schwestern das eindrucksvolle Bild. Um dieser Route zu folgen, fahrt ihr vom Fährhafen Søvik zuerst nach Herøy.

Breivika Strand

Der abgelegene Strand von Breivik ist nicht nur der beste Startpunkt für den Aufstieg auf den Dønnamannen (sieben bis acht Stunden, erfordert solide Bergerfahrung und Trittsicherheit), sondern auch ein perfekter Platz für alle, die Orte am Ende der Welt lieben und bereit sind, dafür einige Kilometer Piste zu fahren. An deren Ende erwartet euch ein Naturcamp ohne jede Ausstattung, aber mit Parkbereich für Wohnmobile an einer langen Sand-Kies-Bucht, die von schroffen Bergen eingerahmt ist.

ÜBER NACHT

Naturcamp Breivika
Kostenloser, aber offiziell für Wohnmobile eingerichteter Platz ohne Ausstattung.
€€ | N 66°03'24.2", E 12°23'06.2"

Herøy Caravan
Gepflegter Wiesenplatz mit eigenem Sandstrand sowie Blick über das Meer auf die Sieben Schwestern.
€€ | N 65°57'21.0", E 12°16'13.8 | www.heroycaravan.no

Ausblick vom Dønnesfjellet

Dønna ist umgeben von hunderten kleiner Inselchen. Einen guten Ausblick über die ungewöhnliche Landschaft habt ihr vom Dønnesfjellet. Oben auf dem 128 Meter hohen Berg steht die Dønnesfjelletstua, eine Gaststätte. Hinauf kommt ihr entweder zu Fuß aus dem Ort Dønnes oder über eine einspurige, teilweise deftig steile Kurvenstraße, die kurz hinter Dønnes von der Straße abzweigt.

Der hübsche, gut markierte Fußweg auf den Berg startet an der Kirche in Dønnes. Über Holztreppen geht es immer weiter aufwärts bis zum Aussichtspunkt. Für den Rückweg lauft ihr am Gasthof vorbei, folgt ein paar Schritte der Straße und biegt dann rechts in den Wanderweg ein.
3 km | ⇅ 120 m | Gehzeit 1 h 15 | GPX
Start am Parkplatz: GPS N 66°12'15.5", E 12°35'13.3"

38

Lovund

Die Insel der Papageientaucher

Der 14. April ist ein besonderer Tag auf Lovund. Die Insel sieht von weitem aus wie ein unzugänglich schroffer Felsen im Meer, an dessen Spitze sich oft die Wolken hängen. Hier leben jedoch etwa 500 Menschen – und im Sommer ungefähr 60.000 Papageientaucher. Die witzigen Vögel, die aussehen wie eine Kreuzung zwischen Pinguin und Papagei, leben im Winter auf dem Meer und beziehen im Frühjahr ihre Bruthöhlen am felsigen Nordhang der Insel. Der 14. April ist der »Lundkommardagen«, der Tag, an dem die Papageientaucher kommen. Und das tun sie seit Jahren pünktlich und genau an diesem Termin. Bei unserem Besuch im Spätsommer schwirrt die Luft nur so von ihrem rasanten Flügelschlag. Wir sind gerade noch rechtzeitig hier, denn Ende Juli sind die Jungvögel selbstständig und die »Lunden« kehren zurück aufs offene Meer.

Die Insel ist von Stokkvågen mit dem Fährboot zu erreichen. Die Fähre stoppt unterwegs auch auf den Inseln Onøya und Sleneset und erreicht Lovund nach zwei Stunden Fahrt.
Hafen Stokkvågen: GPS N 66°20'19.0", E 13°00'07.7"

Der Weg zum Beobachtungspunkt

Vom Hafen sind es 1,7 Kilometer zum Parkplatz am Friedhof, wo der Aufstieg zum Aussichtspunkt beginnt. Ihr könnt euren Camper also gut in Stokkvågen am Hafen lassen und die Insel zu Fuß besuchen. Am Hafen haltet ihr euch rechts und folgt dann dem Lundvollveien, bis ihr den Friedhof erreicht, und folgt dort dem Holzsteg links hinauf. Um die Vögel zu beobachten, braucht ihr ein Fernglas. Mit bloßem Auge erkennt man nur einen Geröllhang mit vielen weißen Punkten.

Anschließend lohnt es unbedingt, am Friedhof dem Pfad zu zwei kleinen Sandbuchten zu folgen. Steigt ihr dort links hinauf, erreicht ihr eine Landzunge mit grandiosen Felsformationen und bester Aussicht über das Meer.

6 km | ↓↑ 170 m | Gehzeit 2 h 30 | GPX

ÜBER NACHT

Mit dem Camper könnt ihr auf Lovund nur auf einem Schotterplatz am Sportplatz stehen. Der Platz ist nicht besonders schön, liegt aber in der Nähe der beiden Sandbuchten.

Auf der Nachbarinsel Sleneset:

Wohnmobilstellplatz Sleneset
Schotterplatz am Wasser und im Hafen. Camper-Service und Strom vorhanden.
€€–€€€ | N 66°21'54.3", E 12°36'57.5"

ÜBER NACHT

Wohnmobilstellplatz Svartisen
Einfacher Wiesenplatz am Bootsanleger mit Frischwasser und Komposttoilette.
€€ | N 66°29'28.9", E 14°11'47.0"

Åmnes Camping
Liebevoll geführter Wiesenplatz am Ende der Welt. Stellplätze an einem schmalen Sandstrand. Spielplatz. Camper-Service, Waschmaschinen.
€€ | N 66°46'59.1", E 13°21'10.0" | aamnescamping.no

39

Im ewigen Eis

Begegnung mit dem Svartisen-Gletscher

Der Svartisen ist der zweitgrößte Gletscher Norwegens. Er erstreckt sich über 370 Quadratkilometer. Wie alle Gletscher wird er jedes Jahr ein bisschen kleiner. Zwei der etwa 60 Gletscherzungen am Rande der Eisfläche sind mit kurzen Wanderungen und Bootstransfer gut zu erreichen.

Der Svartisen vom Kystriksveien

Am einfachsten zur erreichen ist der Anleger Holandsvika, der kurz vor dem Svartisentunnel direkt am Kystriksveien liegt. Engabreen heißt die Gletscherzunge, die sich hier zum Holandsfjord hinunterzieht. Die Boote fahren nur in den Sommermonaten. Vom Anleger lauft ihr 1,5 Kilometer bis zum Gleschersee, dann geht es am See entlang und steil hinauf zum Rand der Gletscherzunge. Die Kraxelei hinauf zum Eis gilt als Wanderung mit alpinem Anspuch.

Parkplatz Holandsvika: GPS N 66°43'25.4", E 13°40'22.7"
9 km (ab Bootsanleger) | ↓↑ 225 m | Gehzeit etwa 4 h | GPX

Der Svartisen von Mo i Rana

Von Mo i Rana führt eine Mautstraße durch das Røvassdalen zum Svartisvatnet hinauf. Von hier aus besteht während der Sommersaison die Möglichkeit, mit dem Schiff über den See zu fahren. Die Überfahrt dauert 15 Minuten und erspart euch den knapp vier Kilometer langen schmalen Steig, der am Ufer des Svartisvatnet entlangführt. Vom Bootsanleger sind es dann nur noch drei Kilometer zum Gletschersee Austerdalsvatnet, der aus aus dem Schmelzwasser des Gletschers besteht. Vom See könnt ihr über Geröll steil hinauf zu einer der Gletscherzungen klettern. Fährt das Boot nicht, ist die anspruchsvolle Wanderung zur Gletscherzunge sieben Kilometer länger.

Parkplatz Svartisvatnet: GPS N 66°29'28.9", E 14°11'47.0"
15 km (mit Boot 7 km) | ↓↑ 300 m | Gehzeit etwa 5 – 6 h | GPX

ÜBER NACHT

Das Übernachten im Wohnmobil (ohne Campingverhalten) wird auf dem großen Parkplatz von Langsanden toleriert. Alternativ gibt es an der Westseite der Insel auch einen kleinen Stellplatz.

Wohnmobilstellplatz Sekundær Fylkesveg
Einfacher Wiesenplatz am Meer. Bezahlung im benachbarten Joker-Supermarkt. Camper-Service und Strom vorhanden.
€€ | N 67°07'22.9", E 14°02'54.0"

40

Langsanden

Kunst am Sandstrand

Der gut zwei Kilometer lange Sandstreifen von Langsanden liegt vor einer schroffen Felswand an der Westseite der Insel Sandhornøy. Ihr erreicht ihn mit einem knapp zwanzig Kilometer langen Abstecher vom Kystriksveien, indem ihr bei Kjøpstad die Brücke überquert. Im breiten Dünenbereich verteilen sich mehrere Lagerplätze mit Picknicktisch und Feuerstelle, an denen das Zelten ausdrücklich erlaubt ist. WC und Duschen befinden sich im Holzhaus vor dem Parkplatz.

Das Wasser am Strand ist kristallklar, fällt nur flach ab und eignet sich zumindest für ein Fußbad. Das Meer bleibt hier oberhalb des Polarkreises allerdings auch im Hochsommer kalt. Alternativ lohnt ein Spaziergang am Strand entlang zu den Felsen am Ende der Bucht, in die ein Bach mündet. Unterwegs entdecken wir Seesterne und viele Muscheln, darunter auch die hübschen Napfmuscheln.

Kehrt ihr auf dem Rückweg schon einen Weg vor dem Info-Haus zur Straße zurück, führt links ein Stichweg zu einer Outdoor-Fotoausstellung mitten in den Dünen. Die ausgestellten Exponate sind die prämierten Werke eines Fotowettbewerbes. Sie zeigen Motive aus der Region und wurden 2022 hier aufgestellt.

Start am Parkplatz: GPS N 67°09'43.7", E 14°13'33.4"

41

Saltstraumen

Der größte Gezeitenstrom der Welt

Es gibt einen kurzen Zeitraum am Wendepunkt zwischen Ebbe und Flut, an dem der Saltstraumen aussieht wie ein ganz normaler Fjord. Tiefblau und friedlich liegt er da, als wir unseren Camper auf den Parkflächen am Ende der Brücke abstellen, über die Brücke zurücklaufen und von weit oben angestrengt ins Wasser starren. Auf den Felsen am Ufer reihen sich die Angler und das Wasser am Ufer schillert einladend grün-blau. Ein Boot fährt vorbei und bringt eine Gruppe zum Schnorcheln ans Ufer. Sonst passiert nichts.

Nur wenig später geht es dann los. Unten im Wasser sind die ersten Blubber zu erkennen, als hätte jemand einen Whirlpool angestellt. Dann stehen wir selbst am Ufer zwischen vie-

ÜBER NACHT

Camping Elvegård
Wiesenplatz mit locker verteilten Bäumen in ruhiger Lage am Westufer des Saltstraumen.
€€€ | N 67°14'06.1", E 14°35'53.2" | campsaltstraumen-elvegard.no

PlusCamp Saltstraumen
Gut ausgestatteter Schotter-Wiesenplatz am Ostufer des Saltstraumen, nahe an der Straße und an der Brücke gelegen.
€€€ | N 67°14'07.6", E 14°37'15.4" | saltstraumen-camping.no

len Anglern und gucken beeindruckt in kräftig wirbelnde Strudel, zwischen denen in rasendem Tempo das Wasser in Richtung Meer saust. Die Flut ist vorbei und wir haben jetzt ablaufendes Wasser.

Der Saltstraumen ist ein Gezeitenstrom und wechselt viermal am Tag mit Ebbe und Flut seine Richtung. Dazwischen tritt bei der Tidenumkehr für kurze Zeit Ruhe ein. Das war der Moment, den wir durch Zufall erlebt haben. Bei ablaufendem und auflaufendem Wasser ist der Sog in der Mitte des Stromes am stärksten. An den Rändern entstehen dann Strudel mit bis zu zehn Metern Durchmesser und vier Metern Tiefe. Das ganze Wasser brodelt, als würde es kochen. Beim Herumwirbeln wird es mit besonders viel Sauerstoff angereichert, was Fische anzieht und damit auch die Angler.

Parkplatz Saltstraumenbrücke: GPS N 67°13'58.5", E 14°37'15.3"

42

Sand und Felsen

Die Halbinsel Buholmen und ihre Strände

Zwischen den Felsen der Halbinsel Buholmen, die nördlich von Bodø ins Nordmeer ragt, verstecken sich mehrere besonders schöne Sandbuchten. Mit einem kurzen Fußmarsch in schöner Umgebung erreicht ihr den Miellestranda und die lange Sandbucht von Auvika. Wer weiter will zum spektakulären Hovsundet Strand, einem Sandstreifen, der die Halbinsel mit einem vorgelagerten Felseneiland verbindet, muss trittsicher sein. Wir scheitern hier ein Stück vor dem Ziel an einer improvisierten »Holzbrücke« aus einer in einen Felsspalt geklemmten Palette – der einzigen Möglichkeit, einen breiten Felsspalt zu überqueren. Am einfachsten ist der Weg zum Hovsundet über das Wasser, deshalb sind hier bei schönem Wetter viele Boote unterwegs.

Auvika Stranda

Vom Parkplatz gehen wir durch die Kurve die Straße hinunter, bis rechts an einer Parkbucht ein unmarkierter Weg abzweigt. Er führt an Häusern vorbei zu Meer und dann an der Küste entlang über die Felsen bis zum Auvika Strand. Wer hier weiter dem Küstenpfad folgt und am Ende der Insel rechts hinaufsteigt, schaut von oben auf den Hovsandet Strand.

3,3 km | ↓↑50 m | Gehzeit 1 h | GPX
Start am Parkplatz: GPS N 67°24'25.9", E 14°37'59.3"

Mielle Stranda

Vom Picknickplatz unten am Wasser gehen wir neben dem Toilettenhäuschen durch das Tor und folgen dem Pfad an der Küste entlang. Zuerst ist links eine Bucht mit strahlendweißem Sand zu sehen. Schaut man genauer hin, besteht er aus den Bröseln versteinerter Korallen. Geht ihr hier geradeaus weiter, kommt ihr zu einer breiten Sandbucht und könnt euch anschließend links über die Felsen einen Weg zurück zum Korallenstrand suchen.

3 km | ↓↑30 m | Gehzeit 1 h | GPX
Start am Parkplatz: GPS N 67°24'41.7", E 14°37'40.2"

43

Finnkonnakken

Gipfelblick im Sjunkhatten-Nationalpark

Der Finnkonnakken ist mit seinen 518 Metern Höhe ein grandioser Aussichtsgipfel, den ihr mit wenig Aufwand erreichen könnt. Bei gutem Wetter geht der Blick bis zu den Lofoten. Der Berg liegt am Rand des Sjunkhatten-Nationalparks. Die Wanderwege im Nationalpark sind fast alle markiert und ausgeschildert. Das Areal des Parks ist von Fjorden und vielen Seen durchzogen und in seinen runden Karsthügeln gibt es besonders viele Höhlen. Das Parkgebiet wird schon seit dem 16. Jahrhundert von den Sami für die Rentierzucht genutzt.

Aufstieg auf den Finnkonnakken

Vom Wanderparkplatz folgen wir dem Holzschild »Finnkonnakken« und steigen auf einem guten Weg zum Ufer des Nordlivatnet herunter. Ein Holzsteg führt über das Wasser und an einigen Häusern vorbei. Dann verläuft der Pfad am Seeufer entlang bis zu einem schönen Rastplatz mit Bank. Hier knickt der Wanderweg nach links

ÜBER NACHT

Wohnmobilstellplatz Bodø
Einfacher Stellplatz nördlich der Stadt direkt an einer schönen Sandbucht, aber auch nahe an der Straße.
€€ | N 67°19'22.4", E 14°28'46.2"

Stellplatz Bodø
Stellplatz auf einer großen Asphaltfläche am Hafen von Bodø. Zentral und doch halbwegs ruhig. Camper-Service an der Tankstelle.
€€ | N 67°17'36.5", E 14°24'07.8"

ab und führt durch den Wald immer steil aufwärts bis auf eine Hochebene. Hier oben ist der Boden moorig und der Weg schlängelt sich zwischen Birken im Bonsaiformat über die Hochebene. Während der Waldboden weiter unten mit Baubeersträuchern bedeckt ist, wachsen hier oben massenhaft Moltebeeren. Nach 2,5 Kilometern habt ihr von einem Felsplateau zum ersten Mal grandiose Sicht. Zuerst sanft, dann steiler ansteigend geht es jetzt oberhalb der Baumgrenze zuerst zu einer weiteren Hochebene mit mehreren Seen und dann mit einem letzten steilen Anstieg zum Gipfel hinauf. Zurück wandern wir auf demselben Weg.

8 km | ⇅ 480 m | Gehzeit 4 h 30 | GPX
Parkplatz: GPS N 67°25'24.3", E 14°46'12.0"

44

Rago-Nationalpark

Der Lakshol und der Litlverivassforsen

Der Rago-Nationalpark ist einer der kleinsten in Norwegen. Er grenzt an die schwedischen Nationalparks Padjelanta, Sarek und Stora Sjöfallet. Gemeinsam bilden diese vier einen der größten zusammenhängenden Naturschutzbereiche Europas. Von der E6 führt eine Stichstraße in das Tal des Lakshol und zu zwei Wanderparkplätzen, von denen ihr den Park zu Fuß erkunden könnt. Die geeignete Zeit dazu liegt zwischen Juni und September. Achtet außerdem auf stabiles Wetter. Bei ausdauerndem Regen werden die Wege schnell matschig. Mückenschutz nicht vergessen!

Der Weg zum Wasserfall

Der Litlverivassforsen ist ein 223 Meter hohe Wasserfall. Er stürzt aus dem See Litlverivatnet über die Felsen und ist der spektakulärste Spot im Nationalpark. Über dem Wasserfall schaukelt zudem eine Hängebrücke, auf der ihr über das mit lautem Spektakel über die Felsen sprudelnde Wasser balancieren könnt.

ÜBER NACHT

Oyra Camping
Einfacher Platz direkt am Fjord und an einem kleinen Strand. Einfache Sanitärausstattung. Strom, Toilettenentsorgung und Waschmaschine.
€€ | Juni bis September | N 67°25'53.0", E 15°41'24.2"

Der Weg hinauf ist zuerst breit, gut befestigt und steigt stark an, dann geht es durch den Wald und ein Moorgebiet. Hier ist der Boden häufig schlammig. Die letzten 1,5 Kilometer wandert ihr auf dem Felsplateau in Richtung Wasserfall. Der Weg ist ein anspruchsvoller Bergsteig. Wanderschuhe, Trittsicherheit und gute Kondition sind Voraussetzung für diese Tour.
11,6 km | ↓↑ 600 m | Gehzeit 4–5 h | GPX
Parkplatz Litjsand: GPS N 67°26'31.0", E 15°44'35.2"

Ragorunden – Rundweg durch den Park

Die komplette Runde durch den Park ist eine sehr reizvolle, aber anspruchsvolle Zweitagestour für erfahrene Wandernde, die Wildnis-Trails lieben. Übernachten könnt ihr im eigenen Zelt oder in der unbewirtschafteten Storskoghytta am Ufer des Storskogvatnet.
22,2 km | ↓↑ 940m | Gehzeit 10–12h | GPX
Start am Parkplatz Lakshol: GPS N 67°27'07.5", E 15°46'28.5" | Mehr Infos: ragonasjonalpark.no (unter Opplev Rago)

LEKA MOTELL OG CAMPING

Leka Motell ist der einzige offizielle Übernachtungsplatz auf der Insel Leka. Er bietet Stellplätze auf einer Wiese mit Blick auf die umliegenden Berge und tolle Panoramaplätze mit Blick über die Bucht, für die man einen Aufpreis zahlt. Fünf weitere Plätze mit Meerblick liegen unten am Hafen. Von hier ist der Weg zu den Sanitäranlagen allerdings etwas weiter. Anzahl der Duschen und Toiletten bei voll belegtem Platz etwas knapp bemessen. Camper-Service.

April bis September | €€ | GPS N 65°4'53.3", E 11°41'50.9" | www.leka-camp.no

Perfekter Stellplatz: umgeben von Bergen und mit Blick über die Bucht

Sonnenuntergang am Åmnes Camping

Fast wie Freistehen: die Plätze am Hafen des Leka Camping

ÅMNES CAMPING

Großer Wiesenplatz direkt an einem schmalen Sandstrand. Aus der ersten Reihe phänomenaler Blick über die Bucht. Die sehr nette, engagierte Betreiberfamilie sorgt schon beim Empfang dafür, dass man sich wohlfühlt. Es gibt ein gepflegtes kleines Sanitärhaus, eine gut ausgestattete Mini-Küche, einen Camper-Service mit improvisiertem Grauwassereinlass und einen richtig schönen Spielplatz. Ein Hofladen in der Nachbarschaft verkauft hausgebackenes Brot, Eier und Marmelade und ist zu Fuß erreichbar.

Ganzjährig geöffnet | €€ | Åmnesveien 157, 8170 Engavågen | GPS N 66°46'59.1", E 13°21'10.0" | www.aamnescamping.no

Inseln im Nordmeer

Lofoten, Vesterålen und Senja

AUSZEITPLÄTZE

45 | Å

46 | REINE

47 | KVALVIKA UND RYTEN

48 | NUSFJORD

49 | HAUKLANDSTRANDA

50 | EGGUM

51 | GIMSØY

52 | LILLETAEN

53 | NYKSUND

54 | LANDSCHAFTSROUTE ANDØYA

55 | WHALE WATCHING

56 | ÅNDERDALEN-NATIONALPARK

57 | LANDSCHAFTSROUTE SENJA

58 | TROMSØ UND DAS POLARIA

Inseln im Nordmeer

Lofoten, Vesterålen und Senja

Stockfisch wird überall auf den Lofoten produziert

Inseln im Nordmeer

Lofoten, Vesterålen und Senja

Die Lofoten. Der Name dieser Inselgruppe ist vielen vertraut. Sie gehören zu den erklärten Sehnsuchtszielen vieler Nordland-Fans und das nicht nur in Deutschland. In den drei Sommermonaten werden die Inseln von Touristen aus ganz Europa quasi überrannt. Das hat durchaus einen guten Grund. Nirgendwo sonst in Skandinavien sind die Berge so schroff und die alten Fischerorte so hübsch wie auf den Lofoten. Es gibt traumhaft schöne Sandbuchten – gut erreichbar an der Straße oder gut versteckt in einsamen Buchten an der felsigen Küste. Bei Sonnenschein schimmert das Meer

Nebenstraße im Norden der Lofoten

in intensivem Türkis und erinnert an die Karibik – zumindest solange man dem Wasser nicht zu nahe kommt. Die im Sommer übliche Wassertemperatur liegt zwischen 10 und 15 Grad. Aber es gibt Alternativen zum Baden: Die Lofoten sind ein Outdoorparadies mit gut markierten Wanderwegen und vielen Verleihstationen für Seekajaks und SUPs.

Die sommerliche Reisesaison ist kurz auf den Inseln im Nordmeer. Noch im Mai und schon im September kann es in kühlen Wetterperioden schneien. Daher ist es fast nicht möglich, die Inseln in einer ruhigeren Nebensaison zu besuchen, wenn ihr sommerliches Wetter wollt. Wir setzen Ende Juli von Bodø nach Moskenes über. Die vierstündige Fahrt ist eine der teureren Fährüberfahrten. Wer Geld sparen möchte, hat zwei Möglichkeiten:

Highlight für Naschkatzen: Schnecken aus der historischen Bäckerei

Wer von Bodø über die kleine Insel Værøy anreist, fährt kostenlos. Auch die kürzere Fährfahrt von Skutnik nach Svolvær in der Mitte der Inselgruppe ist gratis.

Wir kommen am Abend in Moskenes an und purzeln sofort mitten ins Getümmel. Hier im Süden der Lofoten sind die Felsen besonders schroff und nur eine einzige Straße schlängelt sich hindurch. Genau hier sind aber auch zwei der ganz besonders malerischen Dörfer zu finden, die alle sehen möchten. Also fährt niemand, der mit dem Camper reist, einfach so weiter. Die Neuankommenden aus Bodø mischen sich mit den von Norden kommenden Campern, die auf ihre Fähre warten müssen. Vor allem die kostenlosen Plätze sind begehrt und so ist an der Straße jede Parkbucht mit Tür an Tür klemmenden Campervans, Wohnmobilen und PKWs mit Dachzelten verstopft. Auch der Parkplatz von Å, auf den wir am nächsten

Morgen rollen, um das Dorf anzusehen, ist fast vollständig mit Campern belegt, obwohl man hier eigentlich nur sechs Stunden bleiben darf. Es ist unbeschreiblich und ein bisschen beängstigend. Wer im Sommer in Moskenes ankommt und sicher einen Platz haben möchte, reserviert am besten auf dem Campingplatz an der Fähre. Gute Chancen gibt es auch auf dem großen Stellplatz in Reine.

Richtung Norden entspannt sich die Situation. Die Insel wird hier breiter und die Camper verteilen sich. Auf dem Stellplatz am Start der Wanderung zum Kvalvika-Strand **[› Spot 47]** stehen wir nachts nur mit wenigen anderen Campern im Nebel. Richtig voll wird es noch einmal an der landschaftlich besonders schönen Stichstraße nach Hennigsvaer. Der Ort ist bekannt für seinen ungewöhnlichen Sportplatz, der alleine auf einem Inselchen liegt. Auch am Wikingermuseum in Born treffen wir auf einen komplett belegten Parkplatz. Gut die Hälfte der geparkten Fahrzeuge sind Wohnmobile.

Also machen wir es kurz. Wir schauen an, was wir sehen wollen, staunen über die gewaltige Landschaft und verlassen die Lofoten zügig in Richtung Norden. Die Vesterålen und Senja sind anders, aber ebenso schön wie die Lofoten – und außerdem deutlich ruhiger.

Die Inselgruppe der Vesterålen

Die Landschaft der Vesterålen ist sanfter als die der Lofoten. Die Inseln sind nur teilweise bergig und die Landschaftsroute auf Andøya **[› Spot 54]** führt durch einen beinahe ebenen Küstenabschnitt. Auf der Westseite aller drei Inseln gibt es schöne, feinsandige Strände.

Über den Damm im Hauklandsvannet

Wolken wandern in rasantem Tempo und das Wetter wechselt schnell

Die Insel Senja

Auch durch die Fjorde der zerklüfteten Nordseite von Senja führt eine der touristischen Landschaftsrouten **[› Spot 57].** Dieser Teil der Insel wirkt fast wie ein Hochgebirge. Die Berge sind schroff und kahl und die Hänge steil. Nur wenige Küstenbereiche sind geeignet, um Häuser zu bauen. Um von Fjord zu Fjord zu kommen, hat man lange Tunnel durch die Berge gebohrt, sie sind schmal und nur sparsam beleuchtet. Die Wände bestehen aus rohem Fels und vermitteln ganz ungeschminkt das Gefühl, mitten durch einen Berg zu rollen.

Ganz anders ist die Landschaft im Süden der Insel. Die Hügel sind hier flacher und grün bewachsen. In mehreren Tälern liegen durch einen Wasserlauf verbundene Seen. Diese Region ist teilweise Weideland der Sami. Wir haben ohne Erfolg nach Rentieren Ausschau gehalten und viele Blaubeeren gesammelt. Das Zen-

Kühn geschwungene Brücken verbinden die Inseln der Vesterålen

DIE BESTE REISEZEIT

Wer die Mitternachtssonne auf den Lofoten erleben möchte, muss zwischen 26. Mai und 17. Juli kommen. Die beste Reisezeit liegt dabei relativ früh im Sommer. Dann ist es noch nicht ganz so voll wie im Juli, wenn in Norwegen (und auch sonst überall in Europa) Ferien sind. Zwischen September und Mai müsst ihr auf den Inseln mit Schneefällen rechnen. Die Polarnacht beginnt am 9. Dezember und hält bis zum 4. Januar an.

REISE-LITERATUR

Entdeckertouren mit dem Wohnmobil Norwegen – der Norden

Die Inlandsroute auf der E6 ist ausführlich und mit allen Sehenswürdigkeiten und vielen Stellplätzen im WOMO-Reiseführer Norwegen Nord beschrieben. Die beiden Norwegenbände der WOMO-Reihe werden voraussichtlich 2025 komplett überarbeitet neu erscheinen.
Mehr Infos: www.womo.de

trum dieser aus Hochmoor und Wäldern bestehenden Region ist der Ånderdalen-Nationalpark, der durch mehrere Wanderwege gut erschlossen ist **[› Spot 56]**.

Zauberhafte Abendstimmung in Mefjord auf Senja nach einem wolkig-grauen Tag

45

Das Fischerdorf Å

Stockfisch und Zimtschnecken

Å ist der südlichste Ort auf den Lofoten. Hier endet die Straße und es geht nur noch zu Fuß weiter – zum Beispiel einmal rund um den Süßwassersee Ågvatnet. Die Wanderung ist eine schöne Ergänzung zum Besuch des Museumsdorfes, in dem schon seit Jahrhunderten Stockfisch hergestellt wird. Trockenfisch war schon für die Wikinger das wichtigste Grundnahrungsmittel auf langen Schifffahrten und machte diese und damit auch den Seehandel überhaupt

ÜBER NACHT

Camping Moskenes
Gepflegter Platz nahe am Fähranleger. Plätze für Wohnmobile teilweise auf Asphalt, einige Stellplätze mit Meerblick, von hier können häufig Orcas gesichtet werden. Camper-Service, Waschmaschine.
€€€ | Mai bis September | N 67°54'00.7", E 13°03'09.0"

erst möglich. Die Fische, auf den Lofoten sind es meist Dorsche, werden dazu ausgenommen und die Köpfe entfernt. Dann bindet man jeweils zwei an den Schwänzen zusammen und hängt sie zum Trocknen über ein Holzgestell. Zwei bis drei Monate trocknen sie jetzt im salzhaltigen Seewind, der nicht zu warm und nicht zu trocken sein darf. Dazu sind die Bedingungen auf den Lofoten optimal. Der hier hergestellte Stockfisch hat erstklassige Qualität und wird größtenteils nach Italien exportiert, wo er als Delikatesse gilt.

Im **Torrfiskmuseum** von Å wird das alles genau erklärt. Im Dorf könnt ihr außerdem einige Häuser besichtigen. Die meisten Gebäude im Zentrum sind historisch und ungefähr 150 Jahre alt – auch die Bäckerei, in der ihr die besten Zimtschnecken der Lofoten kaufen könnt. Besonders gut schmecken sie mit einem Kaffee an den Holztischen auf dem Dorfplatz. Alternativ sitzt ihr auch im Brygga Restaurant mitten in der malerischen Dorfszenerie.

Parkplatz Å: GPS N 67°52'47.9", E 12°58'39.0" | Wanderrunde um den See: 7,5 km, ↓↑100 m | Gehzeit 3 h | GPX

46

Reine und der Reinebringen

Outdoorsport auf den Lofoten

Reine ist ein guter Ort zum Bleiben. Die Stellplätze im Hafen haben einen halbwegs fairen Preis und einen tollen Ausblick. Der charmante Ort mit seinen roten Stelzenhäusern liegt mitten in der dramatischsten Landschaft der Lofoten. Es gibt Cafés, Restaurants und einen Supermarkt – und mehrere Anbieter für Outdooraktivitäten. Ihr könnt die Fjorde und die krassen Felsen vom Kajak oder SUP aus erleben – oder aus einem der PS-starken großen Schlauchboote – und habt dabei die Wahl zwischen verschiedenen Anbietern:
www.fjordtours.com, aqualofoten.no, reinepaddling.no

ÜBER NACHT

Wohnmobilstellplatz Reine
Ebener Parkplatz am Ortsrand und mit Blick aufs Wasser. Kostenpflichtige Toilette, Camper-Station. Der Platz befindet sich hinter dem Tagesparkplatz mit easypark-Zahlsystem. Die Zufahrt erfolgt über die schmale Straße, die zuerst zur Camper-Station führt (beschildert). Bezahlung bar in eine Box vor Ort.
€€€ | N 67°56'07.1", E 13°05'51.6"

Reine ist außerdem der Startpunkt für eine der spektakulärsten Wanderungen auf den Lofoten. 1566 Steinstufen führen hinauf auf den steilen Felszacken des Reinebringen, der einen unvergleichlichen Ausblick bietet.

Aufstieg auf den Reinebringen

Vom Hafen geht ihr hinauf zur E10 und folgt dem Weg neben der Straße links und um den Straßentunnel herum. Von diesem Weg führt rechts die Treppe aufwärts bis zu einer Aussichtsplattform etwas unterhalb des eigentlichen Gipfels. Die Treppe ist ungesichert und es geht neben den Stufen ziemlich unmittelbar in den Abgrund. Das letzte Stück des Aufstiegs erfolgt dann über einen steinigen, steilen Pfad. Trotz der überschaubaren Höhenmeter solltet ihr nur hinaufsteigen, wenn ihr absolut höhensicher seid und ausreichend Kondition mitbringt.

Start am Parkplatz am Hafen: GPS N 67°56'05.2", E 13°05'34.3"
6 km | ↓↑ 450 m | Gehzeit 3 h | GPX

ÜBER NACHT

Wohnmobilstellplatz Innersand
Wiesenplatz auf einem ehemaligen Bauernhof. Der Wanderweg zum Ryten und zum Kvalvika-Strand beginnt direkt am Platz.
€ | N 68°05'20.3, E 13°08'22.3"

Skjærgårdscamping
Einfacher Platz in sehr guter Lage direkt hinter dem schönen Yttersand-Strand. Auch von hier aus kann man die Wanderung starten.
€€ – €€€ | ganzjährig geöffnet | N 68°5'50.3", E 13°09'41.7" | www.fredvangcamp.no

47

Kvalvika und der Ryten

Strandblick vom Aussichtsberg

Die breite Sandbucht von Kvalvika gilt als einer der schönsten Strände der Lofoten. Sie ist von schroffen Felsen umgeben und nur zu Fuß zu erreichen. Auf der Wiese dahinter stehen meistens ein paar Zelte. Der kürzeste Weg für schwer bepackte Trekker führt von der Straße 7708 südlich von Fredvang zum Strand. Nur wenig länger und besonders schön ist die Route vom Stellplatz Innersand. Hier habt ihr auch noch die Option, zum Ryten hinaufzusteigen und den Strand und die Küste aus gut 500 Metern Höhe zu betrachten.

Der Start für beide Touren ist gleich. Über einen Bretterweg geht es ein kurzes Stück eben durch eine Wiese und dann den Berg hinauf. Aus dem breiten Weg wird schnell ein steiniger, teilweise knackig steiler Pfad. Wir erreichen zuerst einen See, dann eine Hochebene und balancieren auf Holzbohlen über moorigen Boden. Kurz vor einem zweiten See teilt sich der Wanderweg. Links geht es zum Strand, rechts noch einmal 250 Meter hinauf bis zum Gipfel des Ryten.

Um zum Strand zu kommen, wandern wir am Seeufer entlang, bis wir die Bucht sehen können. Dann geht es auf einem moorigen und ordentlich steilen Pfad hinunter zum Strand.
Zum Strand: 7 km | ↓↑ 530 m | Gehzeit 3 h 30 | GPX
Kvalvika und Ryten: 9 km | ↓↑ 800 m | Gehzeit 5 h | GPX
Parkplatz Innersand: GPS N 68°05'20.3", E 13°08'22.3"

48

Nusfjord

Ein Dorf am Ende der Welt

Die Straße nach Nusfjord ist schmal und windet sich durch hohe Berge. Es gibt sie erst seit 1960. Vorher war das Dorf, das geschützt in einem tief eingeschnittenen Fjord liegt, nur vom Meer aus zugänglich. Die Rorbuer, die Stelzenhäuser, rund um das Hafenbecken, stammen aus dem 19. Jahrhundert. Damals kaufte die Familie Dahl das Dorf und baute es zu einem florierenden Fischerhafen aus. In Nusfjords »goldener Zeit« am Anfang des 20. Jahrhunderts arbeiteten hier

ÜBER NACHT

In Nusfjord ist die Übernachtung im Camper nicht erlaubt. Das ist durchaus verständlich, wenn man sieht, wie schnell die beiden Parkplätze komplett mit Tagesgästen gefüllt sind. Parkraum ist hier knapp bemessen. Der nächste Campingplatz liegt acht Kilometer entfernt.

Lofoten Beach Camp
Nördlich von Nusfjord an der E10 und direkt am schönen Skagsanden-Strand. Einige Stellplätze liegen gleich hinter dem Strand, andere direkt an der Straße. Einfach ausgestattet. Surfschule auf dem Platz.
€€€ | Mai bis Oktober |
N 68°6′11.3″, E 13°17′40.2″ |
www.lofotenbeachcamp.no

bis zu 1500 Fischer. An den Holzgestellen des Dorfes wurden jedes Jahr etwa 600.000 Fische getrocknet. Seitdem sind die Häuser im Dorfzentrum quasi unverändert – zumindest von außen.

Die Holzhäuschen der Fischer hat man im Inneren modernisiert und zu Ferienwohnungen umgebaut. 48 davon werden im »Nusfjord Resort« vermietet. Zwei Restaurants und ein Café sorgen für die Verpflegung der Gäste und auch in der hiesigen Bäckerei werden köstliche *Kanelsnurr*, Zimtschnecken, gebacken. Am Dorfeingang könnt ihr einen Blick in die Schmiede werfen und in einem der großen Lagerhäuser sind alte Gerätschaften zu sehen. Ein Film erklärt die Herstellung von Stockfisch. Um das historische Ensemble zu erhalten, verlangt man im Sommer von Tagesgästen Eintritt, denn das Dorf ist auch heute noch in Familienbesitz.

49

Haukland und Uttakleiv

Traumstrand im Doppelpack

Seit die Straße zwischen dem Hauklandstranda und Uttakleiv durch einen Tunnel führt, ist die alte Straße zum beliebten Fußweg geworden. Knapp drei Kilometer schlendert man bequem rund um einen eindrucksvollen Felsen herum und immer am Meer entlang, um von einem Strand zum anderen zu kommen. Unsere Wahl fällt für den Start auf den Parkplatz in Uttakleiv, denn am Haukland-Strand herrscht an einem sonni-

Am wilden Strand von Uttakleiv

ÜBER NACHT

Wohnmobilstellplatz Uttakleiv
Stellplätze auf dem Parkplatz hinter dem Strand. Von den oberen Plätzen kann man den Strand sehen, unten steht man auf einer Schafweide. Trinkwasser, mäßig sauberes WC und Entsorgung für Chemie-WC vorhanden.
€€ | N 68°12'34.2", E 13°30'12.2"

IN DER NÄHE

Haukland Stranda
Am Haukland Strand wird voraussichtlich im Sommer 2024 das neue Visitor Centre mit Café eröffnen. Ob man dann auf dem Parkplatz hinter dem Strand noch über Nacht stehen kann, ist unklar.
N 68°11'58.6", E 13°31'55.3"

gen Tag Ende Juli Ausnahmezustand. Ein Parkplatz ist nicht zu kriegen. Das Wasser in der geschützten Bucht ist ganz flach, sodass hier tatsächlich gebadet wird. Auch mit SUP oder Kanu lässt sich die Bucht gut erkunden.

Am Strand von Uttakleiv bläst uns ein frischer Wind entgegen. Es ist hier einige Grad kühler und der Strand ist teilweise steinig. Dort ist längst nicht soviel los und niemand denkt ans Baden. Auf der Wiese hinter dem Meer stehen etliche Zelte und auch der Stellplatz ist bereits gut mit Wohnmobilen belegt. Wir parken also unseren Camper mit dem Kurzzeittarif für drei Stunden und machen uns auf den Weg.

Von Strand zu Strand

Vom Parkplatz Uttakleiv folgen wir dem Schotterweg weiter bergauf. Dann geht es ohne Steigung immer am Meer entlang. Der Weg ist auch gut mit dem Rad befahrbar.
7,6 km | ↓↑40 m | Gehzeit 2 h 30 | GPX

50

Camperlocation Eggum

Ein Naturpark am Meer

Der Naturpark Eggum liegt direkt am Meer und wer auf den kleinen Hügel mit der Ruine einer Stellung aus dem Zweiten Weltkrieg steigt, hat weite Sicht in alle Himmelsrichtungen. Deshalb ist Eggum besonders beliebt, um im Sommer die Sonne zu beobachten, wie sie sich dem Horizont nähert und wieder aufsteigt. Echte Mittnachtssonne könnt ihr hier vom 23. Mai bis zum 18. Juli sehen – sofern die Wolken es zulassen. In dieser Zeit geht die Sonne gar nicht unter. Wer zu spät dran ist, sieht die Sonne im Norden unter – und schon bald wieder aufgehen, was ebenfalls ein Schauspiel ist. Im

ÜBER NACHT

Wohnmobilstellplatz Eggum

Am Eingang zum Naturpark Eggum gibt es einen Imbiss und einen Parkplatz, auf dem ein Teil der Plätze für Wohnmobile reserviert ist. Auf der Wiese dahinter ist Platz für Zelte. WC, Müll und Frischwasser vorhanden.

€€ | N 68°18'25.4", E 13°39'02.4"

IN DER NÄHE

Lofotr Wikingermuseum Borg

In Borg wurden bei Ausgrabungen die Reste des größten bekannten Langhauses der Wikingerzeit gefunden. Das Museum ist eine Rekonstruktion des Hauses, die im Sommer mit kostümierten Darstellern zum Leben erweckt wird. Auf dem Außengelände warten Spielstationen und ein großes Wikingerboot, in der Ausstellung sind aber auch Original-Fundstücke zu sehen, die bei der Ausgrabung gefunden wurden.

€€€ | N 68°14'48.5", E 13°45'36.4" | www.lofotr.no

Winter eignet sich der Spot gut, um Ausschau nach Nordlichtern zu halten. Dazu könnt ihr auf dem Parkplatz in Eggum übernachten.

Der Naturpark Eggum liegt südlich des Stellplatzes. Hier trefft ihr zuerst auf einen See. Links im Bergkessel rinnt ein Wasserfall über den Fels. Die meisten Besucher folgen aber dem Küstenweg. Hier versteckt sich eines der 33 Kunstwerke der **Skulpturlandskap Nordland**, die über die komplette Küste verteilt sind. Ihr habt sicher schon das eine oder andere der braunen Hinweisschilder am Straßenrand gesehen. Sie weisen auf die Plätze hin. Hier in Eggum steht am Küstenweg ein Kopf auf einer Säule. Seine volle Wirkung entfaltet er, wenn ihr um ihn herumgeht...

Surfspot Unstad

Der Küstenweg führt weiter nach Unstad (6 km), zum nördlichsten Surfspot der Welt. Der Pfad über die Felsen ist jedoch anspruchsvoll und schlecht markiert. Die kleine Ansiedlung, in der es gleich mehrere Surfschulen gibt, ist auch mit dem Camper erreichbar. Der Ort ist aber nur für Surfer wirklich interessant.

ÜBER NACHT

Hov Camping
Stellplätze auf einer Wiese am Strand. Nahe an der Straße. Einfache Ausstattung. Zugehöriger Reiterhof (Ausritte auch für Anfänger) nebenan.
€€–€€€ | N 68°20'21.0", E 14°06'43.6" | www.hovgard.no

Stellplatz Laukvik
Plätze mit Meerblick an der Marina eines Fischerdorfes.
€€ | N 68°23'22.6", E 14°24'42.7"

IN DER NÄHE

Auch die Runde rund um die nördlich von Gimsøy gelegenene **Halbinsel Austvågøya** ist eine schöne Route. Highlights sind das ursprünglich gebliebene Fischerdorf Laukvik, die Fahrt über den Grunnførfjord mit türkisblauem Wasser und Sandbänken und der Rastplatz am Fahrradshelter. An der Strecke gibt es außerdem viele kleine Buchten mit Seeblick für eine Pause.

51

Einmal rund um Gimsøy

Eine stille Seite der Lofoten

Die Straße rund um die Halbinsel Gimsøy ist schmal und gehört nicht zur Standardroute auf den Lofoten. So ist es hier auch in der Hochsaison etwas ruhiger. Die Landschaft ist nur hügelig – lediglich ganz im Westen ragt ein Felszacken keck aus der Ebene in den Himmel. Der Hoven ist 350 Meter hoch und ein Wanderweg führt hinauf. Ein perfekter Spot zum Beobachten der Mitternachtssonne! Praktischerweise beginnt der Aufstieg direkt am Campingplatz.

Weitblick vom Hoven

Vom Campingplatz führt ein Weg ins Landesinnere. Dann geht es rechts und auf der sanfter ansteigenden Seite des Berges hinauf bis zum Gipfel.

4 km | ↓↑ 360 m | Gehzeit 2 h | GPX

Kirche am Meer

Besonders gefallen hat uns außerdem ein kleiner, schneeweißer Strand, an dem eine ebenso weiße Holzkirche steht. Im Sand liegen rundgeschliffene Felsen und am Horizont ragen die Berge der Lofoten auf. Die Kirche steht in Gimsøysanden und ist ein beliebter Fotospot.

Parkplatz Gimsøysand: GPS N 68°19'15.9", E 14°14'23.8"

52

Weißer Sand am Lilletaen

Ein gut verstecktes Kleinod

Das Freizeitgelände am Lilletaen ist zauberhaft. Dicke Felsbrocken umrahmen eine kleine Bucht mit schneeweißem Sand. Im Uferbereich ist das Wasser flach und erwärmt sich im Hochsommer ausreichend für ein Fußbad. Am Strand steht ein Picknicktisch, ein Grillplatz mit Tischen und Schutzhütte liegt auf dem Hügel dahinter. Lilletaen ist nicht besonders bekannt und gehört sicher nicht zu den großen Sehenswürdigkeiten der Vesterålen, was ihn nicht weniger sympathisch

macht. Er liegt nicht weit vom Fährhafen Melbu entfernt und eignet sich wunderbar, um erst einmal richtig anzukommen, bevor ihr die Vesterålen erkundet.
GPS N 68°33'11.5", E 14°37'28.7"

Ganz in der Nähe, an der Brücke zwischen den Inseln Hadseløya und Langøya, treffen wir dann auf das spannende Hurtigruten-Museum.

Postschiffahrt auf der »schnellen Route«

Die Schiffe der Hurtigruten verbinden seit 1893 die Orte an der über 2700 Kilometer langen norwegischen Westküste. Ihre wichtigste Aufgabe war ursprünglich der Transport von Post. Für die Strecke von Bergen nach Kirkenes brauchen sie sechseinhalb Tage. Heute befinden sich vorrangig Touristen an Bord. Das neue Museumsgebäude mit seiner großen Glasfront wurde rund um das 1993 aus dem Betrieb genommene Postschiff Finnmarken errichtet. €€€ | hurtigrutemuseet.no

ÜBER NACHT

Wohnmobilstellplatz Melbu
Stellplätze auf der steingesäumten Mole im Hafen von Melbu. Bester Blick auf das Meer und auf die Fähre. Das Sanitärhaus mit Dusche und WC befindet sich etwa 500 Meter entfernt von den Plätzen an der Zufahrt zum Hafen. Camper-Service vorhanden.
€€ | N 68°29'41.6", E 14°48'45.7"

53

Nyksund

Ein Hafen am Ende der Welt

Kurz vor Nyksund fahren wir in den Nebel. Gerade haben wir noch in einer Parkbucht an der Piste die Sonne genossen, die warm zur Schiebetür hineinschien, jetzt versinken die bunten Häuser des Dorfes im Dunst. Der Ort ist auf zwei Inseln erbaut, die mit einem Damm verbunden sind, der gleichzeitig den Hafen schützt. Um das Jahr 1900 war Nyksund mit rund 250 ständigen Einwohnern das zweitgrößte Fischerdorf der Vesterålen. Gefischt wurde vor allem Hering und Kabeljau. Mit der Zeit wurden die Fischerboote größer und der Hafen von Nyksund zu klein. Die Fischer wanderten ins nahe, besser zugängliche Myra ab und Nyksund wurde verlassen.

Inzwischen versucht man das Dorf wiederzubeleben. Es gibt hier Unterkünfte, Cafés und einen Wohnmobilstellplatz.

Ein Teil der Häuser ist renoviert, andere bröckeln weiter vor sich hin. Besser als das Dorf selbst gefällt uns die wilde, raue Landschaft, durch die wir hierher gelangen. Die Fahrt nach Nyksund ist ein kleines Abenteuer. In Hoydal verlässt uns der Asphalt und wir folgen einer Schotterstraße, die sich an der Felsenküste entlangschlängelt. An der Straße gibt es etliche aussichtsreiche Parkbuchten, an denen man gut eine Pause machen kann. Auch der Stellplatz von Nyksund liegt grandios.
€€€ | Parkplatz Nyksund: GPS N 68°59'50.3", E 15°00'58.1"
Aktueller Tarif unter onepark.no (nyksund-parking).

ÜBER NACHT

Wohnmobilparkplatz Nyksund
Ebener Schotterplatz ohne Ausstattung, aber mit Meerblick und Ende-der-Welt-Feeling. Gute Basis, um Nyksund zu besuchen. Fußweg in den Ort knapp ein Kilometer.
€ | N 68°59'55.8", E 15°01'37.3"

Oppmyre Camping
Ebener Schotterplatz mit freiem Blick über eine große Bucht. Sehr gepflegtes Sanitärhaus und sehr nette Besitzer (aus der Schweiz). Entsorgung für Chemie-WC, aber kein Grauwassereinlass, Waschmaschine. 17 Kilometer von Nyksund.
€€ | N 68°53'33.0", E 15°05'07.8"

54

Von Strand zu Strand

Die Landschaftsroute an der Westküste von Andøya

Auch auf der Vesterålen-Insel Andøya gibt es eine der norwegischen Landschaftsrouten. Sie führt von Bjørnskinn bis an die Nordspitze der Insel. Die Landschaft ist hier teilweise

moorig und unerwartet flach. So wird die Fahrt der 56 Kilometer langen Strecke auch mit dem Fahrrad empfohlen. Unterwegs gibt es besonders viele schöne Strände. Der Sand ist blendend weiß und das Wasser schillert bei sonnigem Wetter karibisch blau – saukalt bleibt es auch im Sommer.

Von Süden kommend treffen wir bei Bo auf die Küste und sehen links neben der Straße schon bald den ersten Strand. Die beiden **Buchten von Sandvika** liegen allerdings recht nahe an der Fahrbahn.

Eine Kurve weiter treffen wir auf einen besonders spannenden Rastplatz. Hier solltet ihr es keinesfalls versäumen, auf die Toilette zu gehen, denn am **Rastplatz Bukkekjerka** versteckt sich eines der spektakulärsten Klohäuschen Norwegens. Vom Toilettenhaus führt ein Pfad auf die Halbinsel hinaus zu einem schwarz-weiß geringelten Mini-Leuchtturm. Von hier schaut ihr auf einen Damm und eine Plattform, die eher unspektakulär wirken. Was ihr dort seht, ist aber tatsächlich ein Teil der Raketenbasis, von der Forschungsraketen ins All geschossen werden. Von Andøya hat auch schon das Deutsche Zentrum für Luft- und Raumfahrt Höhenforschungsraketen gestartet. Mehr Infos zur Forschungsstation bekommt ihr im Andøya Space Center, das kurz vor Andenes links an der Küstenstraße steht.
Andøya Space Center: GPS N 69°17'40.1", E 16°01'45.5" | www.andoyaspace.no

Das nächste Highlight an der Route ist der Küstenabschnitt südlich von Bleik, an dem sich vor schroffen Felswänden vier lange Sandbuchten an der Küste entlangziehen. Zu den Stränden von Stave und Bleik könntet ihr von der Straße hinüberspazieren, die Buchten von Otervika und Buggetomta sind nur zu Fuß auf dem Küstenweg zu erreichen, der Stave und Bleik verbindet. Wer Strände und Küstenlandschaft von oben sehen möchte, steigt auf den besten Aussichtsgipfel an der Küste: den 400 Meter hohen Måtind.

Aufstieg auf den Måtind

Auf dem neu eingerichteten Parkplatz an der Küstenstraße finden auch größere Wohnmobile einen Platz. Von hier aus ist der Weg auf den Måtind gut markiert. Zuerst geht es zügig hinauf und dann über eine Hochebene in Richtung Meer. Nach der Durchquerung eines Bachtales steigt der Weg noch einmal steil an und bringt euch zum Gipfel hinauf. Zurück geht es auf demselben Weg.

7,5 km, ↓↑ 500 m, Gehzeit 3 h 30 | GPX
Start am Parkplatz: GPS N 69°14'08.4", E 15°56'53.3"

Der Vogelfelsen Bleiksøya

Ein weiterer spitzer Felszacken ragt vor Bleik aus dem blauen Meer. Das schroffe Felseiland heißt Bleiksøja und hier nisten von Mitte April bis Anfang August etwa 80.000 Papageientaucher. Sie sitzen auf den Felsen, sausen mit rasanten Flügelschlägen durch die Luft und schwimmen in den Wellen. Um Fische zu fangen, tauchen Papageientaucher bis zu 100 Meter tief und kehren oft mit mehreren kleine Fischen im Schnabel an die Oberfläche zurück. Von Bleik fährt in der Brutzeit ein Boot zur Insel, von dem man die witzigen Vögel beobachten kann.

€€€ | www.puffinsafari.no

ÜBER NACHT

Stave Camping
Naturbelassene Stellplätze direkt hinter dem Traumstrand von Stave oder mit Bergblick. Sauna und Hotpools, Kajakverleih. Entsorgung nur für WC ohne Grauwassereinlass. **[› Seite 202]**
€€ | N 69°12'17.4", E 15°51'41.7" | www.stavecamping.no

Camping Midnattsol Bleik
Schöne Plätze direkt über dem Sandstrand von Bleik, weniger schöne vorne an der Straße. Nettes Café, Laden im Ort zu Fuß erreichbar. Die Camper werden hier deutlich enger gestellt als in Stave. Camper-Service. WCs und Duschen eher knapp an der Zahl.
€€ | N 69°16'32.9", E 15°57'51.4"

Auf dem Felsen Bleiksøja brüten tausende von Papageientauchern

55

Die Giganten von Andenes

Whale Watching auf den Vesterålen

Meist sind es Pottwale, die in den Gewässern westlich von Andenes beobachtet werden können. Vor der Küste sorgt ein bis zu 1000 Meter tiefer Unterwassercanyon dafür, dass das Wasser ungewöhnlich schnell tief wird. Das lockt die großen Zahnwale an, die ganz unten nach ihrer Lieblingsspeise jagen: dem Riesen-Kalmar. Der gigantisch große Tintenfisch kommt nur in der Tiefsee vor.

Außerdem kann man in Andenes oft Schweinswale beobachten – und Orcas, aber die kommen meist nur im Winter, wenn die Heringsschwärme auf dem Weg zu ihren Laichplätzen an Andøya vorbeischwimmen. An unserem Whalewatching-Tag Anfang August wurden schon auf der Morgen-Fahrt Orcas gesichtet. Wenn Orcas in der Bucht sind, bleiben die Pottwale

ÜBER NACHT

Andenes Camping
Einfacher Platz am Meer vom Walzentrum betrieben. Camper-Service.
€€ | N 69°18'14.7", E 16°04'02.2" |
www.whalesafari.no

Auch die Plätze in Stave und Bleik sind nicht weit entfernt.

Wollt ihr in der Hochsaison anschließend von Andenes **nach Senja übersetzen**, empfiehlt sich die Übernachtung im Hafen auf der Eincheckspur, um sicher die erste Fähre am Morgen zu bekommen. Die Fähre ist im Sommer gut ausgelastet und fährt nicht allzu oft. Wenn's schief geht, wartet ihr lange auf die nächste.

weiter draußen im Meer. Meist sieht man also nur die einen oder die anderen. Auch unsere Fahrt am Nachmittag ist eine Orca-Tour.

Andenes gilt als einer der besten Spots in Europa, um Wale zu beobachten. Zudem kennt das Team des norwegischen Walzentrums die Gewohnheiten seiner Schützlinge so gut, dass man dort eine Garantie geben kann: Wenn auf einer Fahrt keine Wale gesichtet werden, dürft ihr noch einmal mitfahren. Die Tour dauert drei bis fünf Stunden und beginnt mit einer Führung durch die hauseigene Walausstellung. Wenn ihr schon wisst, dass ihr leicht seekrank werdet, solltet ihr euch die Fahrt übrigens gut überlegen. Selbst bei relativ ruhiger See schaukeln die Boote gewaltig.
Parkplatz: GPS N 69°19'24.0", E 16°07'05.7" | whalesafari.no

Whale Safari waren die ersten Anbieter von Walsafaris in Andenes. Aufgrund der großen Nachfrage gibt es inzwischen Alternativen. Die Preise sind bei allen Anbietern ähnlich. Wer es rasanter mag, kann mit den schnellen Schlauchbooten von www.whale2sea.no zu den Walen fahren. Eine zweite Alternative sind die Walsafaris von www.arcticwhaletours.com. Sie starten im Hafen von Stø und ihr seid wegen der längeren Anfahrt den ganzen Tag auf dem Meer. Dafür kommt ihr dann auch noch an der Vogelinsel Bleiksøya vorbei.

56

Åndervatnet

Wandern im Nationalpark Ånderdalen

Das Gebiet des Ånderdalen-Nationalparks ist von mehreren Seiten zugänglich und es führen auch Wege quer durch den kompletten Park, auf denen ihr auch mehrtägig wandern könnt. Wir wählen für unseren Besuch den Zugang auf der Südseite. Von hier aus kommen wir auf einem gut markierten Weg mit vergleichsweise wenig Anstrengung mitten hinein ins Nationalparkgebiet.

Wanderung zum Åndervatnet

Am Parkplatz sind zwei Wanderrunden markiert. Die kürzere führt zu einem Aussichtspunkt, unsere längere schlängelt sich durch Moorgebiete und Wald bis zu den Moorseen von Åndervatnet. Wir folgen dazu dem breiten, befestigten Weg. Infotafeln erklären hier die Landschaft des Nationalparks. Nach dem ersten Kilometer treffen wir auf einen Rast-

platz mit WC und einer Holzhütte. Wenig später endet der geschotterte Weg. Hier heißt es aufpassen: Der kurze Rundweg schwenkt hier nach links und führt zum Aussichtspunkt. Unser Weg zum Åndervatnet zweigt rechts ab. Ab jetzt wandern wir auf einem steinigen, mit Wurzeln durchzogenen Pfad oder auf Bohlenwegen durch Moor und Wald. Der Boden ist dicht bedeckt mit Blaubeersträuchern, die Anfang August voller reifer Beeren hängen.

Nach drei Kilometern folgt ein Grillplatz mit Tisch, Feuerschale und Brennholz. Nach vier Kilometern führt ein Stichweg links zu einem Wasserfall. Noch einmal zwei Kilometer weiter steht ihr am Grillplatz oberhalb der Seen. Pfade führen zum Wasser und zu Pausenplätzen in der traumhaft schönen Landschaft. Zurück geht es dann auf dem gleichen Weg.
14 km, ↓↑ 200 m, Gehzeit 5 h | GPX | Start vom Campingplatz oder vom Parkplatz: GPS N 69°11'57.3", E 17°27'25.0"

ÜBER NACHT

Camping Norwegian Wild
Gepflegter Platz direkt am Fjord. Die Stellplätze für Camper liegen auf geschotterten Terrassen mit weitem Blick über das Wasser. Der Startpunkt der Wanderung befindet sich direkt gegenüber auf der anderen Straßenseite.
€€ | N 69°11'55.7", E 17°27'28.9" | www.norwegianwild.no

57

Landschaftsroute Senja

Hochgebirge im Meer

Die Landschaftsroute führt an der zerklüfteten Nordküste Senjas entlang. Die Dörfer stehen an tief eingeschnittenen Fjorden zwischen Bergen mit schroffen Felshängen. Die Landschaft wirkt karg – etwa wie ein Hochgebirge, das im Meer versunken ist. Um die Orte miteinander zu verbinden, hat man Tunnel gebaut. Sie sind teilweise nur einspurig und ziemlich finster geraten. An der Route gibt es besonders viele spannende Rastplätze und auch hier stehen wieder die norwegischen »Designer-Toiletten«. Eine hat silberne und goldene Schuppen, die andere glänzt gleich komplett in schimmerndem Gold.

Aussichtspunkt Bergsbotn

Der erste Rastplatz liegt leicht erhöht in einer Kurve mit Blick auf den Fjord und die Berge. Eine elegant geschwungene Plattform ragt ein Stück über den Abgrund, was den Ausblick noch besser und noch einen Tick aufregender macht.

Parkplatz: GPS N 69°25'22.9", E 17°30'16.3"

Rastplatz Tungeneset

Noch ein bisschen spannender ist dieser Rastplatz zwischen Steinfjord und Ersfjord. Ein Holzsteg aus Sibirischer Lärche führt über ein Felsplateau hinunter zum Wasser und bietet besten Blick auf das Gebirgsmassiv Oksen mit seinen spitz zulaufenden Gipfeln.

Parkplatz: GPS N 69°29'13.2", E 17°19'58.4"

Ersfjord und das goldene Klo

Nur wenige Kilometer weiter treffen wir auf die schön geschwungene Sandbucht von Ersfjord. Auch hier gibt es einen Rastplatz mit Toilettenhaus, dieses hier ist golden. Seitdem man am Straßenrand hinter der Bucht nicht mehr parken darf, ist der Parkraum bei Strandwetter eher knapp. Trotzdem stehen hier auch nachts meist ein paar Wohnmobile.

Parkplatz: GPS N 69°28'43.6", E 17°23'39.8"

Mefjord und der Knuten

Einen schöneren Übernachtungsplatz findet ihr am Ortsrand von Mefjordvaer. Die Gemeinde stellt hier einige Plätze mit Blick über den Fjord und eine Camper-Service-Station zur Verfügung. Vom Stellplatz schaut ihr auf eine Reihe felsiger Berge. Ganz rechts ist der markante Gipfel des Segla zu sehen, der auf Senja der »Place to be« für ambitionierte, erfahrene Bergwandernde ist.

Noch viel besser als vom Stellplatz ist der Blick vom nicht einmal 200 Meter hohen Gipfel des Knuten, der direkt daneben aufragt. Wer nicht auf den Stellplatz will, startet den Aufstieg am besten am Wanderparkplatz, der leicht oberhalb von Mefjordvaer in einer tollen Berglandschaft liegt. Von hier aus ist der Gipfel schnell erreicht.
Wanderparkplatz Mefjordvaer: GPS N 69°31'15.9", E 17°25'44.7"
1 km, ↓↑ 75 m, Gehzeit 45 min | GPX

ÜBER NACHT

Wohnmobilstellplatz Mefjordvaer
Schotterplatz am Ortsrand mit Blick über den Fjord. Camper-Service frei zugänglich. 2023 war der Platz der Gemeinde kostenlos nutzbar.
N 69°31'15.9", E 17°26'20.0"

Wanderparkplatz Mefjordvaer
Riesiger Parkplatz umgeben von einer tollen Berglandschaft. Hier starten mehrere Wanderwege – auch der Aufstieg auf den Knuten. Parkgebühr zahlbar per VIPPS oder Überweisung.
€ | N 69°31'15.9", E 17°25'44.7"

Das Fischerdorf Husøy

Ein Abstecher führt durch eine eindrucksvolle, karge Berglandschaft mit mehreren Seen nach Husøy. Das Dorf liegt auf einer Mini-Insel, die erst in den 50er-Jahren besiedelt wurde. Damals verlegte die Dorfgemeinschaft von Øyfjordvær, das wenige Kilometer entfernt im gleichen Fjord lag, ihren Ort, der von Sturzfluten und Erdrutschen bedroht war. Husøy ist durch einen Damm mit Senja verbunden, der gleichzeitig das Hafenbecken schützt. Dort liegen bunte Fischerboote in verschiedensten Größen. Husøy ist ein aktiver Fischereihafen, kein Museumsdorf wie Nusfjord oder Å, und beeindruckt eher durch seine ungewöhnliche Lage, als durch dörfliche Idylle.
Stellplatz Husøy (im Hafen): GPS N 69°32'42.3", E 17°40'14.1"

58

Tromsø und das Polaria

Das Tor zur Arktis

Tromsø, eine der nördlichsten Städte Norwegens, liegt auf einer Insel. Der Hafen, in dem täglich gegen Mittag das Boot der Hurtigruten anlegt, ist einer der wichtigsten Startpunkte für Expeditionen in die Polarregion. Hier ankern neben einigen Jachten und der Seenotrettung auch noch viele Fischerboote. Um den Hafen gruppieren sich bunte Holzhäuser, aber auch einige weniger attraktive Neubauten, in denen es eine gute Auswahl an Geschäften, Cafés und Restaurants gibt. Seit 1972 ist Tromsø auch Universitätsstadt, was die Straßen bunt und lebendig macht.

Die bekannteste Attraktion in Tromsø ist die Eismeerkathedrale. Der moderne Kirchenbau wurde im Sommer 1965 geweiht und liegt außerhalb des Zentrums. Von außen erinnert die Kirche an einen Eisberg. Im Inneren ist ein riesiges Glasmosaik hinter dem Altar die Attraktion. Eismeer und Arktis spielen auch in den Museen der Stadt eine wichtige Rolle.

ÜBER NACHT

Parkplatz Polaria
Einfacher Schotterplatz am Jachthafen. Plätze mit Blick über das Wasser. Wenige Schritte zum Polaria. Das Stadtzentrum am Hafen ist zu Fuß erreichbar. Nicht unbedingt ruhig.
€€€ | N 69°38'39.6", E 18°57'10.7"

Polar-Museum und Polaria

Im **Polar-Museum** geht es um die großen Expeditionen ins Eis und um die Robbenjagd, die hier früher einmal selbstverständlich war. Das Museum ist in einem der alten Holzhäuser am Hafen untergebracht. €€ | uit.no/tmu/polarmuseet

Das **Polaria** findet ihr am Rand der Altstadt in einem Neubau mit preisgekrönter Architektur. Hier begegnet ihr der Tierwelt des Eismeers zum Greifen nah. Die Stars des Polaria sind die Bartrobben Bella und Mai San sowie die Seehunde Lyra und Loffen. Dreimal am Tag bekommen sie Futter und dabei gleichzeitig ihre Trainingseinheiten, die für Beschäftigung und Bewegung sorgen. Auch außerhalb der Fütterungszeiten sind die Robben gut zu sehen. Ein Gang führt unter ihrem Becken hindurch, sodass sie direkt über eure Köpfe sausen. In weiteren Bassins des Aquariums könnt ihr die typischen Fische und Krustentiere der Arktis beobachten – und die unerwartete Schönheit der Quallen. In einem separaten Raum geht es ums Abschmelzen der Gletscher und des Polareises sowie um den Klimawandel, der am Eismeer gut zu beobachten ist. €€€ | polaria.no

CAMPING STAVE, ANDØYA

Naturbelassene Stellplätze direkt hinter dem Traumstrand von Stave und – im oberen Platzteil – mit Bergblick. Ordentliche Sanitäranlagen, Sauna, Kajakverleih und tolle Hotpools auf dem Platz. Schöne Kajaktour an der Felsenküste entlang zu zwei langen Sandstränden. Entsorgung nur für WC, ohne Grauwassereinlass. Die einzige Schwäche ist die Nähe der Küstenstraße, die den oberen Platzteil vom unteren trennt.
Geöffnet Ende Mai bis August | €€ | GPS N 69°12'17.4", E 15°51'41.7" | www.stavecamping.no

Bester Blick über die Bucht von den oberen Terrassen

Camping am Traumstrand in Stave

CAMPING NORWEGIAN WILD, SENJA

Gepflegtes Campinggelände in ruhiger Lage direkt am Fjord. Die Stellplätze für Camper liegen auf geschotterten Terrassen mit weitem Blick über das Wasser. Moderne, gepflegte Sanitäranlagen, schönes Café, Nutzung der Waschmaschine inklusive. Entsorgung nur für WC, ohne Grauwassereinlass. Am südlichen Zugang zum Ånderdalen-Nationalpark und am Startpunkt einer sehr schönen Wanderung. **[› Spot 56]**
Ganzjährig geöffnet | €€ | GPS N 69°11'55.7", E 17°27'28.9" | www.norwegianwild.no

Zwischen Strand und Straße: der Campingplatz in Stave

Endspurt zum Nordkap

Eine Reise durch die Arktis

59 | FELSZEICHNUNGEN ALTA

60 | ALTA-CANYON

61 | NORDKAP

62 | TROLLFELSEN

63 | SILFAR-CANYON

64 | VARANGERFJORD

65 | VARDØ

66 | VOGELINSEL HERØYA

67 | HAMNINGBERG

Endspurt zum Nordkap

Eine Reise durch die Arktis

Das Nordkap. Eine felsige Halbinsel mit einer Metallkugel, die viele Tage im Jahr in dickem Nebel liegt, dazu ein überteuertes Info-Zentrum. Ein beliebtes Ziel für Kreuzfahrten mit einem ständig überfüllten Riesenparkplatz. »Muss man da unbedingt hin?«, fragen wir uns. Wir sind sehr gespannt auf die Landschaft hoch oben im Norden, die öde Weite der Hochebenen im Fjell, die Rentiere und die zerklüftete, menschenleere Küstenlandschaft. Das Nordkap selbst? Na, das gehört dann halt auch dazu. So dachten wir jedenfalls vor unserer Reise. Aber dann hat sie uns doch gepackt auf der langen Zufahrtsstraße, die von Olderfjord an der Küste entlangführt: die Faszination für den nördlichsten Punkt Europas, den man auf einer Straße erreichen kann. Der Rest der Geschichte? Lest nach bei **[› Spot 61]**.

Dieses junge Rentier hat wohl noch wenig Erfahrung mit Autos

Nicht nur das Nordkap versprüht eine fast magische Faszination. Wer sich hier im Norden ein bisschen Zeit nimmt und in Lakselv die gut ausgebaute E6 verlässt, um auf der schmaleren Route über Kunes und Ifjord weiter in die Einsamkeit Nord-Norwegens einzutauchen, erlebt eine großartige Landschaft mit felsigen Bergen und stillen Seen und Fjorden. Uns verlässt hier das angenehm milde Sommerwetter. Eisiger Wind pfeift uns um die Ohren und die Pausen am Seeufer fallen entsprechend knapp aus. In Ifjord führt eine weitere 120 Kilometer lange Stichstraße nach Gamvik, zum »alternativen Nordkap« und zum Slettnes-Naturreservat, dessen Landschaft man auf einem knapp sieben Kilometer langen markierten Rundweg erleben kann. Er beginnt am Slettnes fyr, dem rot-weißen Leuchtturm von Slettnes (ihr findet die Wanderung bei AllTrails). Auch dieser Abstecher muss sehr lohnend sein. Da wir inzwischen weit hinter unserem grob abgesteckten Zeitplan liegen, lassen wir ihn trotzdem aus und machen uns auf den Weg zum Varangerfjord, an dessen Küste eine weitere Landschaftsroute entlangführt.

Bei Tana Bru, dem Hauptort der Provinz Troms og Finnmark, treffen wir dann wieder auf ein bisschen Zivilisation. Mit Supermarkt und Tankstelle ist er ist eine wichtige Versorgungsbasis hier oben in der Finnmark – und außerdem ein Kreuzungspunkt für den Verkehr. So ist der Ort auch nach der Brücke benannt, die hier über den lachsreichen Tana-Fluss führt: Tana Bru bedeutet einfach nur »Tana-Brücke«.

Kurz hinter der Tana-Brücke wechseln wir auf die E75, um an der Nordseite des Varangerfjords entlangzufahren. Nach der bergigen Kurvenstrecke durch das Landesinnere ist die Küste hier erstaunlich sanft. Steigungsfrei geht es am Meer entlang, die Stationen der Landschaftsroute sorgen für Abwechslung. **[› Spot 64]**

Vogelparadies Varangerfjord

Der Varangerfjord ist ein Teil der Barentsee, einem Randmeer des Nordpolarmeeres. Durch den Einfluss des Nordatlantikstroms sind die Wassertemperaturen trotz der nördlichen Lage gemäßigt. Hier gedeihen gleich mehrere Arten Plankton und bieten eine gute Nahrungsgrundlage für Fische, Seevögel und Meeressäuger. In den Felsen an der Küste brüten im Frühsommer unendlich viele Wasservögel, an den seichten Wasserflächen der tief eingeschnittenen Buchten suchen sie nach Futter. So ist der Fjord auch ein »Hotspot« für ornithologisch Interessierte, die hier mit Stativ und riesigen Teleobjektiven auf Foto-Jagd gehen. Aber auch ohne spezielle Ausrüstung haben wir viel Spaß daran, das Gewusel und Gewimmel im flachen Wasser zu beobachten und zum Vogelfelsen zu laufen.

Dieser grandiose Stellplatz nördlich von Lakselv erwies sich bei Wind leider als ziemlich ungemütlich

Allgegenwärtig in Vardø: Kunstwerke aus Schwemmholz

Erst gegen Ende der Landschaftsroute wird die Umgebung rauer und dramatischer und mit den abgelegenen Ansiedlungen Vardø und Hamningberg erreichen wir zwei unserer absoluten Highlights dieser Reise. **[› Spot 65 und 67]**

Dann wird es Zeit für einen Abschied. Einen Abschied von den hohen Bergen, der krassen, gewaltigen Landschaft, deren Lebensfeindlichkeit für manche leicht ins Bedrohliche kippt. Wir fahren wieder gen Süden. An der Südseite des Varangerfjords kurven wir ein letztes Mal durch Hügel, biegen in Neiden nach Südwesten ab und treffen schnell auf Wald und die ersten Seen in einem fast vollständig platten Land. Wir sind in Finnland. Der »Hohe Norden« Norwegens mit seiner kargen, rauen, gewaltigen Landschaft liegt hinter uns. Er ist auf dieser Reise aber definitiv zu einem unserer »Sehnsuchtsorte« geworden.

Ruppiger Charme am Ende der Welt: Verlassenes Boot im Hafen von Vardø

DIE BESTE REISEZEIT

Wer die Mitternachtssonne am Nordkap erleben möchte, muss zwischen 14. Mai und 29. Juli kommen. Die Polarnacht beginnt am 20. November und hält bis zum 22. Januar an. Das Nordkap ist im Sommerhalbjahr eigentlich fast immer gut besucht, auf dem riesigen Parkplatz solltet ihr aber auch in der Hochsaison noch ein Plätzchen finden – wenn auch nicht unbedingt in der ersten Reihe. Viele Reisende fahren vom Nordkap direkt wieder nach Süden und lassen den Rest Nord-Norwegens links liegen. Das Reisen bleibt in dieser Region daher auch im Hochsommer entspannt. Überfüllt ist es selten. Ab September und bis in den Mai müsst ihr hier im Norden auch mit Schneefällen rechnen.

REISE-LITERATUR

Entdeckertouren mit dem Wohnmobil Norwegen – der Norden

Die Fjorde Nord-Norwegens sind mit allen Abstechern auf die Halbinseln und vielen weiteren Stellplätzen ausführlich im WOMO-Reiseführer Norwegen Nord beschrieben. Die beiden Norwegenbände der WOMO-Reihe werden voraussichtlich 2025 komplett überarbeitet neu erscheinen.
Mehr Infos: www.womo.de

Wenn ihr karge, wilde Landschaften liebt, wird der Norden euch packen – genauso wie uns.

59

Die Felsritzungen von Alta

Kunst aus der Stein- und Bronzezeit

Hunderte von Rentieren spazieren über die Felsplatten von Hjemmeluft an der Küste bei Alta. Menschen gehen auf Bärenjagd, jagen schwimmende Rentiere mit Booten, ein Heilbutt hängt an der Angel – die meisten Felsritzungen in Alta zeigen den Alltag eines jagenden und sammelnden Volkes. Sie waren lange unter einer Moosschicht verborgen und wurden in den Siebzigerjahren des letzten Jahrhunderts entdeckt. Der Bereich mit den meisten Kunstwerken ist heute als Museum gestaltet.

In Stil und Darstellung ähneln die Ritzungen denen im schwedischen Tanum **[› Spot 24]**, doch die Motive unterscheiden sich. In Alta ist das Ren so gegenwärtig wie die

Boote in Tanum. Hier wird mehr gejagt und weniger gekämpft. Das hat wohl nicht nur damit zu tun, dass die Rentiere hier im Norden so wichtig sind, die Felsritzungen von Alta stammen auch aus einer anderen Zeit. Sie sind etwas älter als die Kunstwerke von Tanum und werden auf den Zeitraum zwischen 5000 und 1000 vor unserer Zeitrechnung datiert – also zwischen der späten Steinzeit und der Bronzezeit. Man geht davon aus, dass die Künstler und Künstlerinnen ihre Bilder ursprünglich in die Felsen an der Küste ritzten. Skandinavien hat sich seit der Steinzeit einige Meter aus dem Meer gehoben. Die ältesten Werke sind daher heute am weitesten vom Wasser entfernt.

Die verschiedenen Steinplatten sind in Alta mit einem Rundweg erschlossen. Er führt zuerst zu den wichtigsten Werken und dann hinunter zum Wasser, wo man am Café eine Pause einlegen kann. Im Sommer zog uns hier auch der Duft von über dem Feuer gegrillten Würstchen in die Nase.

Vom Café könnt ihr dem Rundweg zu weiteren Steinplatten folgen, bei denen die Ritzungen noch im Originalzustand sind. Man hat sie nicht mit Farbe gefüllt. So sind sie authentischer, aber viel schwieriger zu erkennen. Der komplette Weg durch das Museum ist knapp drei Kilometer lang.
€€ | www.altamuseum.no

ÜBER NACHT

Südlich von Alta liegen drei Campingplätze direkt nebeneinander am Ufer der Altaelva. Der erste, das Camp Alta, ist frisch renoviert. Angrenzend bieten der Alta Strand Camping und das Alta River Camp Plätze an.

Camp Alta
Gelände direkt am Flussufer, erste Reihe mit Flussblick. Komfortable Sanitäranlagen mit Waschmaschine, Camper-Service.
€€ – €€€ | N 69°55’39.7”, E 23°16’07.7”

60

Alta-Canyon

Wandern übers Fjell

Die Landschaft im Fjell ist rau und karg – zumindest auf den ersten Blick. Dann tauchen die ersten Seen in den Senken auf. Wollgras säumt ihre Ufer. Mehrere Bäche plätschern zwischen den grünen Hügeln hindurch und bilden dabei Mini-Canyons. Gruppen kleiner Birken mit verschlungenen Stämmen, Fjellbirken genannt, setzen Akzente in der ansonsten baumlosen, unglaublich weiten Landschaft. Niedrige Beerensträucher und Heide bedecken fast überall den Boden. Auf dem Weg zum Sautso-Canyon, den der Fluss Altaelva ins Fjell gefressen hat, haben wir viel Zeit, die Weite und Leere auf uns wirken zu lassen. Mit bis zu 400 Metern Tiefe und über sieben Kilometern Länge ist der Alta-Canyon übrigens die größte Schlucht in Nordeuropa.

Wanderung zum Alta-Canyon

Vom Wanderparkplatz folgen wir dem breiten Schotterweg und den Wandermarkierungen den Hügel hinauf. Eigentlich müssen wir dem Weg jetzt einfach nur folgen. Eine einzige

ÜBER NACHT

Auf dem Wanderparkplatz wird eine Übernachtung toleriert. Alternativ findet ihr südlich von Alta drei Campingplätze am Flussufer. [› Spot 60]

IN DER NÄHE

Mit dem Boot in den Alta-Canyon
Mit Sorrisniva könnt ihr die Alta-Schlucht vom Wasser aus erleben. Die Tour wird mit den motorisierten Langbooten der Sami gefahren.
€€€ | www.sorrisniva.no

Alta-Canyon mit dem Kanu
Eine begleitete Kanutour auf dem Alta-Fluss inklusive Mittagessen vom Grill könnt ihr bei Glød buchen.
€€€ | www.glodexplorer.no

Wegkreuzung nach etwa drei Kilometern erfordert Aufmerksamkeit. Trotzdem ist die Wanderung kein Spaziergang. Der Pfad ist an einigen Stellen steinig, an anderen moorig und feucht. Eine kleine Herausforderung ist auch die Überquerung von drei sprudelnden Wasserläufen. Hier müssen wir uns den richtigen Weg über die Steine suchen. Wanderstöcke wären hier eine gute Unterstützung.

Nach der dritten Bachüberquerung treffen wir kurz vor dem Ziel auf einen Picknicktisch. Von hier kraxeln wir noch einmal steil abwärts bis zu einem Aussichtspunkt mit wackeliger Absicherung, von dem wir in die Schlucht schauen können. Zurück geht es auf dem gleichen Weg.

13 km | ⇅ 270 m | Gehzeit 4 h30 | GPX
Start am Parkplatz: GPS N 69°46'48.1", E 23°33'26.0". Die Anfahrt zum Parkplatz führt über eine vier Kilometer lange, schmale und teilweise recht steile und ausgewaschene Piste.

61

Nordkap

Sonnenuntergang am Ende der Welt

Streng genommen ist das Nordkap nicht der nördlichste Punkt des europäischen Festlandes, denn es liegt auf einer Insel. Die Insel Magerøya ist aber durch einen Tunnel mit dem Festland verbunden, der 212 Meter tief unter dem Meer hindurchtaucht. Das Tourismusmarketing rettet sich damit, dass man vom nördlichsten Punkt Europas spricht, den man auf einer Straße erreichen kann. Damit umgeht man auch gleich noch ein zweites Problem: Auch auf Magerøya ist das Nordkap nicht der nördlichste Punkt. Die westlich gelegene Landzunge Knivskjellødden ragt noch ein paar Meter weiter ins Meer, muss aber auf einem 18 Kilometer langen Fußweg erwandert werden. Der Weg beginnt am Parkplatz Knivskjellødden, den ihr sechs Kilometer vor dem Nordkap an der Straße findet.

Dieses Wissen im Hintergrund und die Info, dass auf dem großen Parkplatz am Nordkap im Sommer allabendlich mehrere hundert Camper eintrudeln, machen uns skeptisch. Um einen so gut vermarkteten, überfüllten Spot machen wir sonst eher einen Bogen. Aber schon auf der Anfahrt spüren wir überrascht, wie sehr es uns packt. Die Straße führt kilometerweit am Nordmeer entlang, die Landschaft wird immer rauer und karger. Die Rentiere finden trotzdem noch Futter. Zum ersten Mal auf unserer Reise sind sie allgegenwärtig. Immer wieder tauchen sie vor unserem Camper auf und geben die Fahrbahn nur zögernd frei. Ein Aussichtspunkt auf dem Bergkamm ist unser letzter Stopp. Die Spannung steigt. Dann sind wir da.

Das Nordkap versinkt häufig im Nebel und ihr müsst auch im Sommer mit Temperaturen um die zehn Grad rechnen. Mit strahlendem Sonnenschein und 25 Grad, so wie wir es Anfang August erleben dürfen, das ist ein seltener Glücksfall. Wir parken unseren Camper in der dritten Reihe und suchen uns ein ruhiges Plätzchen auf dem riesigen Gelände. Fasziniert schauen wir zu, wie die Sonne rund um das Kap wandert und sich dabei dem Horizont nähert. Zweieinhalb Monate geht sie gar nicht unter. Im August ist die Zeit der Mitternachtssonne vorbei. Gegen 23 Uhr taucht sie ab ins endlos wirkende Meer – Sonnenaufgang ist gegen halb zwei, aber da sind wir schon im Bett.

ÜBER NACHT

Der Parkplatz am Nordkap ist kostenlos – auch über Nacht. Eintritt zahlt ihr nur für das Info-Zentrum mit Café und Nordkap-Postamt. Am Parkplatz gibt es auch ein frei zugängliches, gepflegtes WC und einen Wasserhahn. Von den Plätzen in der ersten Reihe schaut man weit über das Meer, steht hier aber immer Tür an Tür.

Wohnmobilstellplatz an der E69
Kostenloser Stellplatz mit Camper-Service an der Straße zum Kap.
N 70°37'40.5", E 25°20'00.8'

62

Trollholmsund

Eine erodierte Fabelwelt

Dass Trolle zu Stein erstarren, wenn sie ein Sonnenstrahl trifft, das weiß in Norwegen jedes Kind. Hier am Trollholmsund hat es gleich eine ganze Horde erwischt. Eine Legende der Sami berichtet, dass sie am Porsangerfjord unterwegs waren, um eine riesige Schatztruhe in den Bergen zu vergraben. Sie fingen an, Höhlen in die Berghänge zu graben, aber keine wurde groß genug. Erst im Morgengrauen zogen die Trolle unverrichteter Dinge weiter. Sie waren spät dran und

so gelang es ihnen nicht mehr rechtzeitig, den Fjord zu überqueren. Nun stehen sie als Steingestalten auf einer Landzunge im Trollholmsund – mitten in einer urtümlichen Karstlandschaft, die wirkt wie aus einer anderen Welt. Bei Sonnenschein leuchtet das flache Wasser im Sund türkisblau und vervollständigt das faszinierende Landschaftsbild.

Der Weg zu den Trollen

Der Weg zu den Trollen beginnt am Wanderparkplatz vor den wenigen Häusern von Trollholmsund. Er ist durchgängig grün markiert. Zuerst lauft ihr wenige Schritte die Straße hinauf und biegt dann direkt hinter dem ersten Haus rechts in den Wanderpfad ein. Er führt auf die Landzunge hinaus, die immer felsiger wird. Bald sind auch die Trolle zu sehen. In der Bucht links neben ihnen stehen Picknicktische und es besteht die Möglichkeit zum Grillen. Zurück geht es dann auf demselben Weg.

2,5 km | ↓↑ 10 m | Gehzeit 1 h | GPX
Start am Parkplatz: GPS N 70°17'56.9", E 25°09'44.2"

ÜBER NACHT

Stabbursdalen Resort
Kleines gepflegtes Camp, das aber sehr nahe an der Straße liegt.
€€ | N 70°10'38.3", E 24°54'28.1" | www.stabbursdalen.no

Die andere Seite des Fjords (durch Lakselv hindurch und wieder nach Norden fahren) ist kaum bebaut. Hier sind viele freie Übernachtungsplätze in Wassernähe zu finden, sie sind jedoch alle dem Wind ausgesetzt.

ÜBER NACHT

Die Übernachtung auf dem Wanderparkplatz wurde 2023 toleriert.
N 70°22'12.4', E 25°43'01.4"

Offizielle Plätze gibt es hier oben nur vereinzelt. Der nächste Campingplatz befindet sich im Mini-Ort Kunes.

Camping Kunes
Campinggelände mit vielen Dauercampern direkt neben der Straße gelegen. Saubere Sanitäranlagen mit Waschmaschine. Entsorgung für Chemie-WC möglich. Ganzjährig geöffnet.
€€ | N 70°20'38.4", E 26°30'03.6"

63

Silfar-Canyon

Die malerische Schlucht der Børselva

Die Børselva ist einer der besten Lachsflüsse am Porsangerfjord, der über hundert Kilometer weit ins Landesinnere reicht. Sie hat in ihrem Verlauf eine der schönsten Schluchten Nord-Norwegens in die Felsen gewaschen. Ein braunes Schild markiert die Zufahrt von der Küstenstraße über einen löchrigen, anfangs auch steilen Schotterweg zum Parkplatz.

Der Weg zum Canyon

Vom Parkplatz führt ein Pfad durch einen Wald mit vielen Blaubeersträuchern bis zum Rand des Silfar-Canyons. Hier teilt sich der Weg. Rechts kommt ihr gut zu einer Kiesbucht am Ende der Schlucht hinunter. Von einem Felsen am Ufer könnt ihr ein Stück in den Canyon hineinschauen. Geht ihr an der Kreuzung links, könnt ihr ein ganzes Stück am Abgrund entlang wandern. An mehreren Stellen ist ein Blick auf das türkisblau in der Sonne schimmernde Wasser tief unten zwischen den Felswänden möglich.

1 km | ↓↑ 15 m | Gehzeit 30 min | GPX
Wanderparkplatz: GPS N 70°22‘12.4“, E 25°43‘01.4“

An der weitgehend unbebauten Ostseite des Porsangerfjords findet ihr in der kargen Landschaft einige schöne Plätze direkt im Kies über dem Meer. Sie sind jedoch nur an windstillen Tagen zum Übernachten empfehlenswert.

64

Landschaftsroute Varanger

Ein Paradies fürs Birdwatching

Die östlichste Landschaftsroute Norwegens zieht sich auf der Nordseite des Varangerfjords hinaus, bis die Barentsee vor uns liegt. Wir fahren dabei fast durchgängig ohne große Höhenunterschiede direkt am Meer entlang. Nach der spektakulären Fahrt durch die Berge zwischen Ifjord und Tana Bru wirkt die üppig grüne Küstenlandschaft im Fjord fast schon lieblich auf uns. Auf den Wiesen grasen Schafe und die Küste ist vergleichsweise dicht besiedelt. Trotzdem ist dieser Küstenabschnitt einzigartig, ökologisch besonders bedeutsam und Vogel-Fans in aller Welt ein Begriff.

In den Flachwasserzonen im Fjord könnt ihr Vogelarten entdecken, die wohl an kaum einem anderen Ort der Welt zu sehen sind. An vielen Rastplätzen der Landschaftsroute stehen deshalb Häuser zur Vogelbeobachtung. Schon an unserem ersten Stopp an der weißen **Nesseby Kirkke**, die in malerischer Position auf einem Halbinselchen steht, sehen wir es selbst. Es ist Ebbe und der trockengefallene Küstenstreifen wimmelt nur so von kleinen Watvögeln, die eifrig nach Futter picken.

Parkplatz: GPS N 70°08'45.6", E 28°51'47.8" (Camping verboten)

Wenige Kilometer weiter ist am **Museum Mortensnes**, das nur in der Hochsaison (Mitte Mai bis Anfang August) geöffnet ist, ein kurzer Lehrpfad markiert. Er führt zu Resten einer Steinzeitsiedlung und einem Opferplatz der Sami.
Parkplatz: GPS N 70°07'40.8", E 29°02'31.8"

Auf der **Halbinsel Ekkerøy**, an deren Hals sich auf beiden Seiten ein Sandstrand entlangzieht, kommt ihr mit einem kurzen Fußmarsch zu einer Felsklippe, in der hunderte von Möwen brüten. Der Fußweg führt immer an der Küste entlang und beginnt an einem Parkplatz oberhalb des Ortes.
Parkplatz: GPS N 70°04'14.9", E 30°06'12.9"

Im weiteren Verlauf der Route folgt noch das Beobachtungshaus am Domen. Dann erreichen wir Vardø, die östlichste Stadt Norwegens, der wir **[› Spot 65]** gewidmet haben. Durch ihre besondere Lage spielte sie im Kalten Krieg eine wichtige Rolle. Die vier großen Radaranlagen, die auch heute noch in Betrieb sind, prägen das Stadtbild und sind schon von weitem sichtbar.

ÜBER NACHT

Stellplatz Vadsø
Kostenloser Stellplatz auf einer vorgelagerten Insel. Am Wasser und nahe an der Brücke zum Ort mit Camper-Service (gut anzufahren und kostenlos). Die meisten Wohnmobile stehen aber auf der anderen Seite der Brücke auf einer großen Wiese.
N 70°04'04.7", E 29°44'55.9"

65

Kunst in Vardø

Mahnmal, Drachen und Schwemmholzkunst

Wir nähern uns Vardø, folgen dem Hinweisschild und halten auf die Küste zu, bis das runde Maul einer Betonröhre direkt vor uns die Straße verschluckt. Es geht unmittelbar hinunter. Nichts vertuscht oder verschleiert, dass diese Röhre uns direkt unter den Meeresspiegel bringt. Auf der kleinen vorgelagerten Insel Vardøya spuckt uns der Tunnel dann direkt im Ortszentrum aus. Von hier aus ist es nicht weit, egal wohin ihr wollt.

Unbedingt empfehlenswert ist der Besuch der wilden Bestie, des *Drakkar Leviathan* und des Memorials *Steilnesset*, das in einer Kooperation zwischen dem Architekten Peter Zumthor und der Bildhauerin Louise Bourgeois entstanden ist. Das Mahnmal erinnert an die Hexenverfolgung in Vardø und wir erleben es in seiner klaren, einfachen Gestaltung künstlerisch und emotional außerordentlich beeindruckend. Wer Lust hat, schaut auch noch die alte Festung *Vardøhus* mit dem sternförmigen Grundriss an, die beinahe im Ortszentrum liegt. Auch bei der Fahrt durch den Ort lohnt

sich Aufmerksamkeit. Kunst versteckt sich in Vardø überall – ob es Graffiti sind, oder die unnachahmlichen Schwemmholz-Skulpturen des *Taibola Assemble* aus Russland, die im Rahmen des Pomor-Festivals jedes Jahr ein neues Kunstwerk installiert haben. Das Kulturfestival mit Konzerten, Kunstevents, Workshops und einem Handwerksmarkt findet jedes Jahr im Juli statt. Mehr Infos findet ihr unter www.pomorfestivalen.no.
Parkplatz Steilnesset: GPS N 70°22'11.8", E 31°05'54.9"
Parkplatz Drakkar: GPS N 70°23'17.9', E 31°04'40.1"

Halb Schiff, halb Wal – das Kunstwerk Drakkar Leviathan

ÜBER NACHT

Die Stellplätze in Vardø findet ihr bei [› Spot 66]

66

Vogelinsel Hornøya

Möwen, Lummen und Papageientaucher

Das Geschrei ist ohrenbetäubend. Mehr als 40.000 Vogelpaare nisten auf der kleinen Insel Hornøya, die zum Greifen nahe vor Vardø in der Barentsee liegt. Sie bauen ihre Nester auf der geschützteren Westseite der Insel in den Klippen, die hier senkrecht ins Meer stürzen. Tordalk, Trottellumme, Dreizehenmöwe, Dickschnabellumme, Kormoran, Gryllteiste, Krähenscharbe und auch die ulkigen Papageientaucher ziehen ihren Nachwuchs groß. Auf der benachbarten Insel Reinøya brüten Silbermöwen und Mantelmöwen. Beide Inseln stehen unter Naturschutz.

Von Juni bis Ende August fährt ein Boot aus dem Hafen von Vardø nach Hornøya. Der Weg ist nicht weit. In zehn Minuten ist man drüben. Ein Pfad führt vom Anleger hinauf bis zum Leuchtturm und dabei überraschend nahe an den Nestern vorbei. Die Vögel sind Menschen gewohnt und lassen sich angeblich nicht stören. Ein Traum für alle, die schon immer mal Seevögel ganz aus der Nähe fotografieren wollten. Wenn es euch dabei vor allem um die Papageientaucher geht, solltet ihr nicht zu spät kommen. Schon Anfang August verlassen die ersten ihre Brutkolonie und kehren aufs offene Meer zurück. Am Leuchtturm gibt es auch eine Möglichkeit, auf der Insel zu übernachten.

€€€ | www.hornoya.com

ÜBER NACHT

Der große Parkplatz direkt gegenüber der Insel Hornøya wurde 2023 als halboffizieller Übernachtungsplatz toleriert.
N 70°22'48.0" E 31°07'05.6"

Wohnmobilstellplatz Vardø
Offizieller Stellplatz mit Stromanschlüssen, Dusche und WC vor der Tourismusinfo in der Marina, wo auch das Boot nach Hornøya startet.
€€ | N 70°22'24.1", E 31°06'11.7

Bei unserem Besuch im Spätsommer 2023 wütete in Nord-Norwegen die Vogelgrippe. Der Zugang zu allen Vogelkolonien war gesperrt und das Boot nach Hornøya musste leider im Hafen bleiben. Wir konnten nur von Vardø zur Insel hinüberschauen. Der beste Platz dafür ist der große Parkplatz an der Spitze der Ostinsel, der außerdem auch als halboffizieller Übernachtungsplatz toleriert wird.

67

Hamningberg

Fischerdorf am Ende der Welt

Nirgendwo ist es leichter, Rentiere zu beobachten, als in Hamningberg. Sie grasen vor der Kirche, spazieren durchs Dorf und legen sich zum Wiederkäuen auf die Wiesen am Parkplatz. Wenn ihr euch still verhaltet, kommen die Herden oft ganz nahe heran. Ein Campervan mit geschlossener Tür wird aus Rentierperspektive als »ungefährlich« eingestuft.

Es sind aber nicht nur die Rentiere, die Besucher in das ehemalige Fischerdorf ziehen – auch seine Lage ist attraktiv und äußerst ungewöhnlich. Von Vardø führt eine schmale Straße weiter an der Küste entlang und die wird Kilometer

für Kilometer spektakulärer. Schon bald tauchen die ersten schwarzen Felszacken am Wegrand auf, dann türmen sich mächtige Schieferplatten zu einem zackigen Gebirge, durch das sich ein einspuriges Sträßchen schlängelt. Kommt jemand entgegen, heißt es die nächste Ausweichbucht ansteuern. Davon gibt es ausreichend. Zum Glück. Die Straße ist nur wenige Monate im Sommer passierbar, im Winter verschwindet sie im Schnee.

Die letzten Fischer von Hamningberg hat man 1965 mit Prämien zum Umzug in leichter erreichbare Orte bewegt. Danach war das Dorf verlassen und verfiel. Heute sind die meisten Häuser wieder gut in Schuss und werden im Sommer auch bewohnt. Viele davon stehen unter Denkmalschutz, denn Hamningberg ist der einzige Ort weit und breit, der 1944 nicht von den abrückenden deutschen Soldaten zerstört wurde. Ein Verein betreut das Dorf, damit das kulturelle Erbe nicht verloren geht. Im Hochsommer gibt es hier sogar ein Café.

ÜBER NACHT

Auf dem Parkplatz am Ortseingang von Hamningberg wird auch eine Übernachtung toleriert, eine Spende zur Instandhaltung des Platzes ist willkommen.
N 70°32'29.6", E 30°36'07.8"

Wer offiziell stehen möchte oder Strom braucht, muss zur Übernachtung zurück nach Vardø.

Rentiere und Goldgräber

Der finnische Teil von Lappland

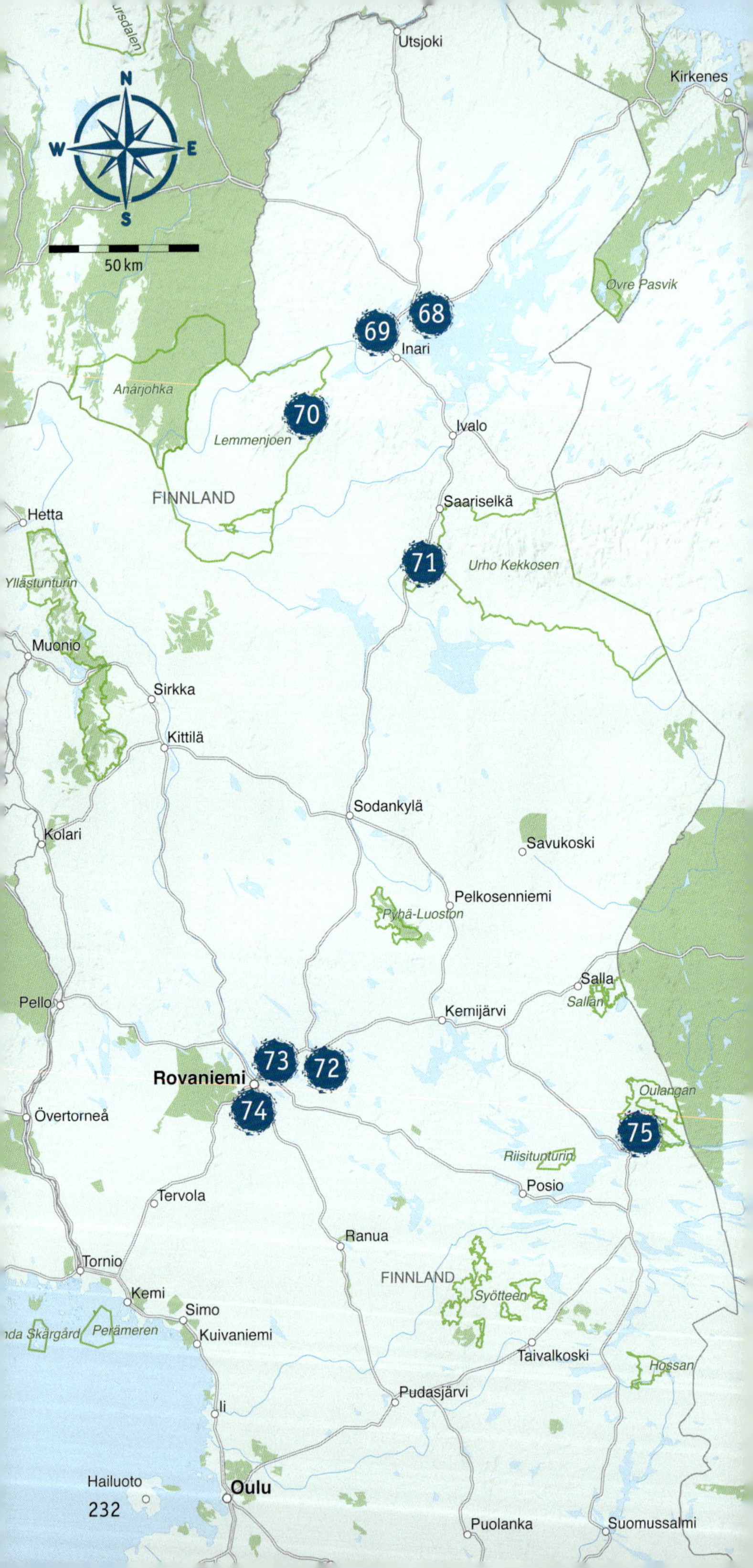
N
W
E
S
50 km
Utsjoki
Kirkenes
Øvre Pasvik
68
69
Inari
70
Anárjohka
Lemmenjoen
Ivalo
FINNLAND
Hetta
Saariselkä
71
Urho Kekkosen
Yllästunturin
Muonio
Sirkka
Kittilä
Sodankylä
Kolari
Savukoski
Pelkosenniemi
Pyhä-Luoston
Salla
Sallan
Pello
Kemijärvi
73
72
Rovaniemi
74
Övertorneå
Oulangan
75
Riisitunturin
Posio
Tervola
Ranua
Tornio
FINNLAND
Kemi
Syötteen
Simo
Perämeren
Kuivaniemi
Taivalkoski
Hossan
Pudasjärvi
Ii
Hailuoto
Oulu
Puolanka
Suomussalmi

Rentiere und Goldgräber

Der finnische Teil von Lappland

Finnland? Das sind Wälder und Seen. Was gibt es da schon zu sehen? So oder so ähnlich haben wir das schon häufiger gehört. Und ja, nach der spektakulären Naturlandschaft Nordnorwegens brauchen wir tatsächlich Zeit für die Umstellung. Finnland ist ganz anders als Norwegen. Die Attraktionen sind hier stiller. Sie erschließen sich nicht auf den ersten Blick. Es gibt tatsächlich weite Wälder und viele tausend Seen – so viele, dass jede der Sami-Familien, die nach dem Zweiten Weltkrieg aus dem nun russischen Gebiet am Eismeerhafen Petsamo nach Finnland umgesiedelt wurden, einen eigenen bekommen konnte. Mit weniger als zwei Einwohnern pro Quadratkilometer ist der nördliche Teil von Finnland tatsächlich das am dünnsten besiedelte Gebiet Europas und in den Wäldern zwischen den vielen kleinen Seen sind mehr Rentiere als Menschen anzutreffen. Etwa 160.000 von ihnen werden in Finnisch Lappland gehalten und streifen meist frei in den Wäldern herum. Von den weidenden Rentieren am Straßenrand müssen wir uns also noch nicht verabschieden.

Wer zu Fuß geht, erlebt die Seenlandschaft in ihrer ganzen Schönheit

Unser erster Spot in Finnland ist der Ort **Inari**. Von Norden kommend, habt ihr zwei Routen zur Wahl. Fahrt ihr über Neiden, trefft ihr schnell auf die ersten einsamen Plätzchen am Seeufer, der Weg über Utsjoki ist dafür etwas kürzer. Rund um Inari ist das Freistehen dann überall verboten, ihr braucht dort also einen Campingplatz.

Der Inari-See ist der größte See in Lappland. Der Ort Inari ist eines der kulturellen Zentren der Sami. Ihrer Kultur und Geschichte könnt ihr im Siida-Museum **[› Spot 69]** näher kommen. Im Museumscafé machen wir auch zum ersten Mal

An windstillen Tagen werden Moorseen zu mystischen Wolkentümpeln

Bekanntschaft mit einer typisch finnischen Einrichtung. Mittags gibt es in vielen Cafés zu einem Preis zwischen 12 und 20 Euro ein Buffet. Ihr habt dort meist die Wahl zwischen ein bis zwei Gerichten, verschiedenen Salaten und Brot. Dazu gehören auch ein Nachtisch und zumindest ein einfaches Getränk wie zum Beispiel Wasser mit oder ohne Sirup. Das warme Essen hat dabei oft eher Kantinenniveau. Die frisch zubereiteten Salate sind aber immer sehr gut. Mittagsbuffets sind in Finnland sehr beliebt und werden von Einheimischen aller Altersgruppen rege genutzt.

Vor etwa 150 Jahren fanden Sami im Fluss Ivalojoki das erste Gold und die Region stürzte in einen wahren **Goldrausch**.

Ein Seeplatz von vielen: Schöner kann man kaum übernachten

1870 brachen hunderte von Männern auf, um in Lappland, dem Land der Rentiere, möglichst schnell reich zu werden. Gelungen ist das nur wenigen, denn so groß waren die Erträge nicht. Rund um Tankavaara und am Lemmenjoki wird aber auch heute noch Gold gewaschen, etwa 20 aktive Claims sind dort registriert. Am Goldmuseum im Goldgräberdorf Tankavaara könnt ihr es auch selbst versuchen. **[› Spot 71]**

Ganz in der Nähe von Inari sind außerdem zwei Nationalparks zu finden: der Lemmenjoki-Nationalpark und der Urho-Kekkonen-Nationalpark. In beiden sind mehrere schöne Rundwanderungen markiert, auf denen ihr die besondere Natur Lapplands intensiver erleben könnt. Weitere schöne Wege gibt es bei Rovaniemi in der »Arctic Circle Hiking Area«. **[› Spot 72]**

Der größte Teil von Finnisch Lappland liegt nördlich des Polarkreises, der Finnland nahe der Stadt Rovaniemi quert. Hier ist auch das finnische Polarkreiszentrum zu finden. Dass hier auch der Weihnachtsmann wohnt, unterscheidet den Ort von seinem Pendant in Norwegen. **[› Spot 73]**.

Rovaniemi ist nicht besonders schön und hat kaum alte Bausubstanz, ist aber trotzdem eine spannende Stadt. Das

DIE BESTE REISEZEIT

Der Weg nach Finnisch Lappland ist weit und das Land spielt unter den beliebtesten Camperzielen nur eine Nebenrolle. Finnland könnt ihr also auch in der Hauptsaison noch sehr gut bereisen. Die Sommer sind mäßig warm. Die durchschnittlichen Temperaturen liegen in den Wochen von Anfang Juni bis Mitte September bei etwa 13°C. An heißen Tagen im Juni und Juli kann die Temperatur bis auf 30°C steigen. Das Seenland ist dann ein Outdoorparadies für mehrtägige Wanderungen, Ausflüge mit Kanu oder SUP und natürlich auch zum Baden. Mitte Juli beginnt die Beerensaison. Die Wälder sind bis etwa Ende August voller Blau- und Preiselbeeren. Auch Moltebeeren sind in Lappland häufig zu finden. Die Winter sind kalt und schneereich. Finnisch Lappland ist außerdem ein sehr guter Spot, um Polarlichter zu sehen, die hier zwischen September und März in fast jeder klaren Nacht auftreten.

REISE-LITERATUR

Mit dem Wohnmobil nach Finnland
In vielen Schleifen zieht sich die Route dieses Reiseführers kreuz und quer durch das ganze Land und zeigt euch interessante Orte, Seen und Nationalparks auch in den abgelegenen Winkeln Finnlands. Ihr findet hier zuverlässige Infos zu Wanderungen, Sehenswürdigkeiten, Museen, Restaurants und Stellplätzen.
Mehr Infos: www.womo.de

Zentrum ist überschaubar. Im bunten Gewimmel in der Fußgängerzone essen wir am Stand einer kirchlichen Organisation frische Waffeln. In einer Nebenstraße treiben wir tatsächlich einen Asialaden auf, um unsere aufgebrauchte Currypaste zu ersetzen. Im Ranua-Wildpark (ranuaresort.com) etwa eine Stunde südlich der Stadt sind Eis- und Braunbären und auch fast alle andere tierischen Bewohner der Arktis zu Hause. Der Besuch lohnt besonders, wenn ihr mit Kindern reist.

Spätestens in Rovaniemi steht dann eine Entscheidung an: Fahrt ihr an der russischen Grenze in Richtung Süden und folgt der Via Karelia durch das riesige Seengebiet, oder wählt ihr die schnellere Strecke auf der gut ausgebauten Straße an der vergleichsweise dicht besiedelten Ostseeküste?

68

Eine Kirche im Wald

Über Stock und Stein zur Wildniskirche am Pielpajärvi

Die kleine Holzkirche, die nördlich von Inari mitten in der Wildnis steht, hat eine lange Geschichte. Einst war sie das Zentrum des Winterdorfes, in dem die Sami von Inari in der kalten Jahreszeit lebten. Vom Frühjahr bis zum Herbst zogen sie in Familien aus zur Jagd, zum Fischen und zum Sammeln von Nahrung. Im Kirchdorf trafen sie sich im Sommer nur für kurze Zeit – zum Beispiel, um Mittsommer zu feiern.

Der eigentliche Gottesdienst war dabei nur ein Teil des Events. Ein Kirchgang bedeutete viel mehr für eine Sami-Gemeinde. Auf den Treffen wurden Neuigkeiten ausgetauscht, die Kinder unterrichtet und Recht gesprochen. Gleichzeitig mit dem Kirchgang wurden Märkte abgehalten und die Steuern erhoben. 1888 wurde im neu entstandenen Dorf Inari die neue Pfarrkirche gebaut und die kleine Kirche im Wald verfiel. Heute wird sie wieder sporadisch genutzt. Man feiert hier Ostern und Mittsommer – und manches Paar wählt den idyllischen Platz für die Trauung.

ÜBER NACHT

Inari Camping
Schotterplatz zwischen See und Straße, zweckmäßig, aber zentral gelegen. Camper-Service und Kanuverleih.
€€€ | N 68°54'26.7", E 27°01'00.8" | www.inaricamping.fi

Camping Uruniemi
Schöner Platz am See mit strikten Regeln. Stellplätze direkt am Wasser, wenn ihr keinen Strom braucht. Sauna, Kanu- und Fahrradverleih.
€€ | Juni bis September | N 68°54'10.0", E 27°04'17.8" | uruniemi.fi

Schnuppertour auf dem Nature Trail

Der Trail zur Wildniskirche startet an einem Parkplatz nördlich von Inari und ist perfekt mit orangen Stangen markiert. Er führt auf einem steinigen Pfad mit vielen Wurzeln durch einen Wald, zu kleineren Seen und dann am Ufer des Pielpajärvi entlang. Am Ziel befindet sich ein Grillplatz am Seeufer, von dem ein Pfad zur Kirche hinaufführt.

10 km | ↓↑ 50 m | Gehzeit 3 h 30 | GPX
Wanderparkplatz: GPS N 68°55'16.7", E 27°03'26.3"

69

Siida Freilichtmuseum

Die Kultur der Sami und Lapplands Natur

Das Tirro-Gehöft besteht aus zwei Wohnhäusern und verschiedenen Speichern zur Lagerung von Wintervorräten. Es ist das Schmuckstück des Freilichtmuseums von Inari und zeigt, wie sesshafte Sami im 19. Jahrhundert lebten. Direkt daneben stehen die Zelte der nomadisch lebenden Rentierzüchter und eine Sammlung von Fallen, wie sie früher für die Jagd und das Töten von Raubtieren verwendet wurden. Auch die flachen Holzboote der Sami, die vom Fischfang am Inarisee lebten, sind zu sehen. Fünfzig Gebäude könnt ihr auf einem 800 Meter langen Rundweg auf dem Außengelände des Museums erkunden.

Noch interessanter fanden wir die Ausstellung im Museumsgebäude. Hier geht es zuerst einmal um das Leben der verschiedenen Gruppen der Sami. Drei ganz unterschiedliche Sippen mit ebenso unterschiedlichen Sprachen sind alleine im Norden Finnlands zu Hause. Eine davon, die Skolt-Sami, flüchtete nach dem Zweiten Weltkrieg aus dem nun russischen Eismeerhafen Petsamo an den Inarisee. Zu sehen sind Kleidung, Gebrauchsgegenstände und Schmuck. Geschichten aus dem Alltag der Sami ergänzen die Ausstellung.

Im gleichen Saal werden mit großen Bildern die Natur- und Nationalparks Lapplands und ihre typische Tierwelt vorgestellt. Ihr könnt einen Blick in die Höhle eines Vielfraßes und eines Braunbärs werfen. Ein Querschnitt durch die Schneedecke zeigt, wo die kleinen Tiere der Arktis überwintern und wie Maus und Hermelin ihre Gänge bauen. Auch dass Lemminge ihre Bruthöhlen im Schnee graben und den Nachwuchs im Winter großziehen, ist uns neu. An einer weiteren Station könnt ihr den typischen Rufen der in der Arktis heimischen Vögel lauschen. Alle Infos sind spannend aufbereitet, meist interaktiv und auch auf Englisch zu haben. Viele der Tiere, wie Schneeeule, Seeadler und Polarfuchs, sind außerdem als Präparate zu sehen. In der Ausstellung könnt ihr locker mehrere Stunden verbringen.

ÜBER NACHT

Camping Inari
Schotterplatz zwischen See und Straße, zweckmäßig, aber zentral in Inari gelegen.
€€€ | N 68°54'26.7" E 27°01'00.8" | www.inaricamping.fi

Camping Uruniemi
Schöner Platz am See mit strikten Regeln. Stellplätze direkt am Wasser, wenn ihr keinen Strom braucht. Komfortable Sanitäranlagen.
€€ | Juni bis September | N 68°54'10.0" E 27°04'17.8" | uruniemi.fi

70

Lemmenjoki-Nationalpark

Naturidylle am Goldfluss

Lemmenjoki ist der größte Nationalpark Finnlands. Er reicht bis an die norwegische Grenze und bildet zusammen mit dem direkt angrenzenden norwegischen Øvre-Anárjohka-Nationalpark eines der größten Wildnisgebiete Europas. Dort leben Braunbären, Steinadler und Elche, vereinzelt auch Wölfe. Daneben sind im Nationalpark rund 7500 halbdomestizierte Rentiere anzutreffen.

Das Schutzgebiet besteht aus zwei Bereichen – einer weglosen Wildniszone und dem perfekt mit Wanderwegen und Biwakplätzen erschlossenen Bereich im Flusstal des Lemmenjoki, in dem ihr auch mehrtägig unterwegs sein könnt. Eine Übersichtskarte mit allen Plätzen und Wegen bekommt ihr im Siida-Museum oder in der Information in Inari. Auch am Wanderparkplatz Lemmenjoki hängt sie aus. Zum ersten Biwakplatz sind es übrigens nur wenige Kilometer – falls ihr schon immer mal mit Zelt im Wald übernachten wolltet.

Schnuppertour auf dem Nature Trail

Am Wanderparkplatz Lemmenjoki startet auch der Nature-Trail, ein landschaftlich abwechslungsreicher Naturlehrpfad. Er führt durch einen alten Kiefernwald, vorbei an Seen und zum Fluss Lemmenjoki, in dem auch heute noch Gold gewaschen wird. Zeitweise wandern wir auf einer Endmoräne,

ÜBER NACHT

Eine Übernachtung mit dem Camper auf dem Wanderparkplatz Lemmenjoki wurde 2023 toleriert.

Camping Lemmenjoki
Zweckmäßiger Platz auf einer Wiese neben einen Restaurant. Knapp einen Kilometer von den Trails entfernt.
€€ | N 68°45'31.1", E 26°14'09.9"

Camping Lomakylä Valkeaporo
Gepflegter kleiner Platz am Seeufer mit schönen Holzhäusern und ein paar Plätzen für Camper.
€€ | N 68°43'45.0", E 26°21'23.6"

die wie ein Damm parallel zum Flussufer verläuft. Der Weg ist durchgängig grün markiert.
4,5 km | ↓↑ 25 m | Gehzeit 1 h 30 | GPX
Wanderparkplatz: GPS N 68°45'05.8", E 26°13'14.1"

Der Lemmenjoki mit dem Boot

Mühelos erkundet ihr den Nationalpark mit den Booten der Sami-Familie Paltto. Die Fahrt geht zum Wasserfall Ravadas. Dazu gehört auch ein Picknick mit typisch samischen Speisen und sogar ein kleines Live-Konzert mit traditioneller Samimusik, dem yoik. Einer der Söhne der Familie Palttro hat sich als Musiker einen Namen gemacht.
www.paltto.fi

71

Goldrausch in Lappland

Tankavaara und der Nationalpark Urhu Kekkonen

Gold ist schwer, etwa siebenmal schwerer als gemeine Flusskiesel oder Sand. Das ist die Basis für die Technik, mit der Menschen überall auf der Welt das schimmernde Metall aus dem Schwemmsand von Flüssen filtern. Am wenigsten aufwendig geht das mit einer Goldwaschpfanne. Die Profis in Tankavaara verwenden lange Holzrinnen, auf deren Boden ein Gitter die Goldkörner festhält, während leichtere Sedimente vom Wasser davongetragen werden. Wie das genau funktioniert, könnt ihr im Goldgräbermuseum in Tankavaara sehen.

Goldfunde im Ivalojoki im Jahr 1868 lösten in Lappland den ersten Goldrausch aus. 1945 lockte die Nachricht von Goldfunden im Lemmenjoki eine zweite Welle von Glücksjägern in die Wildnis nördlich des Polarkreises. Wer es selbst probieren möchte, hat in der Sommersaison sowohl am Lemmenjoki als auch im Goldgräbermuseum in Tankavaara die Möglichkeit.

Tankavaara liegt außerdem am Rand des Nationalparks Urhu Kekkonen und am Parkplatz starten mehrere Rundwege.

ÜBER NACHT

Stellplatz Tankavaara
Direkt neben dem Museum versetzt euch das Goldgräberdorf, ein buntes Sammelsurium verstaubter Holzgebäude, in den Wilden Westen. Hier befindet sich der Gasthof Wanha Waskooliemies, auf dessen Parkplatz ihr mit dem Camper übernachten könnt.
€€€ | N 68°10'50.3", E 27°05'57.9"

Nature-Trail Kopello

Der kurze Rundweg mit der blauen Markierung ist genau richtig, um nach dem Museumsbesuch noch eine kleine Runde zu drehen. Auf dem ersten Abschnitt begegnet ihr dabei einem düsteren Kapitel der finnischen Geschichte. Hier im Wald von Tankavaara kämpfte im Lapplandkrieg zwischen 1944 und 1945 die finnische Armee gegen deutsche Truppen. Noch kurz zuvor stand man nebeneinander vor einem gemeinsamen Gegner. Aber in Finnland verstand man früher, dass der Krieg verloren war. Der Friedensvertrag mit Russland verpflichteten dann die Finnen, die deutschen Truppen zu vertreiben. Ein Lehrpfad weist auf die Spuren der Kämpfe in der Landschaft hin und erklärt die Funktion von Bunkern und Schützengräben.
2,7 km | ⇅ 10 m | Gehzeit 1 h | GPX
Parkplatz am Museum: GPS N 68°10'38.9", E 27°05'51.3"

72

Vattunkiköngäs

Naturlehrpfade in der Arctic Circle Hiking Area

Vattunkiköngäs ist der südliche der beiden Parkplätze im *Napapiirin retkeilyalue* – so der finnische Name des Wandergebietes nördlich von Rovaniemi. Hier rauscht der Raudanjoki über mehrere Stromschnellen, was ihr von einer leicht schwankenden Hängebrücke gut beobachten könnt.

ÜBER NACHT

Auf dem Parkplatz Vattunkiköngäs wurde 2023 das Übernachten im Camper toleriert. Offizielle Stellplätze gibt es einige Kilometer weiter am Polarkreiszentrum. **[› Spot 73]**

Naturlehrpfad und Moorlehrpfad

Die Brücke ist bereits ein Teil des spannenden Naturlehrpfades zum Thema Beeren und Pilze, dessen Tafeln die Vegetation tatsächlich auch auf Deutsch erklären. Sie sind gut platziert und die meisten der Pflanzen könnt ihr direkt daneben auch in der Natur finden.

Am Ende der kurzen Runde auf einem gepflegten Bretterpfad könnt ihr nach links auf den Moorlehrpfad (Mire-Trail) wechseln. Er führt auf schmalen Holzstegen durch eine kargschöne Moorlandschaft mit kleinen Fichteninseln. Am Weg liegen ein Grillplatz (Feuerholz vorhanden) und ein Aussichtsturm.

10 km | ⇅ 10 m | Gehzeit 3 h | GPX
Parkplatz Vattunkiköngäs: GPS N 66°35’43.2”, E 26°07’09.0“

Felder aus Schachtelhalm im Moor von Vattunkiköngäs

ÜBER NACHT

Stellplatz Napapijri
Kostenlose Plätze ohne Ausstattung links an der Straße gegenüber der Shell-Tankstelle.
€€ | N 66°32'33.7", E 25°50'30.3"

Ver- und Entsorgung ist gegenüber an der Shell-Tankstelle möglich. Frischwasser gibt es gegen Gebühr. Neben der Tankstelle stehen kostenpflichtige Plätze mit Stromanschlüssen zur Verfügung.

Wohnmobilstellplatz Best Park
Einen weiteren offiziellen Stellplatz mit Strom, WC und Dusche gibt es am Ortseingang rechts hinter dem blau-grünen Metallzaun.
€€ | N 66°32'44.1", E 25°51'00.8"

Alle drei Plätze sind zweckmäßig und liegen sehr nah an der Straße.

73

Ciao Arktis

Polarkreis-Zentrum und Weihnachtsmanndorf in Rovaniemi

Auf den Straßen rund um Rovaniemi treffen wir noch mal auf Rentiere und sind nicht sicher, ob das jetzt vielleicht die letzten sind, die da so unbeirrt auf der Straße herumstehen. Denn kurz vor Rovaniemi ist es soweit. Wir überqueren den Polarkreis, nun von Nord nach Süd. Diesmal spüren wir Wehmut statt ungeduldiger Spannung. Es wird Zeit, sich vom Norden zu verabschieden.

Nachdem wir in Norwegen per Fähre am Polarkreiszentrum vorbeigeschippert sind, nähern wir uns jetzt gespannt der finnischen Variante. Napapijri, so heißt der Polarkreis auf Suomi, gilt hier auch als Heimat des Weihnachtsmannes. So vermischt sich im Weihnachtsmanndorf am Polarkreis das Eine mit dem Anderen.

Der Polarkreis ist in der Dorfmitte mit Säulen markiert. Rundherum gruppieren sich Souvenirshops mit einer bunten Mischung aus anspruchsvollem Kunsthandwerk, Designerstücken und Souvenirs von der Stange. Es gibt mehrere Restaurants und ein Arctic Circle Hotel. Ihr könnt den Weihnachtsmann persönlich treffen, im Weihnachtsmanndorf Rentiere streicheln und im Weihnachtspostamt Karten und Briefe mit Sonderstempel verschicken. Das Polarkreiszentrum ist eigentlich reiner Kommerz, aber so schräg mit seiner schrillen Mischung aus Kitsch, fantasievoller Spinnerei und alten Traditionen, dass ein Stopp hier einfach Pflicht ist. So oder so.

74

Arktikum

Das große Arktis-Museum in Rovaniemi

Zwei großen Themen gilt der Fokus in der Ausstellung des Museums: dem Leben der Tiere und Menschen in der Region nördlich des Polarkreises und den Veränderungen in den beiden Polarzonen der Erde mit dem Klimawandel. Die erste Ausstellung befindet sich rechts des Ganges.

ÜBER NACHT

Ounakoski Camping
Gepflegter Platz mit Stellplätzen direkt am Flussufer. Etwa ein Kilometer Fußweg ins Stadtzentrum. Gut ausgestattet mit Waschmaschine und Camper-Service, aber nahe an der Straße. Geöffnet Juni bis September. €€€ | N 66°29'50.9", E 25°44'35.8" | www.ounaskoski-camping-rovaniemi.com

Die Ausstellung »Northern Ways«

Die Trachten der Sami, ein Lager der nomadisch lebenden Rentierzüchterfamilien, die Geschichte der Vertreibung aus Petsamo – dieser Teil des Museums dokumentiert das Leben der Sami in Lappland und die Fauna und Flora nördlich des Polarkreises. An interaktiven Stationen könnt ihr versuchen, die Laute der heimischen Tiere der jeweils passenden Spezies zuzuordnen und so die Natur besser kennenlernen. Fischotter und Vielfraß, der kleine Lemming, Adler, Polarfuchs, Rabe und Schneeeule und viele uns bisher unbekannte Vogelarten stehen zur Wahl. Auch Braunbär, Eisbär, Elch und Rentier sind als lebensgroße Präparate vertreten.

»Arctic in Change«

Der zweite Teil der Ausstellung beschäftigt sich mit der Polarforschung, den großen Expeditionen und der wissenschaftlichen Arbeit im Eis. An den Polen macht sich die Klimaerwärmung besonders schnell und intensiv bemerkbar, sodass Forschung im ewigen Eis der Polkappen immer wichtiger wird. Die Themen sind umfangreich und etwas komplizierter, sodass ihr Zeit, Interesse und gute Englischkenntnisse mitbringen müsst, um aus diesem Teil der Ausstellung wirklich etwas mitzunehmen.

€€€ | www.arktikum.fi

Gelungene Architektur: das Arktikum-Gebäude in Rovaniemi

75

Oulanka Nationalpark

Die Große und die Kleine Bärenrunde

Der Oulanka-Nationalpark liegt ganz im Osten Finnlands direkt an der Grenze zu Russland. Landschaftlich dominiert hier lichter Kiefern-Heidewald, in einigen Bereichen stehen auch Fichten. Dazwischen liegen zahlreiche Moore. Der Fluss Oulankajoki windet sich in Mäandern durch den Park und bildet stellenweise schluchtartige Täler mit Stromschnellen und Wasserfällen. Neben Elch und Rentier leben im Nationalpark auch einige Braunbären.

Der Oulanka gilt als eines der schönsten Wandergebiete Finnlands. *Karhunkierros*, die Große Bärenrunde, ist das bekannte Glanzlicht des Nationalparks. Der 82 Kilometer lange Weg kann in fünf Tagen erwandert werden. Übernachtet wird in Selbstversorgerhütten. Aber auch bei einer Tagestour auf der Kleinen Bärenrunde trefft ihr auf viele Oulanka-Highlights.

Die Kleine Bärenrunde

Auf der gut markierten Wanderung erlebt ihr alles, was den Nationalpark ausmacht. Sie verläuft streckenweise am Ufer des Kitkajoki, passiert Stromschnellen und Canyons und führt über die Hängebrücke Harrisuvanto und auf Bohlen-

ÜBER NACHT

Ala Juuma Camping
Kleiner Campingplatz am Seeufer mit eigener Badestelle und Sauna. Der Platz liegt am Startpunkt der Kleinen Bärenrunde.
€€ | N 66°16'08.0", E 29°24'15.1" Juni bis September | www.alajuumacamping.fi

Juuman Leirintäalue
Einfacher Platz am See, ebenfalls in der Nähe des Trailheads.
€€ | Juni bis September | N 66°16'21.0", E 29°22'45.6"

pfaden durchs Moor. Dabei geht es über unzählige Treppenstufen stetig bergauf und bergab, sodass auch die kleine Runde durchaus anspruchsvoll ist. Eine Rast an einem der Grillplätze oder einer der beiden Schutzhütten ist daher zu empfehlen.
12 km | ↓↑ 250 m | Gehzeit 5–6 h | GPX
Start am Parkplatz: GPS N 66°16'12.2", E 29°24'01.5"
Infos Nationalpark: www.nationalparks.fi/oulankanp

Bären beobachten in Kuusamo

Auf Wanderungen durch den Nationalpark werdet ihr sicher keinem Bär begegnen – dazu sind hier viel zu viele Menschen unterwegs. Braunbären sind sehr scheu. Wer gerne Bären in freier Wildbahn beobachten möchte, kann aber östlich von Kuusamo die Beobachtungshütte von Karhukuusamo besuchen. Sie liegt an einem Futterplatz am Rande eines größeren Schutzgebietes. Dabei werdet ihr abends von einem Guide zur Hütte gebracht, von der der Futterplatz gut einzusehen ist. Wer möchte, kann in der Hütte übernachten. Das Erlebnis ist einmalig, hat aber seinen Preis.
€€€ | www.karhujenkatselu.fi

Tausend Seen im Südosten

Auf der Via Karelia durch die Finnische Seenplatte

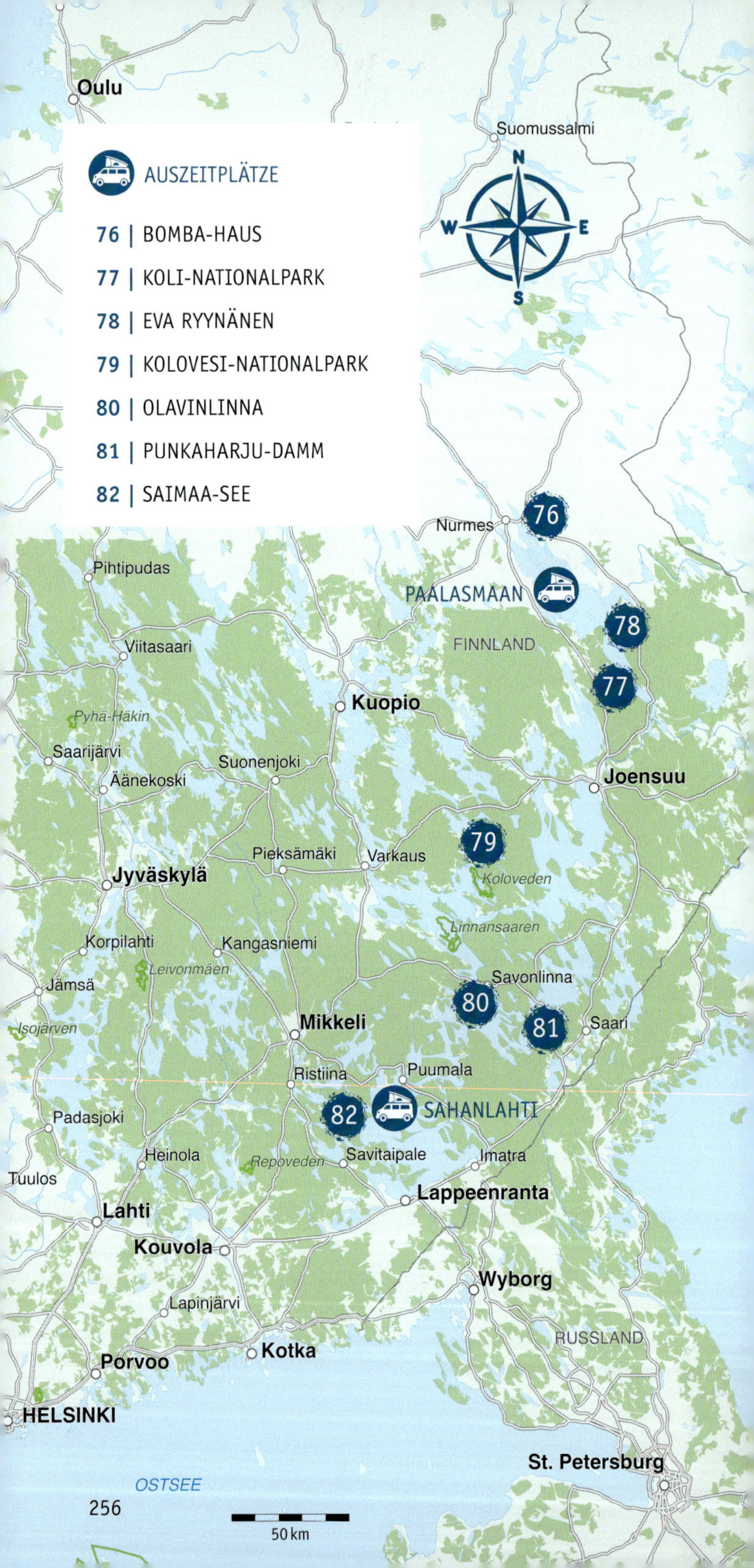
AUSZEITPLÄTZE
76 | BOMBA-HAUS
77 | KOLI-NATIONALPARK
78 | EVA RYYNÄNEN
79 | KOLOVESI-NATIONALPARK
80 | OLAVINLINNA
81 | PUNKAHARJU-DAMM
82 | SAIMAA-SEE
Oulu
Suomussalmi
N
W
E
S
Nurmes
Pihtipudas
PAALASMAAN
FINNLAND
Viitasaari
Kuopio
Pyhä-Häkin
Saarijärvi
Suonenjoki
Äänekoski
Joensuu
Pieksämäki
Varkaus
Koloveden
Jyväskylä
Linnansaaren
Korpilahti
Kangasniemi
Leivonmäen
Jämsä
Savonlinna
Mikkeli
Saari
Isojärven
Ristiina
Puumala
SAHANLAHTI
Padasjoki
Heinola
Repoveden
Savitaipale
Imatra
Tuulos
Lappeenranta
Lahti
Kouvola
Wyborg
Lapinjärvi
RUSSLAND
Kotka
Porvoo
HELSINKI
St. Petersburg
OSTSEE
50 km

Tausend Seen im Südosten

Auf der Via Karelia durch die Finnische Seenplatte

In Finnland lebt das glücklichste Volk der Welt. Das ist das Ergebnis des »World Happiness Reports«, das jedes Jahr vom Meinungsforschungsinstitut Gallup in den USA ermittelt wird. 2023 stand Finnland das sechste Mal in Folge auf Platz 1. Aber was ist es eigentlich, was die Menschen in Finnland so zufrieden macht?

»Natur, Genuss und eine gute Portion *Sisu«* – das ist eine der Antworten, die man vor Ort auf diese Frage bekommen kann. *Sisu* ist ein finnischer Begriff, den man genausowenig übersetzen kann, wie das dänische *hygge*. Es steht für innere Stärke und meint dabei auch die Entschlossenheit, in schwierigen Situationen nicht so schnell aufzugeben und Dinge einfach auszuprobieren, die auf den ersten Blick herausfordernd sind – zum Beispiel ein winterliches Bad in einem Eisloch. Das braucht erst einmal große Selbstüberwindung, doch wenn man es geschafft hat, verleiht das Erlebnis Flügel.

Saunagänge und Eisbaden, Beeren und Pilze sammeln oder ein Picknick im Wald – das sind feste Bestandteile der finnischen Kultur. Die Menschen sind sehr naturverbunden und sie lieben ihren Wald. Er gilt in Finnland als Ort der Geborgenheit und Erholung. »Ein Waldspaziergang erdet, er bringt uns aber auch in Berührung mit der mystischen Urkraft der Natur«, so erklärt eine Tourismusseite das besondere Verhältnis. »Hier und eigentlich überall in Finnland kann man außerdem ganz entspannt auf Abstand bleiben, ein wertvolles Gut«, wie man beteuert. »Hier hat einfach jeder den Platz, den er braucht.«

Wer in der Stadt lebt, verbringt zumindest die Wochenenden in der Natur. Wie überall in Skandinavien besitzen auch in Finnland die meisten Familien ein Häuschen irgendwo am See – auch wenn es sich dabei manchmal nur um eine einfache Hütte handelt, die nicht zwingend über Strom und flie-

Schöne Plätze am See sind hier ziemlich leicht zu finden

ßendes Wasser verfügt. Stille Plätze am Wasser gibt es genug. 188.000 Seen soll es in Finnland geben, in vielen davon hat das Wasser Trinkwasserqualität. Besonders viele Seen findet ihr im Südosten. An der Finnischen Seenplatte schlägt quasi das Herz des Landes. Hier könnt ihr am besten erleben, was Finnland so besonders macht und dabei ein kleines Stück »mitnehmen« vom finnischen Glück.

Finnland für Camper

Auch in Finnland gilt das Jedermannsrecht und anders als in Norwegen und Schweden gewährt man es hier auch den Wohnmobil-Campern. Das hat auch damit zu tun, dass an den finnischen Seen längst noch nicht so viele davon unterwegs sind wie in den anderen Ländern Skandinaviens. Am verzweigten Wassersystem der Seenplatte findet ihr ein kleines Camperparadies mit einsamen Plätzchen direkt am Wasser. Damit dieses Kleinod keinen Schaden nimmt, nehmt das Thema Umweltschutz superernst und hinterlasst an euren Plätzen keinerlei Spuren!

Oft ist es nur ein Damm, auf dem die Straße zwischen den Seen hindurchführt.

Die gelben Fähren sind Teil des finnischen Straßensystems und kostenlos

Das viele Wasser ist auch die Basis für eine charmante Besonderheit des finnischen Straßennetzes. Dort, wo es nicht lohnt, eine Brücke zu bauen, verbinden Fähren die Inseln und die Landbrücken zwischen den Seen. Ist die Fähre gelb, kann sie kostenlos genutzt werden. Sie gehört dann quasi als schwimmende Brücke zum öffentlichen Verkehrssystem. Schilder an der Zufahrt informieren über die Betriebszeiten. Hier zwischen den Seen fahren nur kleinere Boote, auf die nur wenige Autos passen. Sie fahren nicht nach einem festen Fahrplan, sondern nach Bedarf.

Auf der Via Karelia

Die Via Karelia (viakarelia.fi) folgt einer uralten Handelsroute immer an der russischen Grenze entlang. *Runon ja Rajan tie, Straße der Lieder und der Grenze,* nennt man sie in Finnland auch, denn sie führt durch den finnischen Teil Kareliens. Karelien ist der Ursprungsort des finnischen Nationalepos Kalevala, das als erstes literarisches Werk in finnischer Sprache gilt und für die Identität des finnischen Volkes eine

Camper-Idylle am Saimaa-See

große Bedeutung hat. Seit dem zweiten Weltkrieg gehört der größte Teil Kareliens zu Russland. So begegnen wir auf dieser Route nicht nur der karelischen Kultur, sondern auch etlichen Spuren, die der Zweite Weltkrieg hinterlassen hat.

Am nördlichen Ende der Via Karelia liegt der Ort Saala in Lappland, im Süden endet sie bei Lappeenranta am Saimaa-See. Auch Kuusamo und der Oulanka-Nationalpark, den wir schon in der Region Finnisch-Lappland vorgestellt haben, liegen an der Strecke. Wir folgen der Straße bis zum Pielinen, einem der größten Seen Finnlands, an dem auch der Koli-Nationalpark **[› Spot 79]** zu finden ist.

DIE BESTE REISEZEIT

Die finnische Hochsaison liegt vergleichsweise früh im Jahr. Sie beginnt an Mittsommer und schon Anfang August sind die Ferien zu Ende, was den Nachteil hat, dass viele Sehenswürdigkeiten nur noch zu eingeschränkten Zeiten öffnen und ein Teil der Restaurants geschlossen ist. Aber auch auf Stell- und Campingplätzen wird es Anfang August schnell ruhiger, denn die Wohnmobile mit finnischem Kennzeichen sind dann vorrangig an Wochenenden unterwegs. Blaubeeren sind in den Wäldern ab Mitte Juli und bis etwa Ende August zu finden, Preiselbeeren werden etwas später reif. Auch die Pilz-Saison beginnt Ende August. Wer eine mehrtägige Kanutour oder Wanderung plant, sollte zwischen Juni und August in Finnland eintreffen.

REISE-LITERATUR

Mit dem Wohnmobil nach Finnland
In vielen Schleifen zieht sich die Route dieses Reiseführers kreuz und quer durch das ganze Land und zeigt euch interessante Orte, Seen und Nationalparks auch in den abgelegenen Winkeln Finnlands. Ihr findet hier zuverlässige Infos zu Wanderungen, Sehenswürdigkeiten, Museen, Restaurants und Stellplätzen.
Mehr Infos: www.womo.de

Von hier aus wechseln wir ins Landesinnere, um uns zwischen den vielen malerischen Wasserflächen des Saimaa-Seengebietes auf die Suche nach dem finnischem Glück zu machen. Dazu wandern wir an Seen entlang, steigen noch einmal ins Kanu und sammeln viele, viele Blaubeeren. Wir kochen zum allerersten Mal Preiselbeeren ein **[› Seite 419]** und gucken stundenlang über den See oder in die prasselnden Flammen des Lagerfeuers. Am Morgen beobachten wir die abziehenden Nebelschwaden über der Wasserfläche und lauschen den Rufen der Kraniche, die sich sammeln, um in den Süden zu fliegen. Langsam wird es Herbst hier im Norden, obwohl der August noch gar nicht ganz zu Ende ist.

76

Bomba Talo

Essen und Architektur in Karelien

Der karelische Volksstamm gehört, wie auch die Sami, zu den Urvölkern Nordeuropas. Die karelische Sprache gehört in den finno-ugrischen Sprachkreis. Aus Karelien stammen auch die Geschichten der Kalevala, einer Sammlung aus Legenden und Sagen. Sie gilt als Nationalepos der finnischen Völker und hat für ihr Selbstverständnis eine ganz besondere Bedeutung.

Karelien war über viele hundert Jahre umkämpftes Grenzgebiet und stand wechselweise unter schwedischem und russischem Einfluss. Im Zweiten Weltkrieg verlor Finnland den größten Teil seiner karelischen Gebiete an Russland. Die meisten der dort lebenden Menschen emigrierten oder wurden vertrieben. Das heutige finnische Karelien ist nur noch ein schmaler Streifen, der an der Ostseite des Landes von Lappland über den Pielinen- bis zum Saimaa-See reicht.

Am Pielinen-See in Südkarelien hat man ein großes Bauernhaus rekonstruiert, um ein Stück karelische Kultur zu bewahren. Das Original stammt aus dem Jahr 1855 und steht in

Suojärvi, das heute zu Russland gehört. Das Bomba Talo ist nach seinem ursprünglichen Besitzer Jegor Bombin benannt und zeigt den typischen Baustil Kareliens. Das riesige Blockhaus ist mit geschnitzten, farbigen Ornamenten geschmückt und beherbergt eine Ausstellung und ein Restaurant. Im Sommer könnt ihr hier beim Mittags-Buffet karelische Spezialitäten kosten. Um das Blockhaus gruppiert sich ein karelisches Dorf, dessen Häuser an Übernachtungsgäste vermietet werden. Es gibt einen kleinen Laden mit Souvenirs und ein Bohlenpfad führt zu einer Holzkapelle, die etwas abseits am Seeufer steht.

Parkplatz Bomba Haus: GPS N 63°32'06.3", E 29°10'18.6"

ÜBER NACHT

Hyvärilä Camping
Stellplätze für Wohnmobile neben einem Hotel in Nurmes. Die Sauna im Hotel darf abends kostenlos mitbenutzt werden. Gut ausgestattet mit Camper-Service und Waschmaschine.
€€ | N 63°31'55.4", E 29°12'05.4"

77

Weitblick vom Ukko-Koli

Mini-Bergtour im Koli-Nationalpark

Mit 347 Metern ist der Ukko-Koli im flachen Finnland schon ein stattlicher Berg – und natürlich fährt hier eine Seilbahn hinauf. Der Sessellift, mit dem ihr vom Seeufer zur Bergstation schweben könnt, ist aber nur im Hochsommer in Betrieb. Von der anderen Seite kurvt eine Straße den Berg hinauf zu einem Wanderparkplatz. Von hier könnt ihr die letzten Meter zur Bergstation mit Nationalpark-Info mit einer Art Fahrstuhl zurücklegen. Dann trennen euch nur noch ein paar Stufen vom gigantischen Ausblick über den Pielinensee mit seinen unzähligen kleinen Inseln.

Es ist aber nicht nur dieser Ausblick, der den kleinen Berg besonders macht. Das Gipfelplateau mit seinen knubbeligen, rundgeschliffenen Felsen ist ein überaus malerisches Wandergebiet, in dem drei Rundwege mit verschiedenen Längen markiert sind. Schon der kurze Gipfel-Rundweg vom Ukko-Koli zum Paha-Koli und über den Akka-Koli bringt euch zu den schönsten Plätzen im Nationalpark.

IN DER NÄHE

Sommercafé auf der Mattila-Farm
Vegetarisches mit exotischem Touch gibt es beim Frühstücksbuffet oder zum Lunch im Café der Farm. kolinkeidas.com

Die Drei-Gipfel-Runde

Vom Infozentrum folgt ihr der gelben Markierung die steile Treppe hinauf und dann weiter von Felsgipfel zu Felsgipfel. Wer verlängern möchte, wählt die rot markierte Runde mit gut drei Kilometern.

2 km | ↓↑ 90 m | Gehzeit 1 h | GPX
Start am Parkplatz: GPS N 63°05'41.7", E 29°48'13.3"
Start an der Sesselbahn: GPS N 63°05'51.8", E 29°49'14.8"

ÜBER NACHT

Koli Camping
Einfacher Platz in einmaliger Lage im Uferwald, Stellplätze direkt am See mit Sandstrand.
€€ | N 63°09'01.5", E 29°50'36.8"

Koli Freetime Camping
Komfortabler Platz an einem kleinen See einige Kilometer entfernt am Rand des Koli-Nationalparks.
€€ | N 63°02'24.4", E 29°42'37.8" | kolifreetime.fi

ÜBER NACHT

Camping Timitraniemi
Einfacher Platz mit Stellplätzen am Seeufer. Südlich von Lieksa auf einer Halbinsel an der Mündung des Lieksanjoki gelegen.
€€ | Mai bis Anfang September | N 63°18'21.2", E 30°00'19.6"

DAS MUSEUM

Atelier und Kirche befinden sich südlich von Lieksa in Paateri an der Ostseite des Pielinen-Sees. Die Zufahrt zum Museum ist von der Landstraße 73 beschildert.
€€ | Mitte Mai bis Mitte September | N 63°09'08.7", E 30°02'17.1" | www.lieksa.fi/paateri

78

Kunst aus Holz

Die magische Welt der Eva Ryynänen

Wie Zweige aus einem Baum wachsen die Griffe aus der schweren Holztüre. Die Tür schwingt auf und gibt den Blick frei auf einen äußerst ungewöhnlichen Altar. Er besteht aus dem Wurzelstock einer uralten Kiefer. Baumringe zieren den Boden der Kirche und die auch Sitzbänke bestehen aus halbierten Baumstämmen. Das Holz fühlt sich glatt an, fast ein bisschen lebendig. Hinter dem Altar fällt der Blick durch klares Glas in den Wald. Die kleine Kirche von Paateri ist eine Ode an die Natur, die Bäume und den Wald. Entworfen und gebaut hat sie Eva Ryynänen. Drei Jahre hat sie daran gearbeitet – von 1989 bis 1991.

Die Kirche von Paateri gilt als das größte Kunstwerk der finnischen Bildhauerin und steht neben ihrem Wohnhaus und dem Atelier. Seit ihrem Tod ist das Anwesen als Museum zugänglich. Auch das Innere des Hauses ist ein Kunstwerk mit Holzreliefs und ungewöhnlichen Möbelstücken. Nichts ist verändert. In den Küchenschubladen ist sogar noch Mehl. Von der Bank vor der Tür schauen wir zum Fluss hinunter, genießen die wärmenden Strahlen der Sonne und den besonderen Zauber an diesem friedvollen Ort.

Schon als junge Frau liebte Eva das Schnitzen. Zuerst waren es kleine Tiere, die sie als Spielzeug aus dem Holz arbeitete. Später studierte sie an der Kunstakademie in Helsinki. Viele Jahre bewirtschaftete Eva dann mit ihrem Mann Paavo den Bauernhof in Paateri – mit Holz arbeitete sie nur in ihrer Freizeit. Mit 60 Jahren gelang ihr dann mit einer Ausstellung der Durchbruch als Künstlerin. Eva und Paavo gaben die Landwirtschaft auf und widmeten sich nur noch Evas Kunst. Paavo übernahm dabei die grobe Vorarbeit mit der Stichsäge. Die einzelnen Schritte dieser Arbeit seht ihr im Atelier. Die Skulpturen und Reliefs, die hier stehen, sind noch nicht fertig. Fotos zeigen die Künstlerin bei der Arbeit. Im Atelier ist Eva Ryynänen so spürbar, als käme sie gleich zur Tür hinein, um nach einer Pause weiterzuschnitzen.

ÜBER NACHT

Die Übernachtung auf beiden Parkplätzen im Nationalpark wird toleriert. Wer nach oder vor der Tour Strom und Camper-Service braucht, findet 15 Kilometer weiter in Enonkoski einen kostenlosen Stellplatz der Gemeinde.

Stellplatz Enonkoski

Vier Plätze am Seeufer mit Stromsäulen und Entsorgungsstation mit Grauwassereinlass. Frischwasser gibt es am gelben Haus am Ortsrand – rechts an der Zufahrt zum Platz.
N 62°05'32.9", E 28°54'24.4"

79

Kolovesi-Nationalpark

Mit dem Kanu in die Wildnis

Die Landschaft im Kolovesi-Nationalpark ist ungewöhnlich. Er besteht fast vollständig aus zwei großen Seen, die durch Inseln in ein großes Wasserlabyrinth unterteilt sind. Einige der Inseln sind felsig, was schön aussieht und auch den Ringelrobben gefällt, die im See zu Hause sind. In den geschützten Buchten des Sees ziehen sie ihren Nachwuchs auf. Der Kolovesi-Nationalpark wurde vor allem zum Schutz dieser vom Aussterben bedrohten Robbenart gegründet. Im Frühjahr und Winter dürfen die Inseln deshalb nicht betreten werden. Ein Gebiet im Westen ist ganzjährig für die Robben reserviert.

Wanderwege gibt es im Kolovesi-Nationalpark nur am Parkplatz Nahkiaissalo. Dort sind zwei kurze Routen markiert, die durch den urigen Wald zu Rastplätzen am Seeufer führen. Ein weiterer Wanderweg und drei Felsen mit Ritzzeichnungen aus der Steinzeit sind nur vom Wasser zugänglich. Wirklich spannend ist der Kolovesi daher zum Paddeln. Die Kanu-Route einmal rund um den Nationalpark ist 40 Kilometer lang und ermöglicht zwei bis drei Paddeltage mitten in der Wildnis. Zehn Biwakplätze mit Feuerstelle, Brennholz und Komposttoilette stehen zur Übernachtung zur Verfügung. Das Seewasser gilt als trinkbar, wir würden es trotzdem filtern oder abkochen.

Am Parkplatz Kirkkoranta gibt es einen Kanuverleih. Die Station ist auch im Sommer unbesetzt. Die Kanus werden online gebucht, die Ausrüstung ist dann mit einem Code zugänglich. Mit einem eigenen Boot könnt ihr auch am Rastplatz Käkövesi starten.

Alle wichtigen Infos, auch zu gesperrten Gebieten und Befahrungszeiten, findet ihr auf der Website der finnischen Nationalparks: www.nationalparks.fi. Dort könnt ihr auch eine Karte des Parks mit allen Zeltplätzen herunterladen.
Parkplatz Käkövesi: GPS N 62°10′44.4″, E 28°54′44.6″
Kanustation Kirkkoranta: GPS N 62°14′13.0″, E 28°53′41.3″
Kanuverleih in Kirkkoranta: www.sealtrail.com

ÜBER NACHT

Vuohimäki Camping
Gepflegter Wiesenplatz am Seeufer, wenig Schatten.
€€ | N 61°51'49.4", E 28°48'22.8" | www.vuohimakicamping.fi

Camper-Service-Station
an der ABC-Tankstelle von Savonlinna. Auch das Übernachten wäre möglich. Der Platz ist aber nicht besonders schön.
€ | N 61°52'38.1", E 28°49'34.0"

80

Olavinlinna

Eine Burg mitten im Fluss

Die Burg mit den drei trutzigen Türmen steht auf einem Inselchen mitten im Fluss und spiegelt sich fotogen im Wasser. Über eine breite Holzbrücke könnt ihr einfach hinüberspazieren. Früher war das anders. Wer Olavinlinna erobern wollte, musste erst einmal durchs Wasser, das hier auch im Winter keine Eisdecke bildet. Die Strömung ist zu stark.

Erbaut wurde die Burg im Jahr 1475 – Finnland war zu dieser Zeit ein Teil von Schweden und bei Savonlinna befand sich die Grenze zum benachbarten Nowgorod. Olavinlinna war eine der wehrhaftesten, modernsten Festungen ihrer Zeit. Ursprünglich hatte die Anlage fünf Türme, einer wurde in einer der Schlachten so stark beschädigt, dass man ihn nicht wieder aufbaute. Einen zweiten Turm verlor die Burg, als das darin untergebrachte Munitionslager explodierte.

Erst 1714 wurde Olavinlinna im Großen Nordischen Krieg das erste Mal von russischen Truppen erobert. Als Finnland dann 1809 zum autonomen Gebiet in Russland wurde, verschob sich die Grenze nach Westen und die Festung verlor ihre Bedeutung. Zuerst war hier noch eine russische Garnison untergebracht, anschließend nutzte man das Gebäude einige Jahre als Gefängnis und sperrte die Gefangenen in den Türmen ein. Dann stand die Burg leer. Schon Ende des 19. Jahrhunderts wurde die gut erhaltene Anlage zum Museum.

Heute könnt ihr wählen, ob ihr die Burg auf eigene Faust erkunden wollt, oder ob ihr euch einer der Führungen anschließt. Sie bringt euch auch hinauf in einen der drei Türme. Eine Wendeltreppe mit groben Steinstufen schraubt sich bis unter das Dach. Es geht durch finstere Gänge und in den weiß gekalkten Königssaal. Dazu werden Geschichten erzählt, die die nur sporadisch möblierten Räume mit Leben füllen.
Parkplatz Olavinlinna: GPS N 61°51'51.8", E 28°53'45.4" | €€ | www.kansallismuseo.fi

81

Punkaharju

Eine Straße im See

Der Damm von Punkaharju ist natürlichen Ursprungs – gestaltet von den gigantischen Eismassen, welche die Landschaft in Skandinavien in der letzten Eiszeit formten. In Punkaharju kam das Eis von zwei Seiten. Als es zu Seen schmolz, blieb ein etwa 25 Meter hoher und fast sieben Kilometer langer Kieswall stehen. Aus geologischer Sicht ist der Damm von Punkaharju einmalig und spektakulär.

Schon viele Jahrhunderte ist er ein wichtiger Verbindungsweg in der durch Seen zerfressenen Landschaft. Heute führt eine Straße über den schmalen Hügelrücken mitten durchs

ÜBER NACHT

Camping Punkaharju Resort
Stellplätze mit Seeblick im Uferwald an einem Ferienresort. Badeplatz und komfortable Sanitäranlagen, Camper-Service und Waschmaschine sind auch vorhanden.
€€| April bis Oktober| N 61°47′51.9″, E 29°17′44.3″ | www.punkaharjuresort.fi

IN DER NÄHE

Forstmuseum Lusto
Mensch und Wald ist das Thema der Ausstellung im extravaganten Neubau des Waldmuseums. Es geht hier um die Geschichte der Forstwirtschaft und neue Ansätze im letzten Jahrhundert. Im angrenzenden Arboretum sind mehrere Lehrpfade markiert.
€€ | www.lusto.fi

Wasser. Besonders eindrucksvoll sieht sie von oben aus, was viele Drohnenfotos zeigen. Seid ihr auf der Straße unterwegs, ist von den Seen gar nicht so viel zu sehen, so dicht stehen die Bäume auf dem Wall neben der Straße. Auf der Nordseite zweigt sie beim Forstmuseum Lusto von der Hauptroute ab und führt erst einmal ordentlich steil hinauf. Die beiden Seen rechts und links liegen hier weit unter euch. Mehrere Buchten erlauben einen Stopp, von dem ihr die Landschaft in Ruhe wirken lassen könnt. Kurz vor dem Ort Punkaharju geht es dann zurück auf die Hauptstraße.

82

Saimaa-See

Ein See mit tausenden von Inseln

Der Suur-Saimaa, ein Wassersystem aus zahlreichen miteinander verbundenen Seen, ist mit rund 4.370 Quadratkilometern Fläche der größte See Finnlands. Schaut man auf die Karte, ist es jedoch kaum auszumachen, wo dieses Seengebiet beginnt und wo es aufhört. In den Seen befinden sich 13.710 Inseln. Die meisten sind unbewohnt. Landschaftlich besonders eindrucksvoll ist der Saimaa, der zentrale Seeteil des Wassersystems. Hunderte kleiner Felseninseln ragen hier aus dem Wasser – manche sind karg, andere mit Wald bedeckt. Auf einem kurzen, besonders schönen Streckenabschnitt zwischen Puumala und Mikkeli fahren wir zwischen zwei Seen hindurch und können die Saimaa-Insellandschaft auch aus dem Camper erleben.

Mit dem Fahrrad um den Saimaa-See

Südlich von Puumala führt eine schmale Straße von Insel zu Insel. Fahrt ihr diese mit dem Fahrrad oder dem Motorrad, könnt ihr mit der Radfähre Norppa II übersetzen und auf der Puumala-Archipelago-Route einmal rund um den See cruisen.

Die 60 Kilometer lange Runde ist auf der Seeroute im Süden traumhaft schön, führt aber im Norden auf langer Strecke über die gut befahrene Landstraße.
60 km | ↓↑ 600 m | GPX | Mehr Infos: visitpuumala.fi
Fahrradverleih: saimaabikes.fi.

Mit dem Kanu auf dem Saimaa-See

Auch der Saimaa-See mit seinen vielen Inseln lässt sich gut vom Wasser erkunden. Geführte Kanutouren, Routenvorschläge und Leihboote findet ihr zum Beispiel bei diesen beiden Verleihstationen am See.
Canoe Camp Laajalahti: saimaacanoes.com
Saimaa Canoeing: www.saimaacanoeing.fi

Robben im Saimaa-See

Wenn ihr nicht selbst paddeln möchtet, ist eine Fahrt mit dem Elektroboot von Lakeland Tours eine gute Möglichkeit, die Seen kennenzulernen und dabei vielleicht auch Robben zu sehen. Im Programm von Lakeland gibt es auch eine dreistündige Fahrt zu den Saimaa-Ringelrobben. Etwa 400 der seltenen Süßwasserrobben leben im Seengebiet. Die jungen Robben kommen im Winter in Höhlen im Schnee zur Welt. Die wichtigsten Aufzuchtgebiete der Saimaa-Robbe liegen weiter nördlich in den Nationalparks Kolovesi und Linnansaaren, die für Motorboote gesperrt sind.
€€ | www.lakelandgte.fi

Die Felsbilder von Astuvansalmi

Etwa zwanzig Elche, ungefähr dieselbe Zahl an Menschen und einige Schiffe sind mit rötlichen Ocker auf die Felswand hoch über dem See gemalt. Dazu kommen Abdrücke von Händen, ein Motiv, das wir bisher nur aus einigen Höhlen in Südfrankreich und Spanien kennen, nicht aus Skandinavien. Die Zeichnungen befinden sich acht bis zwölf Meter hoch oberhalb des Wegs und die Farbe ist teilweise stark verblichen – das macht es schwierig, sie zu erkennen. Sie sind etwa 5000 Jahre alt. Stilistisch ähneln sie den Felsritzungen, die wir schon in Tanum und Alta gesehen haben. Die Figuren wurden aber wohl nicht in den Fels geritzt, sondern mit Ocker gezeichnet. Das ungewöhnlichste Motiv auf der Wand ist eine Frau, die einen gespannten Bogen hält. Sie ist als Artemis von Astuvansalmi bekannt. Am Seeboden hat man im Bereich der Felswand Schmuck und Pfeilspitzen gefunden, in einiger Entfernung die Reste eines steinzeitlichen Dorfes.

Im Sommer fahren von Mikkeli Boote nach Astuvansalmi, ihr könnt den Ort aber auch zu Fuß über einen Wanderpfad erreichen. Ein Schild markiert den Beginn an der Straße, die von Ristina in Richtung Saimaa-See führt. Vom Parkplatz folgt ihr wenige Schritt dem Schotterweg und biegt dann links in den Pfad ein, der zuerst einmal 200 Meter am See entlangführt und dann durch einen Wald voller Beerensträucher bis zum Seeufer und zum Bootsanleger. Hier führt ein Holzsteg zu den Zeichnungen. Zurück geht es auf dem gleichen Weg.

4,7 km | ⇅ 160 m | Gehzeit 2 h | GPX

Start am Parkplatz: GPS N 61°27'36.0", E 27°32'25.9"

ÜBER NACHT

Camping Sahanlahti Resort

Weitläufige Anlage mit Hotel, Häuschen und Campingplatz im Uferwald direkt hinter dem sandigen Seeufer. Restaurant und Bootsverleih auf dem Platz, Sauna, Camper-Service.

€€ | ganzjährig geöffnet | N 61°34'23.1", E 28°09'07.9" | www.sahanlahtiresort.fi

PAALASMAAN CAMPING

Großzügiger Wiesenplatz neben einem Haus auf einer kleinen Insel im Pielinen-See. Einige Stellplätze am Seeufer. Es gibt auf dem Gelände außerdem ein Café, einen Bootsverleih, eine Sauna und eine schöne Badestelle. Schon die Anfahrt zum Campingplatz macht Spaß: Zuerst geht es auf eine kleine Fähre, dann auf von Wasser umgebenen Straßen von Insel zu Insel.
Juni bis August | €€ | Eteläpääntie 140, Paalasmaa | GPS N 63°17′08.5″, E 29°28′53.7″ | www.paalasmaancamping.fi

Abendstimmung am Saimaa-See

Stellplätze unter Birken am Seeufer

CAMPING SAHANLAHTI RESORT

Weitläufige, gut ausgestattete Anlage mit Hotel, Häuschen und Campingplatz im Uferwald direkt am Ufer des Saimaa-Sees mit eigenem Sandstrand. Restaurant mit Seeterrasse. Vom Platz könnt ihr direkt lospaddeln und den Saimaa-See mit seinen vielen kleinen Inseln erkunden. Einen Kanuverleih gibt es auf dem Platz und auch eine Sauna ist vorhanden. Camper-Service.
Ganzjährig geöffnet | €€ | Lietvedentie 830, Puumala | GPS N 61°34'23.1", E 28°09'07.9" | www.sahanlahtiresort.fi

Straße über den Saimaa-See westlich von Puumala

Dünen, Meer und Schären

Die finnische Ostseeküste

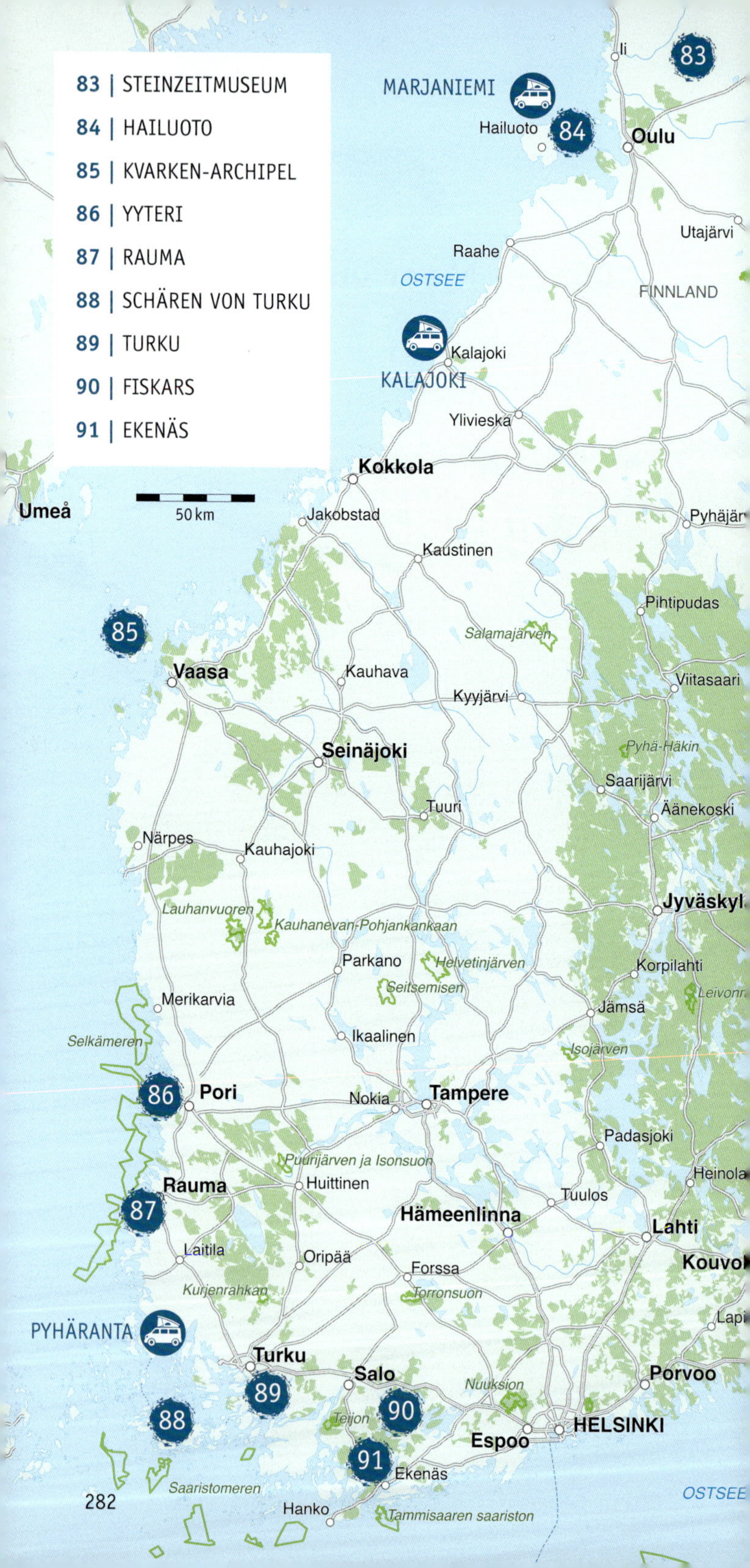
83 | STEINZEITMUSEUM
84 | HAILUOTO
85 | KVARKEN-ARCHIPEL
86 | YYTERI
87 | RAUMA
88 | SCHÄREN VON TURKU
89 | TURKU
90 | FISKARS
91 | EKENÄS
50 km
MARJANIEMI
KALAJOKI
PYHÄRANTA
OSTSEE
FINNLAND
Ii
Hailuoto
Oulu
Utajärvi
Raahe
Kalajoki
Ylivieska
Kokkola
Umeå
Jakobstad
Pyhäjär
Kaustinen
Pihtipudas
Salamajärven
Vaasa
Kauhava
Kyyjärvi
Viitasaari
Seinäjoki
Pyhä-Häkin
Saarijärvi
Tuuri
Äänekoski
Närpes
Kauhajoki
Lauhanvuoren
Kauhanevan-Pohjankankaan
Jyväskyl
Parkano
Helvetinjärven
Korpilahti
Seitsemisen
Leivonr
Merikarvia
Jämsä
Selkämeren
Ikaalinen
Isojärven
Pori
Nokia
Tampere
Padasjoki
Puurijärven ja Isonsuon
Rauma
Huittinen
Heinola
Tuulos
Hämeenlinna
Lahti
Laitila
Oripää
Kouvo
Forssa
Kurjenrahkan
Torronsuon
Lapi
Turku
Salo
Porvoo
Nuuksion
Teijon
HELSINKI
Espoo
Ekenäs
Saaristomeren
OSTSEE
Hanko
Tammisaaren saariston

Dünen, Meer und Schären

Die finnische Ostseeküste

In den meisten Ländern ist die Küstenregion deutlich dichter besiedelt als das Landesinnere. Finnland macht da keine Ausnahme. Bei 5,6 Millionen Finninnen und Finnen, die sich auf einer Fläche verteilen, die nur wenig kleiner ist als Deutschland, relativiert sich das natürlich. Trotzdem sind an der Küste die Straßen gut ausgebaut, die Orte modern und die Landschaft hat mit dem gängigen Finnland-Klischee nicht allzu viel zu tun. Die einsamen Plätze am Seeufer sind woanders. Wenn ihr genug Zeit habt, empfehlen wir daher die Route durch die Seenplatte, am besten mit einem Abstecher nach Turku, bevor es dann weiter nach Estland geht. Wer dazu nicht mehr genug Zeit hat, kommt auf der gut ausgebauten Küstenstraße E6 zügig nach Süden und würzt die Reise mit spannenden Stopps.

An der finnischen Ostseeküste wechseln sandige Abschnitte mit zerküfteter Schärenlandschaft. Wo es Sand und Dünen gibt, sind auch Seebäder zu finden: Kalajoki, Yyteri bei Pori und der Nallikari-Strand bei Oulu zum Beispiel. Weitere Strände gibt es rund um Helsinki und bei Turku. Die Inseln eines ersten großen Schärengartens verteilen sich vor Vaasa im Meer. Weil hier das Phänomen der skandinavischen Landhebung besonders krass auftritt, ist das Kvarken-Archipel **[› Spot 85]** UNESCO-Welterbe. Fast einen Zentimeter pro Jahr hebt sich das Land aus den ohnehin flachen Lagunen, sodass sich die Landschaft kontinuierlich verändert.

Der größte Schärengarten Finnlands **[› Spot 88]** liegt noch etwas weiter südlich vor der ehemaligen Hauptstadt Turku in der Ostsee. Bis zu den Åland-Inseln ist das Meer mit Inseln gesprenkelt. Sie bilden eine immer wieder unterbrochene Landbrücke, die fast bis ans schwedische Festland reicht.

Auf den Märkten gibt es auch Pilze und Beeren aus dem Wald

Turku ist die älteste Stadt Finnlands. Das Gebiet an der Mündung des Flusses Aurajoki war schon in der Steinzeit besiedelt. Das fruchtbare Flusstal eignete sich gut für die Landwirtschaft, die Flussmündung als geschützter Hafen. So entstand hier früh eine Ansiedlung, in der Handel eine wichtige Rolle spielte. Der Name *Turku* geht zurück auf das altrussische Wort *turgu*, das Marktplatz bedeutet. Im Laufe des 13. Jahrhunderts wuchs die Siedlung zur ersten Stadt Finnlands. Eines ihrer ältesten Gebäude ist die Burg von Turku, sie wurde um 1280 erbaut – damals auf einer Flussinsel an der Mündung des Aurajoki. Aber auch in den südlichen Schären hebt sich das Land aus dem Wasser. Heute steht die Burg am Flussufer und ist zum Burgmuseum ausgebaut.

Ein weiterer spannender Spot in Turku ist die historische Markthalle in der Eerikinkatu. Sie wurde 1896 eröffnet und

Lappvik Strand in der Nähe von Hanko

ist auch heute noch täglich in Betrieb. An etwa vierzig Verkaufsständen wird hier neben lokalen Spezialitäten, Brot, Fisch, Obst und Gemüse auch Street Food angeboten. Überhaupt ist Turku ein Ziel für Foodies. Wegen der großen Auswahl an Restaurants und Cafés hat die Stadt sich selbstbewusst zur finnischen Food-Hauptstadt ernannt.

Märkte gibt es auch in vielen anderen Orten an der Küste. Im Herbst werden dort neben den gängigen Obst- und Gemüsesorten auch Waldpilze, Blau-, Molte- und Preiselbeeren angeboten. An der Ostsee treffen wir auch endlich wieder auf Fischräuchereien, die in vielen Küstenorten am Hafen zu finden sind. Aus eigener Erfahrung können wir *Rannikon Kalatuote* in Uusikaupunki empfehlen. Hier bekommt ihr ausgezeichneten Räucherlachs und ebenso gute Lachsforelle zu moderaten Preisen.

Holzhäuser und Kopfsteinpflaster prägen die Altstadt von Rauma

Durch die räumliche Nähe und regen Seehandel gibt es im Südwesten Finnlands eine enge Verbindung zum benachbarten Schweden. Schwedisch ist in dieser Region auch heute noch die zweite Amtssprache und Ortsschilder sind oft zweisprachig **[› Spot 91]**. Finnlandschweden nennt man die schwedischsprachige Minderheit, der etwa fünf Prozent der finnischen Bevölkerung angehören.

In einigen Küstenstädten existiert noch ein Zentrum mit alten Holzhäusern. Oft sind das aber reine Wohnviertel ohne Infrastruktur wie Cafés oder Restaurants und daher für Besuche nicht ganz so interessant. Eine Ausnahme ist der Stadtkern von Rauma **[› Spot 87]**. Dort hatte man Glück. Anders als in Turku, wo 1827 ein großes Feuer das historische Zentrum der Stadt dem Erdboden gleichmachte, blieb man in Rauma seit über 300 Jahren von Stadtbränden verschont. Im Ortszentrum der drittältesten Stadt in Finnland stehen über 600 alte Holzhäuser, die inzwischen zum UNESCO-Welterbe gehören.

DIE BESTE REISEZEIT

Die Badesaison an der Ostsee endet in Finnland mit den Sommerferien Anfang August. Seid ihr hier früh oder spät im Sommer unterwegs, trefft ihr auf halbleere Campingplätze und geschlossene Strandrestaurants. Im Badeort Kalajoki, der im Sommer aus allen Nähten platzt, sind Ende August auf dem örtlichen Campingplatz die meisten Stellplätze direkt hinter der Düne frei. Ort und Strand sind beinahe menschenleer. Wenn ihr auf der Suche nach buntem Strandleben seid, sind Juni und Juli sicher die besseren Monate, uns hat es gut gefallen im August.

Blaubeeren gibt es etwa von Anfang Juli bis Mitte August auch in den Küstenwäldern. Besonders erfolgreich ist unsere Ernte auf der Insel Hailuoto.

REISE-LITERATUR

Mit dem Wohnmobil nach Finnland
In vielen Schleifen zieht sich die Route dieses Reiseführers kreuz und quer durch das ganze Land und zeigt euch interessante Orte, Seen und Nationalparks auch in den abgelegenen Winkeln Finnlands. Ihr findet hier zuverlässige Infos zu Wanderungen, Sehenswürdigkeiten, Museen, Restaurants und Stellplätzen.
Mehr Infos: www.womo.de

Von Turku machen wir uns auf den Weg in Richtung Helsinki, wo unsere Fähre nach Estland startet. Der Hafen liegt am Stadtrand von Helsinki. Auf dem Weg stoppen wir noch in den hübschen kleinen Orten Fiskars und Ekenäs. Auch Helsinki lockt, die Stadt soll außerordentlich spannend sein. Wer sie nicht auslassen möchte, findet mit dem Rastila Camping (rastilacamping.hel.fi) ein gutes Quartier mit Anbindung an den öffentlichen Nahverkehr. Für uns sind Großstädte auf einer Reise mit dem Camper immer recht anstrengend und so sind wir schon an Kopenhagen, Stockholm und Oslo vorbeigefahren – jetzt auch an Helsinki. Lohnend wären sie alle. Großstädte brauchen jedoch viel Zeit, wenn man sie mit Genuss besuchen möchte – mehr Zeit, als wir auf dieser langen Reise dafür haben.

83

Ausflug in die Steinzeit

Zeitreise im Kierrikikeskus

Schwere Ledervorhänge schützen den Eingang des Hauses, dessen Dach aus Reet fast bis zum Boden reicht. Wir schlüpfen hindurch und stehen in einem gemütlich wirkenden Raum. Auf den Bänken liegen Rentierfelle, dahinter befinden sich Liegeflächen. Im Zentrum der Hütte flackert ein wärmendes Feuer.

Die Bauweise der Siedlung ist ungewöhnlich. Die Häuser stehen Eingang an Eingang in einer langen Reihe. Das Dorf, in dem wohl einmal über einhundert Menschen zu Hause waren,

ÜBER NACHT

Eine Übernachtung auf dem Parkplatz vor oder nach dem Besuch wird toleriert. Wer offiziell stehen möchte, wird erst einige Kilometer entfernt fündig – in Ranua oder an der Küste.

Ranuanjärvi Camping
Schöner Platz am Seeufer in Ranua. Ein zweiter Platz am Wildlife-Park ist ganzjährig geöffnet.
€€ | Juni bis August | N 65°55'09.5", E 26°34'29.6" | ranuaresort.com

ist die Rekonstruktion einer historischen Siedlung, die 1960 an dieser Stelle entdeckt und ausgegraben wurde. In der Steinzeit lag Kierriki direkt am Meer, heute sind es etliche Kilometer zur Küste. Verantwortlich dafür ist die Landhebung Skandinaviens, der wir ja jetzt schon ein paar Mal begegnet sind.

Im Steinzeitdorf könnt ihr außerdem in einem hölzernen Einbaum über den See paddeln und Bogenschießen. An einem Rundweg durch den Wald sind detailgetreu die einfallsreichen Fallen nachgebaut, mit denen die Menschen damals die Jagd effektiver machten.

Im zugehörigen Museum am Eingang sind Fundstücke der Ausgrabungen ausgestellt. Ein kurzer Film hilft, tiefer in die Realität der Steinzeitmenschen einzutauchen. Uns wird eigentlich erst hier richtig klar, wie spät Skandinavien überhaupt besiedelt wurde. Erst etwa 6000 Jahre vor unserer Zeitrechnung war die Region wirklich eisfrei. Da war die Steinzeit eigentlich schon fast vorbei.

Parkplatz am Museum: GPS N 65°21'39.9", E 25°56'47.1"

84

Hailuoto

Hafenidylle in Marjaniemi

Hailuoto ist erdgeschichtlich eine junge Insel. Vor etwa 2000 Jahren hoben sich hier die ersten Sandbänke aus der Ostsee. Mit der Zeit entstanden dann drei Inseln: die Hauptinsel Luoto, das vor allem von Vögeln bewohnte Hanhinen im Südosten und die Sandbank Santonen im Osten. Inzwischen sind sie zu einer Insel zusammengewachsen – auch hier eine Folge der postglazialen Landhebung in Skandinavien. Sand ist aber immer noch allgegenwärtig auf Hailuoto. Hinter den Stränden liegt eine sanft gewellte Dünenlandschaft. Auch der mit Flechten und Beerensträuchern bedeckte Boden der ausgedehnten Fichtenwälder ist sandig.

Unsere Fähre landet in Santonen. Gut 30 Kilometer sind es von hier aus zum anderen Inselende und zum Hafen von Mar-

ÜBER NACHT

Stellplatz Marjaniemi
Stellplätze mit oder ohne Strom, alle mit Meerblick auf der Mole. Dusche und WC (leider nicht ganz so sauber), Küche und Toilettenentsorgung. Anmeldung im Café Kaija, das eigentlich eher ein Imbiss ist. Ihr bekommt hier frisch zubereitete Burger und sehr leckere Fish and Chips zu fairen Preisen.
€€ | N 65°02'22.2", E 24°33'7.5"

Die Überfahrt mit der Fähre auf die Insel ist kostenlos. Ihr müsst euch am Hafen in die rechte Spur einordnen, die linke ist für Einheimische, die bei der Fährfahrt Vorrang haben. www.finferries.fi

janiemi mit seinem hohen weißen Leuchtturm, vielen roten Ferienhäusern und einem schmalen Sandstrand. Ein Bohlenweg führt hinter dem Strand an der Küste entlang. Im Hafen ist Platz für Jachten und auch für Wohnmobile. Wir parken hier auf der Mole mit weitem Blick über das Meer und auf den Sonnenuntergang. Neben den Segelbooten dümpeln einige Fischerboote und in der Fischhalle im Hafen wird morgens der frische Fang des Tages verkauft.

In den finnischen Sommerferien ist Hailuoto ein beliebter Ort zum Baden und am Fähranleger bilden sich oft lange Schlangen. Mitte August erleben wir Marjaniemi liebenswert verschlafen – genauso auch den Rest der Insel.

85

Kvarken-Archipel

Die Vogelinseln von Vaasa

Im rasanten Tempo von neun Millimetern pro Jahr heben sich die Schäreninseln vor Vaasa jedes Jahr aus dem Meer. Da die Wasserflächen hier sowieso nicht besonders tief sind, werden Fjorde dabei zu vom Meer abgetrennten Seen und aus den Lagunen wachsen immer neue Inselchen. Routen, die man noch vor wenigen Jahren mit dem Boot fahren konnte, sind heute unpassierbar. Bootshäuser, die vor einigen Jahrzehnten noch im Wasser standen, liegen nun verlassen auf dem Trockenen. Die Veränderungen, die die skandinavische Landhebung verursacht, sind im Kvarken-Archipel so deutlich, dass sie im Laufe eines Menschenlebens gut wahrnehmbar sind. Ein vergleichbares Phänomen ist an der gegenüberliegenden Küste in Schweden erkennbar, sodass die Schären des Kvarken ein gemeinsames UNESCO-Weltnaturerbe mit der schwedischen Hochküste bilden.

Blick vom Turm über die Wasserwelt des Kvarken

Die bizarre Welt aus flachen Wasserflächen und tausenden von Mini-Inseln ist einer der wichtigsten Rastplätze für Zugvögel – kleine und große. Vor allem im Herbst und im Frühjahr zwitschert und wuselt es überall. Tausende von Kranichen überfliegen den Kvarken auf ihrem Weg zu ihren Winterquartieren am Schwarzen Meer. Ganzjährig sind hier dagegen die Seeadler zu Hause.

Ausflug nach Svedjehamn

Das Kvarken-Archipel ist von Vaasa über eine spektakuläre Brücke zu erreichen: Die Replotbrücke ist die längste Hängebrücke Finnlands. Über einen Damm geht es dann weiter nach Björköby und zum Fischerhafen Svedjehamn. Hier beginnt der Weg zum Aussichtsturm Saltkaret (Salzstreuer), von dem ihr weit über die Inselwelt schauen könnt.

Bodvattnet und Saltkaret-Turm

Der Weg zum Aussichtsturm ist Teil eines Rundweges um das Bodvattnet, einen der ehemaligen Fjorde, die inzwischen zum See geworden sind. Im flachen Wasser tummeln sich viele verschiedene Vogelarten, die ihr mit einem Fernglas gut beobachten könnt.

4 km | eben | Gehzeit 1 h 15 | GPX
Wanderparkplatz: GPS N 63°21'36.0", E 21°18'4.2"

ÜBER NACHT

Wohnmobilstellplatz Svedjehamn
Stellplätze für Wohnmobile in der Marina von Svedjehamn. An der Wanderrunde zum Aussichtsturm. Der Platz ist noch im Ausbau und bisher ohne Dusche und Camper-Station.
€€ | N 63°21'40.7", E 21°18'07.8"

IN DER NÄHE

Kalaa-Fisk
Bei Kalaa-Fisk an der Zufahrt zur Replotbrücke könnt ihr leckeren frisch geräuchertn und frisch gefangenen Fisch einkaufen.
N 63°12'24.1", E 21°29'14.4"

86

Dünen und Meer

Badeparadies im Ostseebad Yyteri

Vom Parkplatz ist das Meer nicht zu sehen. Es geht steil hinauf zu einer Strandbar, die nur in der Hochsaison geöffnet ist. Jetzt, Ende August, ist der riesige Parkplatz hinter der Düne fast leer. Von der Bar führt ein breiter Holzsteg in Richtung Meer und beinahe bis hinunter zum Wasser. So sind die Dünen gut geschützt und ihr müsst nicht durch den tiefen Sand stapfen. Hinter dem sechs Kilometer langen Strand türmt sich der Flugsand zu malerischen Sandbergen. Im Dünengürtel

von Yyteri sind Dünen in allen Entwicklungsstadien zu sehen. Im Sommer ist der lange Strand ein beliebtes Badeparadies. Der Campingplatz hinter der Düne ist dann oft ausgebucht und neben Badegästen zieht es auch viele Windsurfer aufs Wasser. Außerdem gibt es auch einen kleinen Hochseilgarten, einen Trampolinpark, eine Minigolfanlage und einen Golfplatz. Wer außerhalb der Badesaison kommt, kann Dünen und Strand auf einem der gut markierten Wanderwege erleben.

Rundweg zwischen Dünen und Meer

Die Wanderrunde *Santojen Lenkki* beginnt oben am Holzsteg. Sie führt uns am Rand der Dünen nach Süden. Zurück geht es dann am Strand – am besten mit den Füßen im Wasser, wenn es das Wetter zulässt.

5,5 km | ↓↑ 20 m | Gehzeit 1 h 45 | GPX
Strandparkplatz Yyteri: N 61°34'01.4", E 21°31'36.5"

ÜBER NACHT

Camping Yyteri
Großer Campingplatz, direkt hinter dem Strandzugang im Uferwald gelegen. In der Badesaison bis Anfang August oft bis auf den letzten Platz belegt. Sanitäranlagen eher einfach. Camper-Service vorhanden.
€€€ | N 61°34'08.7", E 21°31'37.9" | yytericamping.fi

87

Vanha Rauma

Altstadt aus Holz

Vanha Rauma, das alte Rauma, besteht aus etwa 600 historischen Holzhäusern. Sie sind bunt gestrichen und ein Teil der Fassaden ist reich verziert. Die Altstadt ist seit 1682 von Bränden verschont geblieben und außergewöhnlich gut erhalten. Als größter zusammenhängender Holzhauskomplex der

nordischen Länder ist der Ort auch ein Teil des UNESCO-Weltkulturerbes und doch ist Rauma kein Museum. In den Gassen findet ihr kleine Läden und einige Cafés und Restaurants. Besonders empfehlen können wir das *Wanhan Rauman Café* mit seinem gemütlichen Innenhof und köstlichen Munkkis – die Krapfen in Donutform sind in Finnland fast so beliebt wie die Zimtschnecken in Schweden. Am Rand der Altstadt lohnt auch noch ein Blick in die Heilig-Kreuz-Kirche. Die Steinkirche war ursprünglich Teil eines Klosters. Sie wurde um 1520 erbaut und hat eine besonders fromme Besucherin, die die Kirche nie verlässt.

Parkplatz Rauma: GPS N 61°07'33.9", E 21°31'02.7"

Kunst in Rauma

Vor dem Kunstmuseum brütet ein Straußenpaar und ein Wal springt neben einem gefallenen Engel aus der grünen Wiese. Im Inneren zeigt die permanente Ausstellung Werke von finnischen Künstlern und Künstlerinnen des 19. und 20. Jahrhunderts. Außerdem werden wechselnde Sonderausstellungen gezeigt. www.raumantaidemuseo.fi

ÜBER NACHT

Camping Pyhäranta
Kleiner Platz direkt am See mit Badesteg, Restaurant (nur im Sommer) und uriger Sauna, die im Preis inbegriffen ist. Camper-Service.
€€ | N 60°57'08.1", E 21°26'05.7" | www.pyharanta.com

IN DER NÄHE

Friedhof Sammallahdenmäki
Im benachbarten Ort Lappi befindet sich ein bronzezeitlicher Friedhof, ebenfalls eine UNESCO-Welterbestätte.
N 61°07'17.4", E 21°46'34.4"

88

Die Schären von Turku

Slow Down in der Inselwelt

Auch vor den Toren von Turku, Finnlands ehemaliger Hauptstadt, ragen tausende kleiner Inseln aus dem Wasser. Der Schärengarten zieht sich weit nach Westen ins Meer hinein bis zu den Åland-Inseln. Vom Granitfelsen ohne Vegetation bis zur richtigen Insel, auf der mehrere Dörfer Platz haben, ist alles dabei. Zwischen 20.000 und 50.000 Inseln sollen es sein – je nachdem bei welcher Größe man zu zählen beginnt. Auf einigen stehen Sommerhäuser, andere sind komplett unbewohnt. Boote sind für die Locals das wichtigste Verkehrsmittel, und wie alle Schärengärten ist auch diese Landschaft am besten vom Wasser zu erkunden. Einige der größeren Inseln, die nahe am Festland liegen, sind mit regelmäßig fahrenden Fähren erreichbar und beliebt als Ausflugsziele.

Stellplatz mit bestem Meerblick auf dem Hafengelände von Söderby

Die Große Ringstraße

Im Sommer könnt ihr von Turku eine Runde über 23 der größeren Inseln drehen. Die etwa 250 Kilometer lange Ringstraße ist beliebt als Fahrradtour, aber auch komplett mit dem Camper befahrbar. Auf der Rundfahrt geht es über etliche Brücken, es gehören aber auch acht kurze Fährfahrten dazu. Fast alle Fähren sind gelb und ihr könnt sie kostenlos nutzen. Nur die längste Verbindung zwischen Dalen auf der Insel Iniö und Mossala auf der Insel Houtskär wird von einem privaten Anbieter gestellt und ist kostenpflichtig. Auf dieser Route zwischen den Schären ist die weiße Fähre *Antonia* eine gute Stunde unterwegs – sie fährt etwa viermal am Tag, aber nur von Juni bis Ende August. Außerhalb dieser Zeit ist die Große Ringstraße nicht durchgängig passierbar. Dann könnt ihr von der Nordseite nur noch bis Iniö fahren, wo am Mini-Hafen von Söderby ein schöner Stellplatz am Wasser wartet. Houtskär ist dann nur noch von der Südseite erreichbar.

>> **Zur Online-Info**
Fähren an der Ringstraße

Wer sich mit dem Camper auf die Inseln begibt, sollte mindestens eine Übernachtung auf einem der Campingplätze einplanen. Die besondere Qualität der Schären ist ihre Abgeschiedenheit und Ruhe und davon bekommt ihr auf der Straße nicht viel mit. Es gibt kaum Möglichkeiten, die Hauptstrecke zu verlassen. Selbst für eine längere Pause anzuhalten ist schwierig. Parkplätze gibt es nur wenige – vor allem auf den kleineren Inseln weiter draußen im Meer.

Die Schären mit dem Dampfer

Ein ganz besonderes Erlebnis ist eine Fahrt durch die Schären mit dem alten Dampfer Ukkupekka, der im Hafen von Turku liegt. Bei der vierstündigen Dinnertour mit Livemusik legt das Boot an der winzigen Insel Loistukari an, auf der nur ein einziges Holzhaus steht. Hier wartet dann ein Buffet mit Salat, Kartoffeln und frisch geräuchertem Fisch auf die hungrigen Passagiere und auf dem Pier darf Finnischer Tango getanzt werden.
€€ | www.ukkopekka.fi

Die Schären mit dem Kanu

Die Kajakschule Aavameri unterhält mehrere Kajakdepots auf den Schären, deren Boote ihr online buchen könnt, wenn ihr schon Erfahrung mitbringt. Die Basis befindet sich auf der Insel Satama südlich von Turku. Hier könnt ihr auch geführte Touren durch die Schären mit dem Seekajak buchen. Ihr habt eine Tagestour und eine kürzere Tour am Abend zur Wahl. Auch das Camping Mossala Island Resort verleiht Kajaks. €€€ | www.aavameri.fi

ÜBER NACHT

Stellplatz Söderby
Ebener Schotterplatz direkt am Wasser neben den roten Bootshäusern am Hafen. Trockentoilette und Wasserhahn vorhanden, sonst nichts. € | N 60°22'26.6", E 21°23'24.3"

Camping Mossala Island Resort
Komfortabler Platz mit vielen Häuschen und einem Campingbereich. Kleiner Sanitärbereich mit Sauna. Spaziergang direkt vom Platz zu einem Aussichtsturm mit tollem Blick über die Schären möglich. Vergleichsweise preisgünstiger Verleih von Kajaks, SUPs und Fahrrädern. €€€ | N 60°17'09.2", E 21°26'24.1" | mossala-island-resort.com

Kittuis Camping
Schöner Platz mit Stellplätzen direkt am Wasser und einladendem Café. Unser Favorit auf den südlichen Schären. Sauna und Fahrradverleih. €€ | Mai bis August | N 60°11'13.3", E 21°26'10.3" | kittuiscamping.fi

89

Luostarinmäki

Ein Stadtviertel aus dem 19. Jahrhundert

Als die Stadt Turku im Jahr 1827 in Flammen aufging, blieb das etwas abseits gelegene Stadtviertel auf dem Luostarinmäki, einem Hügel am Stadtrand, unversehrt. In der Stadt unten am Fluss wurden drei Viertel der Gebäude zerstört, sodass man die ganze Stadt neu errichtete. Die Pläne machte der Architekt Carl Ludwig Engel. Die wenigen verbliebenen Häuser sollten dabei eigentlich abgerissen werden – auch die in Luostarinmäki. So investierte dort niemand mehr in sein Haus. Mit der Zeit zogen viele, meist gut situierte Handwerksfamilien, hinunter in eines der moderneren Viertel der Stadt. Die Siedlung auf dem Hügel wurde zum billigen Wohnraum für Menschen mit wenig Geld oder zweifelhafter Repu-

tation. Erst kurz vor der Verfügung zum Abriss realisierte die Stadt, was für ein historisches Kleinod das alte Handwerksviertel inzwischen war. Seit 1827 hat sich hier kaum etwas verändert. So wurde der Luostarinmäki zu einem Freilichtmuseum.

Wir laufen staunend durch die Gassen. In den alten Häusern sind zum Teil noch die Werkstätten zu sehen, die hier bis zum Anfang des 20. Jahrhunderts in Betrieb waren. In einem lebte und arbeitete der Kammmacher, nebenan stellte ein Puppenspieler in einem winzigen Zimmer seine Marionetten her. Weiter hinten hat man mit alten Maschinen eine funktionsfähige Druckerei und eine Buchbinderei eingerichtet. Hier befinden sich auch die Feuerwehr, eine Gaststätte und ein Laden. Auf Holztafeln lesen wir Geschichten aus dem Alltag der ehemaligen Bewohnerinnen und Bewohner, die für uns die Räume mit Leben füllen. In einigen Gebäuden unterstützen Geräusche und Gerüche den Eindruck, mitten in einem bewohnten Dorf zu stehen. Im Hochsommer sind auch einige der Werkstätten in Betrieb. Die Zeitreise gelingt.
Parkplatz am Stadtrand: GPS N 60°26'34.0", E 22°14'59.6"

ÜBER NACHT

Ruissalo Camping
Platz am Seeufer mit Badestrand, komplett ausgestattet mit Camper-Service, Waschmaschine, Sauna.
€€€ | N 60°25'32.5", E 22°05'42.3"

Auf den Parkplätzen in der Nähe des Campingplatzes wurde 2023 das Nachtparken toleriert.
N 60°25'23.1", E 22°05'43.6"

IN DER NÄHE

In der Innenstadt von Turku lohnt unbedingt die historische Markthalle (Kauppahalli) einen Besuch – zum Beispiel für ein Mittagessen. Neben Ständen mit Käse, Fleisch, Gemüse und Backwaren gibt es hier auch ein breites Angebot an kleinen Gerichten, vorrangig aus der asiatischen Küche.
Eerikinkatu 16, Sonntag geschlossen.

90

Fiskars

Dorfidylle und Industriegeschichte

Kennt ihr Fiskars? Das finnische Traditionsunternehmen produziert Produkte aus Eisen. Besonders bekannt sind die Gartenwerkzeuge und auch wer eine richtig gute Axt zum Holzhacken will, wird bei Fiskars fündig. Hier im Dorf Fiskars nahm die Produktion ihren Anfang – im 17. Jahrhundert. Die Fabrik des Unternehmens ist längst umgezogen und hier im Dorf ist in die verlassenen Industriegebäude eine bunt gemischte Gemeinschaft eingezogen. Es gibt ein Keramikmuseum und eine Ausstellung zur Industriegeschichte, ein nobles Hotel mit teurem Restaurant und außerdem viele kleine Läden mit Kunsthandwerk.

Das hübsche Dorf mit seinen roten und gelben Holzhäusern ist recht weitläufig und liegt idyllisch an einem kleinen Fluss. Dort steht eine Mühle ohne Mühlrad und daneben das niedliche Feuerwehrhaus. Neben dem PKW-Parkplatz gibt es einen Kiosk mit Tischen auf der Wiese, einige Verkaufsstände

für Souvenirs und einen tollen Spielplatz. In den Läden an der Straße wird aber eher maschinell hergestelltes Design angeboten als manuell gefertigtes Kunsthandwerk. Unter den Shops ist auch ein Werksverkauf von Fiskars.

PKW-Parkplatz: GPS N 60°07'51.9", E 23°32'44.1", in der Saison müssen Wohnmobile 500 Meter weiter am Café des Museums parken: GPS N 60°07'56.2", E 23°33'06.9", was aber nur von 8 bis 22 Uhr gestattet ist.

ÜBER NACHT

In direkter Nähe zu Fiskars gibt es keine Campingplätze. Den nächsten offiziellen Platz findet ihr in Ekenäs.

Tammisaari Camping Ekenäs
Gepflegter Platz mit modernen Sanitäranlagen, Sauna und Restaurant. Der Ort Ekenäs ist zu Fuß erreichbar (1,5 km). Kleiner Sandstrand direkt am Platz. Camper-Service und Waschmaschine vorhanden.
€€€ | N 59°57'54.7", E 23°26'55.8" | www.ek-camping.com

91

Ekenäs

Schwedenidyll in den Schären

Eine Altstadt mit falunroten Holzhäusern, schmalen Gassen und üppig blühenden Gärten, umgeben von Wasser – Ekenäs ist ein kleines Idyll. Im Ort gibt es ein Strandbad, ein »schwimmendes Restaurant« und mehrere kleine Häfen. Ihr könnt hier gut essen, am Wasser sitzen, mit SUP oder Kajak durch die Schären des südlich liegenden Nationalparks paddeln, eine Runde schwimmen gehen und auf dem Campingplatz am Ortsrand die Seele baumeln lassen. Ekenäs sieht nicht nur ein bisschen so aus, als wären wir plötzlich wieder in Schweden, viele der Menschen im Ort sprechen auch tatsächlich Schwedisch.

Ekenäs ist der schwedische Name des Ortes, auf Finnisch heißt er Tammisaari. Hier im Südwesten Finnlands hat jeder Ort zwei Namen, denn die Region hat zwei gleichwertige Amtssprachen. Ob der schwedische oder der finnische oben auf dem Ortsschild steht, verrät euch übrigens, welche Muttersprache der größere Teil der dort lebenden Menschen angibt. Im Mittelalter sprachen noch etwa ein Viertel der in Finnland lebenden Menschen Schwedisch – ein Relikt aus der Zeit, in der Finnland von Schweden besetzt war. Heute sind es noch etwa fünf Prozent der Bevölkerung. Die meisten der sogenannten »Finnlandschweden« leben auf den Åland-Inseln und dem angrenzenden Festland.

Ekenäs-Archipel-Nationalpark

Der Nationalpark von Ekenäs liegt südlich des Ortes in den Schären und der größte Teil seiner Fläche ist Wasser. Im Sommer fährt von Ekenäs ein Fährboot nach Jusserö. Hier und auf der Insel Algö gibt es markierte Wanderwege. Auf den kleineren Inseln Fladalandet und Modermagan sind Zeltplätze eingerichtet, die zum Beispiel mit dem Kanu erreichbar sind.
Kanuverleih: www.paddlingsfabriken.fi
Fährboot Jussaro: www.jussaro.net

ÜBER NACHT

Tammisaari Camping Ekenäs
Gepflegter Platz mit modernen Sanitäranlagen, Sauna und Restaurant. Der Ort Ekenäs ist zu Fuß erreichbar (1,5 km). Kleiner Sandstrand direkt am Platz. Camper-Service und Waschmaschine vorhanden.
€€€ | N 59°57'54.7", E 23°26'55.8" | www.ek-camping.com

STELLPLATZ MARJANIEMI

Der Stellplatz liegt auf der Mole und direkt neben dem Strand. Geparkt wird rechts und links am Rand, je nachdem ob ihr Strom braucht oder nicht. Alle Plätze haben Meerblick und freie Sicht auf den Sonnenuntergang. Dusche und WC, eine kleine Küche und die Toilettenentsorgung befinden sich an der Zufahrt vor dem Café Kaija. Ihr bekommt hier frisch zubereitete Burger und sehr leckere »Fish and Chips« zu fairen Preisen. Außerhalb der Saison geht es hier sehr entspannt zu.
Im Winter geschlossen | €€ | Anmeldung im Café Kaija | GPS N 65°02'22.2", E 24°33'07.5"

Näher am Meer kann man nicht stehen!

CAMPING PYHÄRANTA

Kleiner Platz direkt am See mit Badesteg. Die Stellplätze für Wohnmobile liegen vorne am Wasser und sind teilweise mit Holzterrassen ausgestattet. Einfache Sanitäranlagen, Mini-Küche und urige Sauna mit Holzofen, die im Preis inbegriffen ist. Auch ein Kanu und ein Ruderboot dürfen von den Gästen kostenlos genutzt werden. Verleih von SUPs, Restaurant (nur im Sommer geöffnet), improvisierte Camper-Service-Station mit Grauwassertaxi.
Juni bis September | Suojalantie 9, Pyhäranta | €€ | GPS N 60°57'08.1", E 21°26'05.7" | www.pyharanta.com

Plätze auf der Mole mit Blick auf den Sonnenuntergang

CAMPING KALAJOKI

Riesiger Campingplatz in ungewöhnlicher Lage direkt hinter dem langen Sandstrand von Kalajoki. Auf den vorderen Plätzen (Aufpreis) steht ihr quasi mit den Reifen im Sand. Näher am Meer geht nicht. Außerhalb der finnischen Sommerferien (Mitte August) erleben wir den Platz relativ leer und viele Plätze am Meer sind frei, in der Badesaison ist er auch mal ausgebucht. Gut ausgestattet mit Waschmaschine, Trockner, Camper-Service, Sauna, modernen Sanitäranlagen, Beach Bar und Surfcenter.

Juni bis August | Tuomipakkaintie 20, Kalajoki | €€€€ | GPS N 64°14'02.4" E 23°48'06.4" | kalajokicamping.fi

Meerblick, Sauna und Badesteg – perfekt für eine Auszeit!

Die baltische Ostseeküste

Estland und Lettland

Die baltische Ostseeküste

Estland und Lettland

Das Baltikum ist eine Region, die wir sehr lieben und auf den Recherchen für unseren Wohnmobilreiseführer recht gut kennengelernt haben. Hier gibt es kilometerlange einsame Ostseestrände, hübsche kleine Orte, alte Wälder, stille Seen und die schönsten Moorpfade, die wir kennen. Das historische Zentrum aller drei Hauptstädte steht auf der Liste des UNESCO-Weltkulturerbes. Auf dieser Reise sind wir zum dritten Mal ausführlich in Estland, Lettland und Litauen unterwegs und haben wirklich Mühe zu entscheiden, welche Plätze wir denn nun als Spot in »Nordwärts« aufnehmen. Unsere Route soll von Tallinn die Ostseeküste hinunterführen. Spätestens in Litauen müssen wir uns dann vom Meer verabschieden, um die russische Enklave Kaliningrad zu umfahren.

Aber jetzt landen wir zuerst einmal in Tallinn, mitten in Tallinn, denn unsere Fähre legt direkt im Stadtzentrum an. Das nördlichste Tor der Stadtmauer, die die mittelalterliche Altstadt umgibt, befindet sich direkt gegenüber des Hafens. Tallinn ist daher die einzige Hauptstadt, die wir nicht umfahren. Weil wir sowieso schon da sind, aber auch weil wir Tallinn **[› Spot 92]** so mögen. Und weil diese Hauptstadt so viel Gelassenheit ausstrahlt wie ein aufgepustetes Dorf und dabei trotzdem so spannend ist.

Ein kurzer Blick auf die baltischen Länder

Estland, Lettland und Litauen sind drei ganz unterschiedliche Länder mit eigener Kultur und Sprache. Estnisch, oder Eesti, wie man die Sprache vor Ort nennt, stammt aus dem finno-ugrischen Sprachkreis und ähnelt dem finnischen Suomi. Lettisch und Litauisch sind dagegen baltische Sprachen. Während die Menschen in Finnland und Estland sich untereinander recht gut verständigen können, brauchen auch Einheimische in ihren baltischen Nachbarländern eine »Transfersprache«. Bei den Jüngeren ist das meist Englisch, die Älteren sprechen eher Russisch – allerdings

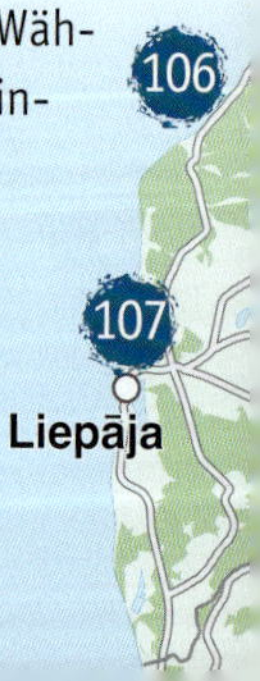

92 | TALLINN

93 | RUMMU KARJÄÄR

94 | HAAPSALU

95 | LEUCHTTÜRME HIUMAA

96 | SAAREMAA

97 | KOGUVA

98 | SOOMAA-NATIONALPARK

99 | KANUTOUR GAUJA

100 | CESIS

101 | BRIVADABAS MUSEUM

102 | KEMERI-MOOR

103 | ENGURE EZERS

104 | KULDIGA

105 | KANUTOUR IRBE

106 | PAVILOSTA

107 | BUNKER VON LIEPAJA

AUSZEITPLÄTZE

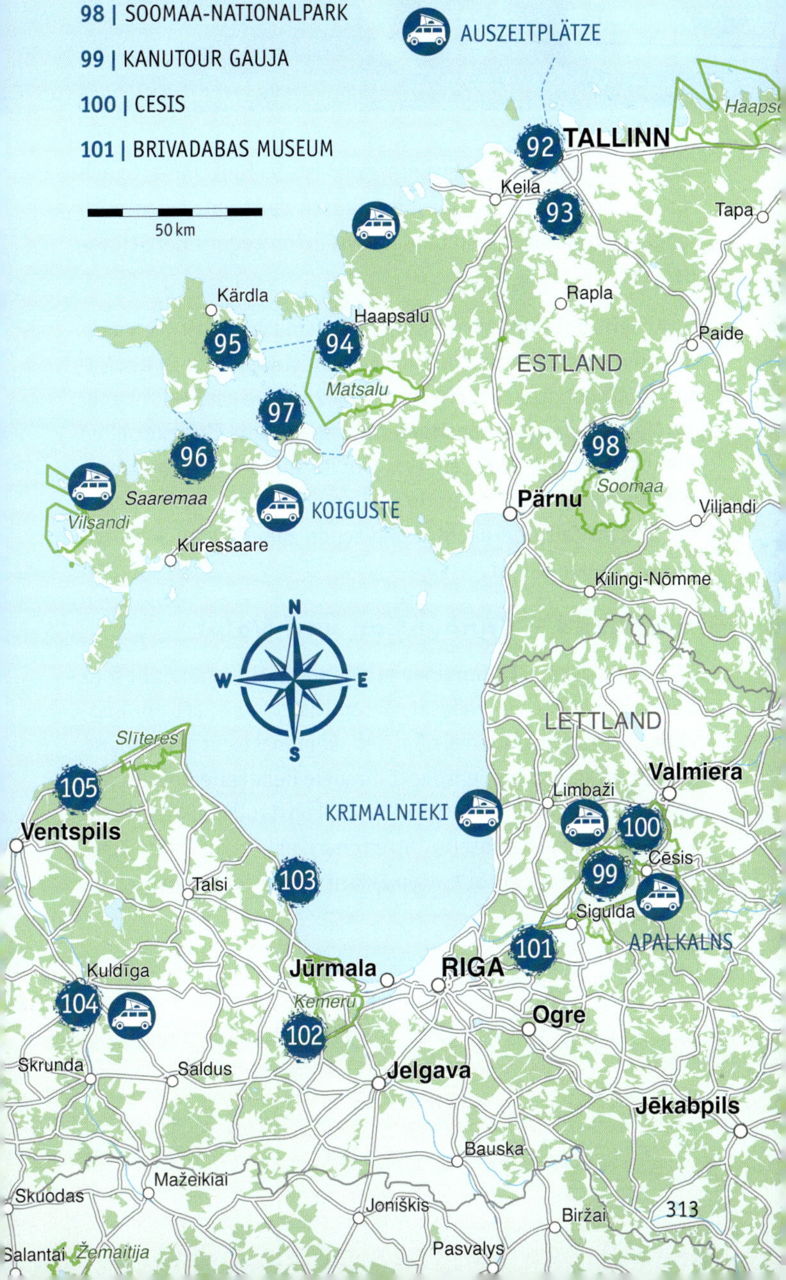

Pfannkuchen jeder Art sind in Lettland und Litauen besonders beliebt

auch nur, wenn es nicht zu vermeiden ist. So funktioniert auch für uns die Verständigung mit Englisch ganz gut, wenn auch längst nicht so selbstverständlich wie in Norwegen oder Schweden.

Abseits der wenigen großen Städte sind die baltischen Länder dünn besiedelt und ihr findet leicht stille Plätze in der Natur. An Wochentagen steht ihr oft ganz alleine am Seeufer oder am Meer, an den Wochenenden zieht es auch die Einheimischen hinaus. In allen drei Ländern gibt es einfache Naturcamps. Hier wird dann mit Kind und Kegel gepicknickt, gegrillt, gefeiert und im Zelt übernachtet und schon zum Frühstück brennt das Grillfeuer erneut.

Estland – Innovation und Natur

Estland ist stark skandinavisch geprägt: Hier gibt es besonders viele bunte Holzhäuser, deren Farben aber oft ein bisschen schriller ausfallen als bei den skandinavischen Nachbarn. Schaut ihr genau hin, entdeckt ihr viele liebevolle Details voller Kreativität und Humor: ob das nun kunstvoll bemalte Milchkannen sind, ein hübsches Streifenornament auf einer Komposttoilette oder ein mit alten Skiern verziertes Bushäuschen.

Fast schon berühmt ist Estland für seine digitale Infrastruktur. Hier macht man fast alles online – sogar gewählt wird am eigenen PC. Ein Mobilfunknetz gibt es auch noch mitten im Wald. Der Zugang zum Internet gehört hier zu den Grundrechten und die bürokratischen Hürden für innovative Start-Ups sind niedrig. Aber das ist nur eine Seite der estnischen Kultur.

Die besondere Beziehung zu Wald und Natur, der wir in Estland begegnen, hat uns schon auf unserer allerersten Reise ins Baltikum fasziniert. Große Steine bekommen Namen, Moorpfade baut man um Bäume herum – wir erleben hier einen ungewöhnlichen Respekt vor den Lebewesen, die uns umgeben. Der Wald ist viel mehr als ein Holzlieferant – auch in den Augen der Forstwirtschaft. Und so ist es in Estland die staatliche Forstbehörde RMK, die nicht nur Wanderwege, sondern auch Rast- und Grillplätze und kleine Naturcamps anlegt. Sie befinden sich am Seeufer, mitten im Moor und im Wald, am Ufer der Flüsse und auch direkt am Meer und können kostenlos genutzt werden, damit alle Menschen die Nähe zur Natur genießen können. Besonders schöne Plätze am Meer liegen auf den estnischen Inseln Saaremaa und Hiiumaa, die mit einer kurzen Fährfahrt erreichbar sind. Von RMK gibt es auch eine App mit allen Naturcamps und markierten Wanderwegen. www.rmk.ee

Zwei der schönsten Moorpfade findet ihr im Soomaa-Nationalpark. Das Moor ist hier so feucht, dass im Zentrum große Tümpel entstehen, in deren tiefschwarzem Wasser sich bei Sonnenschein die Wolken spiegeln. Ein bisschen Überwindung brauchen wir schon, um eine der Holzleitern hinunterzuklettern, die im Soomaa zum Baden einladen, und mit langen Zügen durch das dunkle Wasser zu schwimmen. **[› Spot 98]**

Frei lebende Tarpanpferde am lettischen Engure-See

Stellplatz mit Meerblick und Sonnenuntergang über der Ostsee

Wilde Ostsee in Lettland

Lettland hat die schönsten Ostseestrände der baltischen Länder: kilometerlang, einsam und streckenweise schwer zugänglich. Es führen zwar immer wieder Stichstraßen zum Meer, viele Strandabschnitte sind aber gar nicht oder kaum erschlossen und nur zu Fuß erreichbar. Hierher kommt nur, wer der Route des Weitwanderwegs »Baltic Coastal Hiking Route« folgt, die teilweise auf dem Sand direkt am Meer entlangführt. Mit dem Camper könnt ihr die Küste am besten erleben, indem ihr einen der einfachen Campingplätze ansteuert, die auf dem Hochufer oder im Uferwald direkt hinter dem Strand liegen. Besonders mögen wir den Camping Krimalnieki in Tuja **[› Seite 357]** und den kleinen Platz in Ziemupe **[› Seite 353]**. Es gibt aber noch mehr davon!

Estland und Lettland mit dem Kanu

Im Landesinneren der baltischen Länder gibt es viele naturbelassene Flüsse, die sich gut zum Paddeln eignen. Am bekanntesten ist die Gauja, die durch den gleichnamigen Nationalpark fließt. Die roten Sandsteinfelsen, die an einigen Stellen am Ufer aufragen, bieten eine besonders schöne Kulisse. Rote Felsen stehen auch am Ufer der etwas flotter fließenden Salaca. An vielen anderen Flüssen gibt es ebenfalls eine Infrastruktur für Kanuten. Estland ist mit seiner zerklüfteten Küste außerdem ein ausgezeichnetes Seekajakrevier.
Infos über alle Flüsse findet ihr unter www.riverways.eu.

Die Ruine der Ordensburg Turaida im Gauja-Nationalpark

Kulturelle Highlights in Estland und Lettland

Zu unseren persönlichen Lieblingsorten gehören die Kleinstädte Haapsalu, Kuldìga und Cēsis mit ihren gemütlichen Cafés und Restaurants. In die Geschichte eintauchen könnt ihr beim Besuch einer der vielen Ruinen alter Ordensburgen und im Freilichtmuseum. Und natürlich lohnt auch Rīga einen Besuch. Hier erwartet euch echtes Großstadtfeeling. Die Campingplätze liegen auf einer Insel nahe am Stadtzentrum und ohne Stau kommt ihr kaum dorthin. Vom Riverside Camping (riversidecamping.lv) ist die stimmungsvolle Altstadt gerade noch zu Fuß erreichbar (3 km). Sehenswert ist auch die Neustadt mit ihren weißen Jugendstilbauten und natürlich die riesige Markthalle, in der früher Zeppeline gebaut wurden.

DIE BESTE REISEZEIT

Auch in Estland und Lettland ist Mittsommer der wichtigste Feiertag des Jahres und der Saisonbeginn. Im August ist diese dann schon fast vorbei. Ab Oktober sind fast alle Campingplätze geschlossen. Ihr könnt die Region auch im Hochsommer gut bereisen, ohne Campingplätze zu reservieren und ohne Tür an Tür zu stehen. Wirklich voll wird es nur an wenigen Hotspots wie den Stadtcampingplätzen und in einigen Nationalparks – und an den Wochenenden, wenn auch die Einheimischen unterwegs sind.

REISE-LITERATUR

Entdeckertouren mit dem Wohnmobil: Baltikum

Unsere Route in diesem Reiseführer bringt euch auch in den Osten der baltischen Länder, in die Unistadt Tartu, an den riesigen Peipsi Järv mit seinen Sandstränden, nach Vilnius und Trakai und zu den seenreichen Nationalparks in Litauen. Neben vielen kleinen, von Locals geführten Campingplätzen zeigen wir euch hier auch die schönsten Natur-Camps mit Beschreibung und GPS-Position.

Mehr Infos: www.womo.de

12.
Raekoja plats

92

Tallinn

Kreative Metropole zwischen Mittelalter und Neuzeit

Tallinn ist eine der spannendsten Städte, die wir kennen. Dass die Altstadt im Stadtzentrum den gelassenen Charme eines mittelalterlichen Dorfes ausstrahlt, kommt uns dabei durchaus entgegen. Tallinn ist jung und innovativ, aber nicht hektisch. Im Stadtzentrum ist vieles zu Fuß erreichbar und direkt neben der Altstadt mit schön restaurierten Häusern und einer gut erhaltenen Stadtmauer stehen stylische Neubauten mit glänzenden Glasfassaden.

Die Fähren von und nach Helsinki ankern beinahe vor den Toren der Altstadt. Am Hafen gibt es außerdem viele Parkplätze mit einem 24-Stunden-Tarif zu erschwinglichen Preisen, sodass wir unseren Van quasi zu Füßen der *Dicken Margarete* am nördlichsten Stadttor abstellen können. Schnell entschließen wir uns, hier über Nacht stehen zu bleiben, um die Altstadt am Abend zu erleben. Wer mehrere Tage in Tallinn verbringen möchte, kann den Camper aber auch im Grünen auf dem gut ausgestatteten Campingplatz in Saue stehen lassen und entspannt mit der Bahn in die Stadt pendeln.

Vannalinn – Tallinns schöne Altstadt

Die Altstadt von Tallinn besteht aus zwei separaten Stadtteilen: der Unter- und der Oberstadt. Die Oberstadt mit dem Schloss von Tallinn war in der Hansezeit der Wohnsitz des Adels und des Klerus und liegt tatsächlich deutlich höher als der Rest der Stadt auf dem Burgberg. Die Unterstadt, in der Handwerker und Händler lebten, befindet sich am Fuß des Burgberges.

Dicke Margarete – das ist der Kosename der Einheimischen für den nördlichsten Steinturm in der Stadtmauer. Er ist nur halb so hoch, aber dafür doppelt so breit wie alle anderen Türme. 26 sind es, die die Stadtmauer wirken lassen, als sei Tallinn einem Märchen entsprungen. Margarete beherbergt heute das Estnische Seefahrtsmuseum. Der Raekoja Plats, der Rathausplatz, den zahlreiche Sitzmöglichkeiten zum beliebten Treffpunkt machen, ist das Zentrum der unteren Altstadt. Das Rathaus mit seinem eleganten schlanken Turm stammt aus dem 13. Jahrhundert. Gegenüber steht eine der ältesten Apotheken Europas. Weitere besonders bekannte Gebäude sind die drei Schwestern, drei schmale hohe Häuser, die sich eng aneinanderlehnen, und das mittelalterlich gestylte Gasthaus *Olde Hansa*.

Die beste Aussicht über die Stadt habt ihr vom Domberg, der auf Estnisch Toompea heißt. Steintreppen führen von der Unterstadt zur Aussichtsterrasse und zur Burganlage. Von der Terrasse schauten früher die betuchten Bürger Revals auf das bunte Treiben in der gemeinen Stadt hinab. Heute ist die Oberstadt das am deutlichsten touristisch geprägte Viertel Tallinns, in dem sich ein Souvenirgeschäft an das andere reiht. Neben der Aussichtsplattform, die ihr nicht verpassen solltet, sind hier oben auch die russisch-orthodoxe Alexander-Newsky-Kathedrale, der Dom und das Tallinner Schloss zu sehen. Im Schloss residiert heute das estnische Parlament, dahinter ragt der Lange Hermann in den Himmel, er ist der höchste Turm in der Stadtmauer.

Telliskivi – Kunst für eine bessere Welt

Am Fuße des Burgbergs Tompeea in der Nähe des Bahnhofs hat sich auf einem verlassenen Industriegelände ein Zentrum alternativer Kultur entwickelt. In der Kreativ-Stadt Telliskivi rund um das Kunstmuseum Fotografiska gibt es stylische Cafés und Läden, Street Food und viele tolle Graffitis. Hier finden Konzerte und Lesungen statt. Das Projekt startete 2007 und ist äußerst ungewöhnlich. Telliskivi ist eine private Initiative, die keine Unterstützung erhält. Der Gebäudekomplex war einst eine gut abgeschirmte sowjetische Fabrik. Statt die hässlichen Gebäude abzureißen, füllte man sie mit Leben und schaffte hier Raum und Unterstützung für kreative Start-Ups und Ideen – und für die Vision einer freundlichen, weltoffenen und kreativen Gemeinschaft. Eine Übersicht über die Projekte und das aktuelle Programm findet ihr unter telliskivi.cc.

Fotokunst im Fotografiska

Das Fotografiska ist kein normales Museum, sondern eher ein Treffpunkt mit Café, Restaurant, Ausstellungen moderner Fotokunst und Veranstaltungen. Konzept und Idee stammen aus Stockholm, wo das erste Fotografiska eröffnet wurde. www.fotografiska.com

Die Markthalle

Zwischen Telliskivi und der Altstadt lockt direkt am Baltischen Bahnhof die riesige moderne Markthalle die Foodies unter Einheimischen und Gästen. Sie ist täglich von 9 bis 19 Uhr geöffnet und wirkt fast wie ein Einkaufszentrum, nicht wie ein klassischer Markt.

ÜBER NACHT

Zentral und doch halbwegs ruhig parken wir auf einem großen Schotterplatz hinter dem Kulturzentrum (roter Schornstein).
€ | N 59°26‘46.1“, E 24°45‘01.6“

Camping Vannamoisa, Saue
Befestigte Stellplätze zwischen Grasflächen, komplett ausgestattet mit Stromsäulen und Camper-Service. Kurzer Fußweg zum Bahnhof.
€€ | April bis Oktober | N 59°19‘49.0“, E 24°32‘23.0“ | www.caravanpark.ee

93

Rummu Karjäär

Industrieruine und Strandbad

Der Abbau von Kalkstein hat in Rummu weiße Berge mit tiefen Furchen hinterlassen. Davor liegt das tiefblaue Wasserbecken des Rummu-Sees, in dem bei der Stilllegung der Anlage mehrere Gebäude versunken sind. Einige davon waren Teil des Gefängnisses von Murru, dessen Insassen im Bergwerk arbeiten mussten. Mit der Auflösung des Gefängnisses war auch der Bergbau Vergangenheit.

Heute ist der Platz aufgrund seines glasklaren Wassers beliebt bei Badegästen, die von den Mauerresten ins Wasser springen oder in den weißen Bergen herumklettern. Die überfluteten Ruinen im türkisblauen Wasser vor den seltsam geformten Bergen bieten eine beinahe surreale Kulisse.

Um die Sperrung des Geländes zu verhindern, wurde die Betreuung von einem privaten Träger übernommen. Für euren Eintritt könnt ihr auf dem Gelände parken, neben den Ruinen baden und die weißen Berge hinaufklettern. Der Ausblick von oben ist genial, der Aufstieg ist jedoch eine echte Kletterpartie und nicht zu unterschätzen. Unten am blauen See öffnet am Nachmittag ein cooles Café. Es werden außerdem SUPs, Kanus und Schnorchelausrüstung zu stolzen Preisen verliehen und Tauchgänge zu den Ruinen angeboten.
€€ | Zugang bei GPS N 59°13'52.0", E 24°11'54.0"

ÜBER NACHT

Rund um den See gibt es den einen oder anderen freien Übernachtungsplatz. Die nächsten offiziellen Plätze liegen ein ganzes Stück entfernt.

Camping Vannamoisa, Saue
Befestigte Stellplätze zwischen Grasflächen, komplett ausgestattet mit Stromsäulen und Camper-Service.
€€ | April bis Oktober | N 59°19'49.0", E 24°32'23.0" | www.caravanpark.ee

RMK Peraküla Telkimisala
RMK-Platz mit großen Parkflächen direkt hinter einem schönen Sandstrand.
N 59°13'17.7", E 23°36'10.8"

94

Haapsalu

120 Jahre Eisenbahngeschichte

Mit seinen bunten Holzhäusern in der Altstadt, den stylischen Cafés, der malerischen Ruine der hiesigen Ordensburg aus dem 13. Jahrhundert und einer Seepromenade mit Jugendstilvillen ist Haapsalu ein attraktiver Ort. Seine ungewöhnlichste Attraktion, den schön restaurierten Bahnhof aus dem Jahr 1904, verdankt das Seebad der russischen Zarenfamilie, die zu Beginn des 20. Jahrhunderts gerne zum Baden anreiste. Ein weiteres kleines Museum ist Ilon Wikland, der Illustratorin der vielgeliebten Astrid-Lindgren-Geschichten, gewidmet. Sie ist Estin und in Haapsalu aufgewachsen.

Eisenbahnmuseum Haapsalu

Einige Prunkstücke des Museums sieht man schon von außen. Sie sind jederzeit frei zugänglich. Vor dem Bahnhofsgebäude stehen Züge und eine Dampflok aus den 40er Jahren. Im Museum, das sich im Inneren des Bahnhofsgebäudes befindet, bekommt ihr Hintergrundinformationen zur Geschichte des Bahnhofs mit vielen alten Fotos.

€€ | N 58°56'17.0", E 23°31'56.0" | Raudtee 2 | salm.ee

Ilons Wonderland

Wer schon einmal eine Geschichte von Astrid Lindgren gelesen hat, kennt wahrscheinlich auch die Bilder von Ilon Wikland. Sie gab Mio, Lotta, Karlson, Ronja und auch der wilde Kinderbande aus Bullerbü ihr Gesicht. Ilon Wikland wurde am 5. Februar 1930 in Tartu geboren und verbrachte ihre Kindheit in Haapsalu in einem gelben Holzhaus in der Rüütli tee. Die Illustratorin emigrierte 1944 nach Schweden, hat jedoch ihrer Heimatstadt 800 Originalzeichnungen vermacht, die heute in der Galerie Kooli in der Kooli 5 betrachtet werden können.

€€ | GPS N 58°56'56.5", E 23°32'27.3" | salm.ee

ÜBER NACHT

Camping Pikseke
Kleiner Platz im großen Garten neben einem Wohnhaus.
€€ | N 58°55'41.0", E 23°32'16.0" | www.campingpikseke.com

Seit Jahren toleriert ist das Freistehen am Stadtrand auf dem großen Parkplatz hinter dem Strandbad.
N 58°57'14.0", E 23°31'18.0"

IN DER NÄHE

In der Ordensburg befindet sich außerdem das Burgmuseum, in dem ihr auch den 36 Meter hohen Burgturm besteigen könnt. Am Fester der alten Domkirche soll allabendlich die Weiße Dame spuken, die der Legende zufolge zur Strafe für ihre Liebe zu einem jungen Domherren lebendig in die Turmwand eingemauert wurde.

ÜBER NACHT

Auf Hiiumaa gibt es mehrere schöne RMK-Plätze direkt hinter dem Strand. Unsere Favoriten sind Palli und Kaleste Telkimisala (ausgestattet nur mit Grillplatz und Trockentoilette).
Palli N 58°56'54.6", E 22°18'41.7"
Kaleste N 58°54'27.8" E 22°7'59.8"

Camping Randmae Puhketalu
Wiesenplätze direkt hinter dem Strand an einer Ferienanlage. Ausgestattet mit Strom und Entsorgung für Chemie-Toiletten und sehr einfachen Duschen und WCs.
€€ | N 59°01'55.5", E 22°34'39.0" | Ganzjährig geöffnet | puhketalu.ee

95

Die Leuchttürme von Hiiumaa

Weitblick über das Meer

Die beiden Halbinseln Kõpu und Tahkuna strecken sich wie Finger von der Insel Hiiumaa in die Ostsee hinein. An ihren Spitzen stehen zwei große Leuchttürme: Der weiße Turm von Tahkuna und der knallrote Turm von Ristna wurden Ende des 19. Jahrhunderts gebaut. Beide sind aus Metall und bestehen aus Fertigteilen, die damals aus Paris geliefert wurden. Der allererste Leuchtturm auf Hiiumaa ist aber schon viel, viel älter. Man hat ihn Anfang des 16. Jahrhunderts in der Mitte der Halbinsel Kõpu auf einem Hügel erbaut, um die Handelsschiffe der Hanse sicher an der Insel vorbeizuleiten. Auch dieser Turm ist heute noch in Betrieb. Alle drei Leuchttürme könnt ihr besichtigen und so Hunderte von Stufen erklimmen, um den besten Fernblick der Insel in drei ganz unterschiedlichen Türmen zu bewundern.

Der weiße Turm von Kõpu

Kõpu tuletorn, der erste Leuchtturm auf Hiiumaa, ging nach 15 Jahren Bauzeit im Jahr 1519 in Betrieb. Das massige Steingebäude hatte damals eine hölzerne Außentreppe und ein offenes, ständig bewachtes Feuer an der Spitze. 1810 wurde die Treppe ins Innere des Gebäudes verlegt. 30 Jahre später hat man den Leuchtturm noch einmal erhöht und die Beleuchtung auf Öllampen und systematisch angeordnete Spiegel umgestellt. Erst seit 1960 wird das Leuchtfeuer elektrisch betrieben. Kõpu tuletorn ist der drittälteste noch vollständig funktionstüchtige Leuchtturm der Welt. Seine massiven Mauern sind beeindruckend. Die Treppe führt zuerst durch einen engen Gang aufwärts und bringt euch dann auf die Aussichtsplattform neben dem Leuchtfeuer.

€ | N 58°54' 57.0", E 22°11'59.0" |
koputuletorn.ee

Hiiumaa ist von Haapsalu mit der Fähre erreichbar. Infos zu den **Fährverbindungen** gibt es im Online-Bereich.

96

Saaremaa

Ein Naturparadies in der Ostsee

Die Insel Saaremaa ist eines unserer Highlights auf jeder Reise ins Baltikum. Wir lieben die kreativ-lebendige Inselhauptstadt Kuressaare mit ihren coolen Cafés und Restaurants, ungewöhnlichen Museen und der imposanten Burganlage. Ganz genauso mögen wir die vielen einsamen Plätze mitten in der Natur, die die Insel für Camper zu einem besonderen Kleinod machen.

Halbinsel Sõrve

Die Halbinsel Sõrve reicht weit ins Meer hinein. An ihrer Spitze steht ein schwarz-weißer Leuchtturm. Die Ausstellung im Besucherzentrum stellt die zwanzig wichtigsten Leuchttürme Estlands vor und im Museum der Meeresgeschichte erfahrt

ihr alles über die Schiffe, die durch die Jahrhunderte vor Sõrve gesunken sind. Lauft ihr am Leuchtturm vorbei, könnt ihr auf einer Landzunge weit ins Meer hinaus spazieren und habt dort den allerbesten Blick auf den Turm. Die Westseite der langgezogenen Halbinsel ist dünn besiedelt und die wenig befahrene Uferstraße nur teilweise asphaltiert. Hier gibt es viele Parknischen mit Blick auf das Wasser.

Leuchtturm Sõrve: N 57°54'41.3", E 22°03'21.4" |
€ | www.sorvekeskus.ee

Der Vilsandi-Nationalpark

Der Nationalpark von Vilsandi ist vorrangig ein Vogelschutzgebiet. Von den 180 Quadratkilometern der Nationalparkfläche ist mehr als die Hälfte Wasser. Die Landflächen liegen zu einem guten Teil im Meer verstreut: Zum Vilsandi-Nationalpark gehören über 160 Inseln. Nur Vilsandi, die größte dieser Inseln, ist bewohnt. Es gibt dort eine Handvoll Unterkünfte, zwei einfache Zeltplätze, markierte Wanderwege, einen

Boote sind ein wichtiges Verkehrsmittel auf Vilsandi

Leuchtturm und einen kleinen Hafen, der von Papissaare bei Kihelkonna mit dem Taxiboot angefahren wird. Zwischen und auf den Inseln brüten über 100 verschiedene Vogelarten. Bei der Insel Innarahu leben Kegelrobben.

Wenn ihr mit dem Boot nach Vilsandi möchtet, erkundigt euch am besten im Naturpark-Infozentrum im Gutshaus Loona (N 58°19‘59.0“, E 22°01‘20.0“, www.loonamanor.ee). Der Transfer muss telefonisch vereinbart werden, da es keine festen Abfahrtszeiten gibt. Von Visandi werden auch Touren zu den Robben im Nationalpark angeboten (www.islander.ee), wenn das Wetter es zulässt.

Am Leuchtturm Sõrve

Infos zu den **Fährverbindungen** nach Saaremaa über den QR-Code auf [› Seite 329]

Auf dem Weg nach Kiipsaare

Zum schiefen Turm von Kiipsaare

Ebenfalls an der Westseite von Saaremaa versteckt sich die Halbinsel Harilaid, die nur durch einen schmalen »Hals« mit dem Festland verbunden ist. Dieser wird beidseitig von einem langen Strand gesäumt und ist nur über eine knapp zehn Kilometer lange Piste erreichbar. Ein Rundweg führt vom Wanderparkplatz an der Küste entlang zu einem Leuchtturm, der einmal sicher und trocken mitten auf der Insel stand. Heute müsstet ihr schwimmen, um den Eingang zu erreichen.

Der Wanderweg zum Turm beginnt auf einem Schotterweg. Wir treffen auf den See im Zentrum der Halbinsel und auf einen Zeltplatz. Wenig später wird unser Weg sandig und nähert sich dem Meer. Wir wechseln an den Strand und laufen am Meer bis zum schief im Wasser stehenden Leuchtturm. Zurück geht es auf der anderen Inselseite: zuerst zu einem langen Steindamm, dann durch eine Sandbucht und, an einigen Seen vorbei, zurück auf den Schotterweg und zum Parkplatz.

Harilaiu matkarada: 11 km | Gehzeit 3 – 4 h | GPX
Start am Parkplatz: GPS N 58°28'25.4", E 21°54'07.8"

ÜBER NACHT

Stellplatz Kõiguste Sadam
Stellplätze am Hafen von Kõiguste, ausgestattet mit Strom, Camper-Service, Sanitärhaus, Sauna und gutem Restaurant, das aber nur in der Saison geöffnet ist **[› Seite 356]**.
€€ | N 58°22'15.0", E 22°58'40.0" | www.koigustemarina.com

Camping Muharanna Talu
Gut ausgestatteter Campingplatz mit engagierten Inhabern und kurzem Weg zu einem Sandstrand.
€€ | N 58°11'49.5", E 22°3'29.2" | muhatalu.ee

RMK-Plätze
Abula: N 58°27'06.4", E 22°06'51.3"
Konati: N 58°26'12.1", E 22°14'59.4"

97

Koguva

Museumsdorf oder Dorfmuseum?

Das Freilichtmuseum von Koguva verschwindet ganz unauffällig im Ortsbild, denn eigentlich sieht ganz Koguva aus wie ein Museumsdorf. Aber nur im Muhu-Museum könnt ihr auch hinter die Türen und Fenster schauen. Häuser und Ställe sind dem Beginn des letzten Jahrhunderts entsprechend authentisch möbliert. Der Museumshof war ursprünglich die Heimat des estnischen Journalisten und Schriftstellers Juhan Smuul, der 1922 in Koguva geboren wurde und auch später, so oft es ihm möglich war, nach Muhu zurückkehrte. Nach seinem Tod wurde sein Geburtshaus erst zu einem Teil des Saaremaa-Museums und später zum Freilichtmuseum ausgebaut. Zum Museum gehören außerdem die alte Schule und die Valjä-Farm, in der heute typische Muhu-Trachten ausgestellt sind. Beide Gebäude liegen ein Stück von Smuuls Bauernhof entfernt im Ort.
€ | N 58°35‘43.0“, E 23°04‘59.0“ | www.muhumuuseum.ee

Ebenfalls sehr reizvoll ist der winzige Hafen von Koguva, wo ihr mit dem Camper zwischen alten Booten und dem urigen Café des Fischerhofes auf dem Parkplatz übernachten könnt. Im Café gibt es zwar auch Kuchen, hauptsächlich kommt aber der frisch geräucherte Fang des Tages auf den Tisch. In den Sommermonaten ist in der Scheune ein kleines Fischereimuseum zu besichtigen.

Infos zu den **Fährverbindungen** nach Muhu und Saaremaa über den QR-Code auf [› Seite 329].

Die Klippen von Üügu

Bei den *Üügu Pank* nördlich von Koguva handelt es sich eher um eine malerische Landschaft mit Felsbrocken, Wacholderbüschen und Birken als um eine richtige Klippe. Ein Fußweg führt am oberen Rand des wenige Meter hohen Felsabbruchs entlang. Ein zweiter Weg bringt uns leicht unterhalb wieder zurück und an mehreren Höhlen vorbei. Perfekt für einen Spaziergang! Parkplatz: N 58°40‘16.2‘‘, E 23°14‘14.7‘‘

ÜBER NACHT

Stellplatz Koguva
Parkplatz an der Fischerei im Hafen.
€€ | N 58°35‘46.0“, E 23°04‘35.0“

Stellplatz Orissaare Sadam
Coole Location zwischen Kunst, Café und Meer im kleinen Hafen von Orissaare auf Saaremaa.
€€ | N 58°33‘46.0“, E 23°05‘28.0“

IN DER NÄHE

Muhu Pagarid
Im Zentrum von Liiva befindet sich neben dem Fischladen eine Verkaufsstelle der Muhu-Bäckerei. Hier bekommt ihr ein täglich frisch gebackenes, dunkles Roggenbrot in Kastenform, das ihr unbedingt probieren solltet. muhupagarid.ee

98

Soomaa-Nationalpark

Ein Bad im Moorsee

Nicht weit von Pärnu entfernt liegt im Landesinneren eine der wildesten Gegenden Estlands. Der Kernbereich des Soomaa-Nationalparkes gehört zu den PanParks, einer Organisation, die versucht, die letzten Wildnisgebiete in Europa zu schützen. In den Waldgebieten des Soomaa sind Adler, Luchse, Elche, Wölfe und Bären zu Hause. Es gibt hier aber auch ein großes Hochmoor. Bretterpfade erschließen die schönsten Bereiche.

Ein ganz besonderes Ereignis ist im Soomaa die »fünfte Jahreszeit«. Wenn im Frühjahr der Schnee schmilzt, stehen Moor und Wald im Zentrum des Parks unter Wasser. Alle Kanustationen im weiteren Umkreis bieten dann Touren durch den überfluteten Wald und zu halb versunkenen Häusern und Brücken an – diese sind auch für Locals eine große Attraktion!

Riisa Moorpfad

Ein Stichweg zu den ersten Wasserbecken im Moor ist rollstuhlgerecht ausgebaut. Der komplette Pfad führt ein Stück durch den Wald und zuerst durch ein vergleichsweise trockenes, herrlich stilles Hochmoor. Auf halber Strecke steht dann in einem Bereich mit einigen schönen Tümpeln ein Aussichtsturm.

4,7 km | Gehzeit 1 h 30 | GPX
Start am Parkplatz: GPS N 58°29'18.9'', E 24°58'54.0''

Ingatsu Moorpfad

Auf einem Bohlenweg geht es etwa einen Kilometer durch den Wald bis zum Rand des Hochmoores, das acht Meter höher liegt als das Waldgebiet. Eine Treppe führt hinauf. Oben auf der Moorebene steht ein Aussichtsturm, der einen ersten Blick in die Weite ermöglicht. Ein Bretterpfad zieht hier eine Runde durch ein sehr schönes Hochmoor mit vielen tiefen Tümpeln. An zwei der Moorseen führt eine Holzleiter ins tiefschwarze Wasser. Wenn ihr euch traut, könnt ihr hier im Moorteich baden.

4,2 km | Gehzeit 1 h 30 | GPX
Start am Parkplatz: GPS N 58°27'10.1", E 25°02'12.9''

ÜBER NACHT

Camping Riisa Rantšo
Kleiner privater Platz direkt am Flussufer mit Kanuverleih.
€€ – €€€ | N 58°28'0.1", E 24°59'10.4"

Camping Soomaa Kanucenter
Einfacher Wiesenplatz am Flussufer mit Kanuverleih und Sauna.
€€ – €€€ | N 58°29'44.8", E 24°57'03.9"
www.veelaager.com

RMK-Naturcamp Meiekose
Drei aufeinanderfolgende Plätze mit Feuerstelle und Komposttoilette am Flussufer.
N 58°27'22.7", E 24°59'38.7"

99

Rote Klippen am Fluss

Mit dem Kanu auf der Gauja

Die Gauja fließt ruhig durch eine stille Waldlandschaft und verspricht ungetrübtes Kanuvergnügen – auch wenn ihr bisher noch nicht gepaddelt seid. Auf dem Fluss kommt ihr ganz unkompliziert an Plätze, die von der Landseite kaum erreichbar sind, und seht die Landschaft aus einer ganz neuen Perspektive. Unterwegs gibt es viele Pausenplätze, teilweise auf Sandbänken. Die roten Sandsteinfelsen, die ab und zu die Ufer säumen, bieten eine besonders schöne Kulisse. An den Verleihstationen werdet ihr zum Start gefahren und am Ziel wieder abgeholt, sodass Tagesfahrten auf der Gauja unkompliziert organisiert werden können. Wählt für den ersten Paddelversuch die Strecke nicht zu lang! Mehr als 20 Kilometer sollten es auf keinen Fall sein.

Der Campingplatz von Ligatne liegt genau in der Mitte der beliebten Zwei-Tage-Tour von Cēsis nach Sigulda. Wer länger paddeln möchte, startet weiter oben. Drei Tage sind es von Valmiera, es ist aber auch möglich, eine ganze Woche auf der Gauja unterwegs zu sein. Kanus für die kurzen Touren leiht ihr am besten auf einem der Campingplätze.

Kanuwandern auf der Gauja

Für längere Kanutouren, nicht nur auf der Gauja, können wir den Verleih von Campo (www.laivas.lv) empfehlen, den wir als sehr zuverlässig kennengelernt haben. Agris Petersons, der Inhaber von Campo, spricht ausgezeichnet Englisch, ist selbst Paddler, kennt sein Revier und verleiht gutes Material. Besonders die Kanus aus der eigenen Werkstatt in Skaistkalne machen einen sehr guten Eindruck und sind viel leichter als die ansonsten in Lettland im Verleih eingesetzten Boote. laivas.lv

ÜBER NACHT

Camping Apalkalns
Der Campingplatz am Raiskums ezers ist einer unserer Auszeitplätze. **[› Seite 356]**
€€ | 57°19'03.0", E 25°08'53.0" | www.apalkalns.lv

Camping Žagarkalns
Einfach ausgestattet, aber mit Stellplätzen direkt am Gaujaufer. Kanuverleih auf dem Platz.
€€ | N 57°18'27.2", E 25°13'14.9" | www.zagarkalns.lv

Kanoe kempings Līgatne
Wiesenplatz in ruhiger Lage direkt an der Gauja, mit Kanuverleih und Camper-Service-Station.
€€–€€€ | N 57°15'15.3", E 25°02'42.8" | www.makars.lv

ÜBER NACHT

Atpūtas Vieta Driškina Ezers
Kostenloses Naturcamp am Rand des Nationalparks. **[› Seite 358]**
N 57°21'47.9", E 25°10'23.1"

Alternativ sind auch die Campingplätze von **[› Spot 99]** in der Nähe.

IN DER NÄHE

Burgruine von Turaida
Eine zweite sehr sehenswerte Burgruine steht nördlich von Sigulda. Sie ist aus rotem Backstein erbaut und befindet sich in einer großen Parkanlage, dem »Park der Volkslieder«.
www.turaida-muzejs.lv

100

Cēsis

Coole Location mit Burgruine

Die Altstadt von Cēsis ist nicht besonders groß und doch verstecken sich rund um den Rožu laukums, den Rosenplatz, und die Rīgas iela viele nette Ecken. Schon seit Jahren existiert das *ZalaZale*, ein Gartenrestaurant in einem Hinterhof, in dem es hausgemachte Burger aus regionalem Biohackfleisch und Biolimonade gibt. Neu dazu gekommen ist die Mini-Bäckerei *Cesu Maize*. Hier werden fünf Sorten köstliches Sauerteigbrot täglich frisch gebacken. Im charmanten Café *Vinetas un Allas Karumlade* zaubern zwei junge Frauen leckere Kuchen und kleine Gerichte zu fairen Preisen. In der lebendigen Szene von Cēsis entstehen immer wieder neue kreative Projekte. Aber auch historisch ist die Kleinstadt interessant.

Die Ordensburg von Cēsis

Die Burganlage stammt aus dem 13. Jahrhundert und war im Mittelalter der Hauptsitz des Livländischen Ordens in der Region. Die Türme der alten Ordensburg hat man in den letzten Jahren restauriert. Die Führungen durch das alte Gemäuer sind ungewöhnlich und ein kleines Abenteuer. Die Burg wird im Kerzenlicht einer Laterne erkundet und wer will, kann auch über eine schmale Leiter in den Kerker hinuntersteigen. Im neuen Schloss direkt nebenan erklärt eine Ausstellung die Geschichte von Burg und Stadt.

€€ | cesupils.lv | Parkplatz: GPS N 57°18'55.0", E 25°15'57.7"

101

Brīvadabas Muzejs

Eine Zeitreise durch Lettland

Im Freilichtmuseum von Rīga lässt man die alten Dörfer Lettlands wiederauferstehen. Im weitläufigen, leicht hügeligen und teilweise mit Wald bestandenen Gelände verteilen sich Bauernhöfe, Fischerhäuser, Kirchen und Windmühlen aus allen Regionen Lettlands. Die Gebäude aus vier Jahrhunderten fügen sich real und glaubwürdig in die Landschaft ein. Die reetgedeckten Farmhäuser verschwinden hinter grün bemoosten Feldsteinmauern, in den Gärten stehen funktionstüchtige Ziehbrunnen. Es blüht bunt und üppig und die Felder in den Dörfern sind bestellt. Beim Spaziergang durch das Museum tauchen wir mühelos ein in eine Welt vor unserer Zeit.

Das Museumsgelände ist unterteilt in die vier Regionen Lettlands – Kurzeme, Vidzeme, Latgale und Zemgale. Das Fischerdorf aus Kurzeme liegt auch im Museum direkt am Seeufer. Vor einer kleinen Hütte steht ein Räucherhaus aus einem geteilten Bootsrumpf und am Wasser werden in kleinen Holzhütten Netze, Wasserfässer, Ruder und Fischkörbe gelagert. Jede Familie besaß so eine Hütte in der Nähe des Meeres, da-

mit die schwere Ausrüstung nicht zu weit getragen werden musste. Im Dorf aus Latgale stehen ein altes Gutshaus und eine prächtige Holländermühle. Auch einige Häuser der »Altgläubigen«, die in Russland verfolgt wurden und sich in der zweiten Hälfte des 17. Jahrhunders in Lettland ansiedelten, sind hier zu sehen. In jedem der vier Dörfer steht eine Kirche, besonders beeindruckend fanden wir die lutherische Kirche aus Kurzeme mit Torbau und schöner Innenausstattung. Die Holzkirche wurde 1704 erbaut und stand noch bis 1935 in Renda an der Abava.

Im Sommer bringen Veranstaltungen wie die Folk-Art-Fair Anfang Juni und das Contemporary-Crafts-Festival im August Leben in die Werkstätten und Häuser. Das Gelände ist weitläufig, kalkuliert mit drei bis vier Stunden, wenn ihr den ganzen Park sehen wollt.
€ | Mai bis September, im Winter eingeschränkte Öffnungszeiten | www.brivdabasmuzejs.lv

ÜBER NACHT

Ist keine Veranstaltung im Museum, dürft ihr auf Nachfrage an der Kasse auch über Nacht auf dem Parkplatz bleiben. Ansonsten empfiehlt sich die Weiterfahrt zum Gauja-Nationalpark oder, in die andere Richtung, nach Rīga oder Ķemeri.

Eine Alternative in Stadtnähe, aber im Grünen findet sich nördlich von Rīga:

Wohnmobilstellplatz Doles Sala
Privater Wiesenplatz ohne Einrichtungen am Ufer der Gauja, 25 Kilometer entfernt von Riga. Telefonische Anmeldung.
€€ | N 56°51′2.9″, E 24°13′20.9″

ÜBER NACHT

Die Übernachtung auf dem Parkplatz am Moorpfad ist erlaubt. Da das Moor oft zum Sonnenauf- und untergang besucht wird, ist er ziemlich unruhig.

Camping Neptuns
Schotterplatz hinter einem Restaurant. Mit WC und Dusche. Kurzer Fußweg zum Meer.
€€ | N 56°58'31.2", E 23°33'25.5"

IN DER NÄHE

Dunduru-Wiesen
Eine bunt gemischte Herde aus Konikpferden und Heckrindern lebt halbwild auf den Uferwiesen des Flüsschens Slampe und hält dabei das Gras kurz. Am Aussichtsturm am Rand des Nationalparks könnt ihr sie beobachten. Die Anfahrt erfolgt über acht Kilometer Schotterpiste.
N 56°49'48.0", E 23°24'03.0"

102

Ķemeri-Nationalpark

Bohlenweg durchs Moor

Der Ķemeri-Nationalpark westlich von Riga besteht aus Hochmoor, Seen und Wald. Der größte der Seen ist der hübsche Slokas ezers, den ihr von einem im Wasser stehenden Aussichtsturm überblicken könnt.

Parkplatz am Slokas ezers: GPS N 56°57'27.3", E 23°32'47.3"

Naturpfad im Großen Hochmoor

Das Highlight des Nationalparks ist aber das Große Hochmoor mit hunderten von kleinen Moortümpeln. Scheint die Sonne und es ist windstill, spiegeln sich die Wolken im Wasser. Im Sonnenuntergang färben sich die Seen golden, und an manchem Spätsommermorgen wabern tiefhängende Nebelwolken durchs Moor und verfangen sich zwischen den knorrigen Kiefern. Das Ķemeri-Moor sieht immer wieder anders aus und fasziniert uns bei fast jedem Wetter.

Vom Parkplatz folgen wir kurz dem Fahrweg, dann geht es links weiter auf einem Waldpfad und dann auf Holzbohlen durchs Moor. Am Abzweig nach rechts könnt ihr die Runde abkürzen. Der interessanteste Teil des Moores mit langgezogenen Tümpeln und knorrigen Kiefern, die aussehen, als wäre ein Bonsaigärtner am Werk gewesen, folgt jedoch erst im hinteren Bogen. Dort steht auch der Aussichtsturm, von dem ihr das Moorland mit den vielen blauen Wolkentümpeln von oben überblicken könnt.

3,5 km | eben | Gehzeit 1 h 15 | GPX

Start am Parkplatz: GPS N 56°54'57.6", E 23°27'48.5"

IN DER NÄHE

Am südlichen Ortseingang von Engure ist die Bäckerei *Kukul ceptuve* mit angeschlossenem Café zu empfehlen.

Kafejnica Buda in Engure
Kleines Restaurant mit Tischen im Garten. Hier gibt es leckeren Backfisch mit hausgemachten Pommes frites. Die nette junge Inhaberin spricht gut Englisch.

ÜBER NACHT

Stellplatz Kesterciems
Netter kleiner Platz zwischen Straße und Meer, direkt am Sandstrand. Mit Strom, WC und Dusche (einfach).
€€ | N 57°8'13.9", E 23°13'45.8"

103

Sumpfland mit Wildpferden

Naturparadies am Engure-See

Am Engure-See mit seinen sumpfigen Ufern wachsen 22 verschiedene Orchideenarten, die Ende Juni und Anfang Juli in voller Blüte stehen. Unser Highlight ist jedoch ein kleines Idyll am Seeufer, das uns so fasziniert, dass wir immer wieder hierher kommen. Auf den Grasinseln weiden Pferde und Rinder, im flachen Wasser gehen Reiher auf Fischfang. Vom Aussichtsturm, der mit den Füßen fast schon im Wasser steht, könnt ihr weit über den See gucken. Unter dem Dach des Holzturmes nisten Schwalben, die munter die Turmspitze umflattern. Auf dem See schwimmen Schwäne, Möwen und Enten und ab und zu auch eine Kuh auf dem Weg zur grünen Weide auf der nächsten Insel. Fernglas nicht vergessen!

Wanderweg zum Aussichtsturm

Vom Parkplatz folgen wir den Holzschildern in Richtung Norden und am ornithologischen Forschungszentrum vorbei. Parallel zum Seeufer geht es auf einem breiten Weg durch den Wald bis zu einem Picknickplatz und dort links durch ein Holztor. Ein Trampelpfad mit einigen Holzbohlen führt durch die Weide zum bereits gut sichtbaren Aussichtsturm am See. Die Pferde gehören zwar zur rückgezüchteten Urrasse des Tarpans, sind aber recht menschenbezogen und neugierig. Sie kommen auch mal zum Weg und lassen sich streicheln.

4 km | eben | Gehzeit 1 h 30 | GPX
Start am Parkplatz: GPS N 57°15'29.0", E 23°08'11.0"

104

Kuldīga

Am »breitesten Wasserfall Europas«

Wir betreten das Städtchen Kuldīga von der Ostseite über die alte Backsteinbrücke, die mit fünf stabilen Füßen im Wasser der Venta steht. Die Venta fällt hier über eine zwei bis drei Meter hohe Steinstufe im Flussbett und gilt als breitester Wasserfall Europas. Fast 300 Meter sind es bis zum anderen Ufer.

Ein besonderes Natur-Schauspiel ist im Frühjahr und im Herbst an den Ventas Rumba zu beobachten. Im Frühjahr schwimmen die Zährten und im Herbst die Lachse flussaufwärts, um im oberen Flusslauf der Venta zu laichen. Dabei müssen sie die Stufe im Fluss mit einem beherzten Sprung überwinden. Im 17. Jahrhundert ließ der damalige Herzog von Kurzeme Körbe im Wasserfall installieren, um die »fliegenden Fische« im Sprung zu fangen. Kuldīga wurde damals in Lettland bekannt als »der Ort, an dem man Lachse aus der Luft fangen kann«. Heute ist der Fischfang an den Ventas Rumba während der Laichzeit komplett verboten, damit die Fische auf ihrem schwierigen Weg flussaufwärts nicht zusätzlich behindert werden.

Die Terrasse hoch über dem Ufer Venta ist eine der angesagtesten Locations in Kuldīga – hier stehen die Tische von zwei Cafés. Dahinter geht es durch den ehemaligen Schlosspark ins alte Zentrum, dessen Häuser aus der Zeit zwischen dem 17. und dem 18. Jahrhundert stammen. Damals war Kuldìga unter dem deutschen Namen Goldingen ein Handelszentrum der Hanse.

Als wir uns dem Zentrum nähern, weht Musik durch die Straßen und auf dem Platz mit dem frisch renovierten Rathaus sitzt eine junge Frau am Klavier. Am Rathausplatz beginnt die Fußgängerzone Smilšu iela. Hier stehen die prunkvolleren Gebäude der Stadt, in denen ihr kleine Läden und Cafés findet. Durch das Wohnviertel hinter dem Rathaus fließt der Bach Alexupite. Hier sind die meisten Häuser noch nicht renoviert und die Farben der Fassaden sind verblichen.

ÜBER NACHT

In Kuldìga sind drei Parkplätze für Wohnmobile freigegeben und in der Stadtkarte markiert. Besonders schön ist keiner davon. Unser Favorit in der Nähe ist der Platz auf dem Freizeitgelände **Abavas Rumba [› Seite 358]**.

IN DER NÄHE

Zwischen den Abavas Rumba und Kuldìga kommt ihr an der Brücke über die Abava in Renda am winzigen Café *Abavas pagrabins* vorbei, an dem wir gerne für einen Pfannkuchen und einen Kaffee stoppen.

105

Mit dem Kanu zum Meer

Kanutour auf Rinda und Irbe

In großen Schwüngen fließt die Irbe durch eine unbewohnte Dünenlandschaft parallel zur Küste und mündet an einem einsamen weiten Sandstrand ins Meer. Am Flussufer gibt es eine gute Auswahl an einfachen Biwakplätzen mit Feuerstelle und schönen Plätzchen für das Zelt. Einfach noch Wasser und Proviant für zwei Tage ins Kanu packen und das Abenteuer beginnt.

Auf der Rinda zur Irbe

Der erste Abschnitt der Tour auf der Rinda beginnt mit Schwung. Am Startpunkt ist das Flüsschen kaum fünf Meter breit. Mit sanfter Strömung fahren wir zwischen schilfbewachsenen Ufern durch eine liebliche Landschaft. Wir ducken uns unter einer niedrigen Hängebrücke, links oberhalb sieht man ein letztes Haus. Hinter den ersten Kurven verschwindet das Flüsschen unter Bäumen, deren Wurzeln bis ins Wasser ragen. Der Wald wird dichter und die Kurven werden immer enger. Eine Kurve mit flotter Strömung, flachem Wasser und querliegendem Baum zwingt uns sogar zum Aussteigen, um wieder auf den richtigen Kurs zu kommen.

ÜBER NACHT

Piza Guesthouse Camping
Kleiner Platz unter Bäumen mit Nischen für Camper. Direkt neben dem Camping Miķeļbāka im Uferwald.
€€ | N 57°35'55.4", E 21°58'6.2" | www.piza.lv

Camping Miķeļbāka
Einfacher Wiesenplatz mit Häuschen, kurzer Fußweg durch den Uferwald zu einem Traumstrand. Wasser stark eisenhaltig.
€€ | N 57°35'50.0", E 21°57'52.6" | www.mikelbaka.lv

Auf der Irbe zum Meer

Die Irbe empfängt uns dann breit und träge, erst später wird sie flotter und windet sich in unzähligen Kurven durch eine hügelige Waldlandschaft. Die letzten 26 Kilometer bis zur Mündung geht es durch dichten Wald ohne jede Ansiedlung. Zur Sowjetzeit war hier Militärgebiet und ein Übungsgelände für Panzer. Das Gebiet war weiträumig abgesperrt und ist auch heute noch unbewohnt. Auch wenn die Küstenstraße nicht wirklich weit entfernt ist, hören oder sehen kann man sie erst wieder an der Brücke vor Lielirbe.

Kurz vor dem Meer wird aus der Irbe ein breiter träger Strom mit schilfbewachsenen Ufern, dann nähern wir uns langsam den Dünen an der Ostsee. Auf dem letzten Kilometer nimmt der Fluss noch einmal Fahrt auf und fließt ein Stück parallel zur Küste. Hier kann man über die Dünen zum Meer hinüberlaufen.

Kanutour buchbar bei www.laivas.lv und www.dabalaba.lv

Der Badeort Pāvilosta

und die wilde lettische Ostseeküste

Ein langer, fast durchgängiger Sandstreifen säumt die lettische Ostseeküste, die über weite Strecken völlig unverbaut ist. Nur sporadisch führen von der einige Kilometer im Landesinneren verlaufenden Küstenstraße Stichstraßen zum Meer, viele davon sind nicht asphaltiert. Pāvilosta ist einer der wenigen kleinen Badeorte an dieser Küste. Das ehemalige Fischerdorf liegt an der Mündung der Saka und ist auf einer asphaltierten Straße erreichbar. Es gibt hier zwei kleine Campingplätze und eine Beach-Bar mit Stellplätzen für Wohnmobile.

Nördlich des Ortes ziehen sich flache Dünen, die pālāka kāpa, bis zu 700 Meter weit ins Landesinnere und über einen Kilometer an der Küste entlang. Sie gelten als besonderes Biotop. Ein steiler Abbruch führt von der Düne zum Sandstrand und auf dem Dünenrücken verläuft ein Wanderweg mit weitem Meerblick. Südlich der Sakamündung beginnt ein langer Sandstrand, der sich gut zum Baden eignet und auch zum Surfen beliebt ist. Die Saka könnt ihr mit Kanu oder SUP befahren.

Eine Handvoll Ferienhäuser und ein Hotel ziehen im Sommer Badegäste in den Ort. Dann sind auch die Cafés und die Tourismusinformation geöffnet und Pāvilosta hat genau die

richtige Dosis Lebendigkeit, um ein paar entspannte Tage am Meer zu verbringen.

Naturcamps hinter dem Strand

Wer es noch etwas einsamer mag, folgt von der P111 kurz nach Pāvilosta der Schotterpiste, die in Richtung Süden durch den Küstenwald führt. Hier trefft ihr zuerst auf das Campinggelände Miera Osta, dann auf den roten Leuchtturm Akmeņraga bāka, der im Sommer besichtigt werden kann. Wenig später folgt das Gästehaus Laikas, das ebenfalls Stellplätze für Camper anbietet. Ein weiterer Abzweig führt von Ziemupe zum Meer. Hier hat ein junges Team den Zeltplatz am Meer übernommen und mit Food-Truck, WC und Dusche eine Basisinfrastruktur geschaffen. Die Stellplätze liegen verstreut im Wald hinter einem traumhaft wilden Strand.

ÜBER NACHT

Camping Pāvilosta Marina
Auf einer Wiese in der Marina und nahe am Südstrand, komplett ausgestattet, mit Camper-Service.
€€ | N 56°53'19.6", E 21°10'13.7" | Pāvilostamarina.lv

Stellplatz Pāvilosta Nordstrand
Geschotterter Parkplatz neben der Strandbar. Trockentoilette an der Strandbar. Strom möglich.
€–€€ | N 56°53'34.4" E 21°11'9.9"

Natur-Camp Laikas
Einfacher Platz im Küstenwald.
€€ | N 56°46'54.0", E 21°3'45.1"

Natur-Camp Ziemupe
Einfacher Platz im Küstenwald.
€–€€ | N 56°44'42.7", E 21°3'42.2"

107

Die Bunker von Liepāja

Lost Places aus der Zarenzeit

Verlassene Bunkeranlagen? Das sind Überreste aus dem Zweiten Weltkrieg, so denken wir jedenfalls sofort. Die wuchtigen Betonklötze, die nördlich von Liepāja im Ostseesand stecken, haben jedoch eine andere Geschichte. Das Nördliche Fort ist ein Teil der Festungsanlage Karosta, die Ende des 19. Jahrhunderts auf Befehl des russischen Zaren Alexander III. erbaut wurde. Sie diente als Schutzwall für seine Ostseeflotte, die bei Liepāja in einem künstlichen Kanal vor Anker lag. Innerhalb weniger Jahre errichtete man ein gigantaisches Bollwerk aus Bunkeranlagen, Türmen und unterirdischen Gängen. Innerhalb der Mauern entstanden Wohnblocks und Verwaltungsgebäude. Karosta war eine eigene Stadt für das Militär und eine der modernsten Festungen ihrer Zeit. Aus Angst, die Festung könnte während des Ersten Weltkriegs in die Hände der Deutschen fallen, versuchte man 1908 die Anlagen zu sprengen. Mit mäßigem Erfolg, denn die Bunker waren widerstandsfähiger als gedacht. So stehen sie bis heute. Die meisten sind ein bisschen schief, einige ragen aus dem Wasser, viele sind aber in erstaunlich gutem Zustand.

In der Sowjetära war Liepāja dann noch einmal militärischer Sperrbezirk und so geheim, dass die Stadt auf Karten gar nicht erst verzeichnet war. Karosta, der Stadtteil nördlich des Hafenbeckens, war dem Militär vorbehalten. Hier befand sich

ÜBER NACHT

BB Camping
Stellplätze im Wald und am Seeufer direkt an der Wakeboardanlage mit nettem Café.
€€€ | N 56°33'50.7", E 21°01'00.4" | www.bbcamping.lv

auch ein Militärgefängnis, das sicherer gewesen sein soll als das berühmte Alcatraz.

Heute bröckeln die stattlichen Offiziershäuser von Karosta und die breiten, geraden Alleen sind leer und verlassen. Nur die riesige russisch-orthodoxe Nikolai-Kathedrale erstrahlt in dieser unwirklichen Szenerie in vollem Glanz. Im Gefängnis sitzen keine Verbrecher mehr ein und auch keine politischen Gefangenen. Inhaftiert werden nur noch Touristen. Gegen Bezahlung versteht sich. In einer Art Reality-Show könnt ihr hier eine Nacht verbringen – inklusive ruppiger Wache und schlecht sitzender Kleidung zahlt ihr dafür etwa 30 Euro pro Person. Der Preis für ein leckeres Gefängnisessen geht extra. Im Nördlichen Fort wird das Geländespiel »Die Flucht aus der UdSSR« angeboten, bei dem ein Freund gefunden werden muss, der von sowjetischen Grenzwachen festgenommen wurde. Diese lettische Form der Vergangenheitsbewältigung finden wir etwas »strange«.

Die Bunkerruinen am Strand sind kostenlos zugänglich. Vom Parkplatz unter dem großen weißen Windrad sind es nur wenige Schritte zum Nördlichen Fort. Lauft ihr weiter an der Küste entlang in Richtung Liepāja, kommt ihr zur dritten Artilleriestellung, deren Betonhäuser nicht mehr am Strand, sondern schon im flachen Wasser stehen.
Parkplatz am Windrad: GPS N 56°35’28.5”, E 21°0’57.0“

STELLPLATZ KÕIGUSTE SADAM

Hier haben alle Plätze Meerblick, denn der kleine Ostsee-Hafen auf der Insel Saaremaa liegt auf einer schmalen Landzunge. Die Zeit tickt hier etwas langsamer und es geht immer ein wenig Wind, deshalb gibt es auch im Hochsommer kaum Mücken. Der Platz wird liebevoll geführt von Niklas und Külli, die hier ihren Lebenstraum verwirklichen. Gutes Restaurant im Sommer, Camper-Service, Sauna, Waschmaschine, WLAN und gutes Trinkwasser.
Ganzjährig geöffnet | €€ | Kõiguste küla, Saaremaa, Estland |
GPS N 58°22′15.0″, E 22°58′40.0″ | www.koigustemarina.com

Perfekter Meerblick von den Wiesenplätzen am Hochufer

CAMPING APAĻKALNS

Der gut ausgestattete, großzügig angelegte Platz mit netten Betreibern liegt am Hang am Ufer des Raiskums ezers. Für Wohnmobile gibt es Plätze mit festem Untergrund und kleiner Holzterrasse mit Feuerschale und Picknicktisch. Wer lieber im Gras steht, fährt auf die Wiese unten am See. Schöne Badestelle mit Steg. SUP- und Kanuverleih (für Touren auf der Gauja), Fahrradverleih, Camperküche, kleiner Spielplatz, Waschmaschine, Camper-Service. Im Sommer gibt es auch ein Restaurant.
Ostern bis September | €€ | Raiskums, Lettland |
GPS N 57°19′03.0″, E 25°08′53.0″ | www.apalkalns.lv

Der Hafen von Kõiguste liegt auf einer schmalen Halbinsel

STELLPLATZ KRIMALNIEKI

Sehr einfach ausgestattetes Wiesengelände an einem schönen Abschnitt des Strandes. In der ersten Reihe steht ihr auf großen Stellplätzen direkt über dem Meer. Die Plätze sind mit Holzbalken abgeteilt und jeder hat einen Picknicktisch und eine Feuerstelle. Es gibt nur einzelne Steckdosen, die mit normalen Stromkabeln von den Meerplätzen nicht erreichbar sind. Trockentoiletten und wenige einfache Duschen im Container sind vorhanden.

Mai bis September | €€ | Liedaga iela 50, Tuja, Lettland |
GPS N 57°30'11.0", E 24°22'56.0"

Schöne Plätze und gute Infrastruktur, das mögen wir am Camping Apalkalns

NATUR-CAMPS IM BALTIKUM

Die kostenlosen Naturcamps in den baltischen Ländern sind eigentlich nicht als Stellplätze für Vans und Wohnmobile, sondern für Zelte gedacht. Einige davon kann man aber auch mit wendigen Campervans gut nutzen, wenn auch oft nur auf dem zugehörigen Parkplatz. Sie sind an den Wochenenden meist von Einheimischen gut fequentiert. Bitte achtet dann darauf, dass nicht zu viele Campingfahrzeuge die Parkplätze blockieren, damit die Zeltplätze noch nutzbar sind und Badegäste parken können. Ist es zu voll, fahrt weiter. Wir selbst gehen in der Saison an Wochenenden lieber auf einen richtigen Campingplatz.

Der Strand am Peraküla Telkimisala

ATPŪTAS VIETA DRIŠKINA EZERS

Eine Handvoll Plätze an einer Stichstraße am Seeufer. Vereinzelt stehen Picknicktische im Wald, sonst keine Ausstattung. Zufahrt auf guter Schotterstraße.
GPS N 57°21'47.9", E 25°10'23.1"

ATPŪTAS VIETA ABAVAS RUMBA

Freizeitgelände mit großen Wiesen und Spielplatz am Ufer der Abava. Zufahrt durch Schranke gegen kleine Gebühr. Auf dem Gelände gibt es einfache Trockentoiletten und Picknicktische.
€ | GPS N 57°04'17.1", E 22°32'02.5"

Der RMK-Platz Abula Telkimisala auf Saaremaa

STELLPLATZ PERAKÜLA TELKIMISALA

Riesiger Platz mit großen Parkflächen direkt hinter der Düne an einem schönen Sandstrand. Zufahrt auf sehr unebenem Kopfsteinpflaster. Komposttoiletten und Feuerstellen. Im Hochsommer steht hier auch ein Food-Truck.
GPS N 59°13′17.7″, E 23°36′10.8″

STELLPLATZ ABULA TELKIMISALA

Abgelegener Platz an der Felsküste, an dem ihr direkt über dem Wasser im Kies oder auf Gras parken könnt. Ausgestattet mit Trockentoilette und einem Grillplatz.
GPS N 58°27′06.3″, E 22°06′51.3″

Parknischen mit Seeblick direkt am Ufer des Driskina Ezers

Durch Litauen und Polen

Riesendünen, Störche und tausend Seen

Durch Litauen und Polen

Riesendünen, Störche und tausend Seen

Es ist Oktober, bis wir in Litauen und Polen ankommen. Die Störche sind längst in den Süden geflogen, fast alle Campingplätze sind geschlossen und die Kanus an der Krutynia ordentlich für den Winter gestapelt. Die Festung Malbork schließt ihre Tore schon nachmittags um drei und die polnischen Nationalparks kosten keinen Eintritt mehr. In Litauen rollt unser Nugget als einziger Camper auf den Nidos Kempingas auf der Kurischen Nehrung. An der geschlossenen Schranke steht eine Telefonnummer, die wir zum Einchecken anrufen. Die Schranke öffnet sich, wie von Geisterhand gesteuert. Die Sanitäranlagen sind geschlossen, aber Strom und Camper-Station sind in Betrieb. Die Gebühr, immerhin ein reduzierter Tarif, kommt bar in den Briefkasten. So funktioniert also »ganzjährig geöff-

108 | BERG DER KREUZE

109 | ORVIDAS GARTEN

110 | KURISCHE NEHRUNG

111 | STORCHENDORF BITENAI

112 | WYGRI-NATIONALPARK

113 | KRUTYNIA

114 | MALBORK

115 | SLOWINSKI-NATIONALPARK

116 | DRAWA-NATIONALPARK

net« auf der Kurischen Nehrung. Das ist schon zu verstehen, denn wir haben seit Tagen kaum mehr einen anderen Camper gesehen. Irgendwie cool, denn schließlich suchen wir ja oft nach Plätzen, an denen wir ganz alleine stehen können, und das ist zur Zeit gar kein Problem. Zu ruhig? Kann es für uns auch zu ruhig sein? Gerade sind wir nicht ganz sicher.

Am nächsten Morgen streifen wir fast alleine durch die großen Wanderdünen, ein paar Tagestouristen gibt es dann doch. An Orvidas Garten **[› Spot 109]** haben wir Glück. Eigentlich ist das Tor schon geschlossen, aber wir dürfen durch den Hintereingang hinein und sind die einzigen Besucherinnen zwischen den knorrigen Steingestalten. Holzschnitzerei und Bildhauerkunst sind in Litauen weit verbreitet und hoch entwickelt. Vor den Kirchen, auf Dorfplätzen und sogar im Zentrum von Straßenkreuzungen trifft man auf kunstvoll gearbeitete,

Traumhafte Badestelle am Plateliai ezers im Žemaitija-Nationalpark

ausdrucksstarke Holzskulpturen. Sakrale Motive sind dabei häufig, denn Litauen ist, wie auch Polen, der katholischen Kirche eng verbunden.

Auch in Łeba [› Spot 115] kommen wir genau zur rechten Zeit. Erst mittags verziehen sich die grauen Wolken und die Sonne kommt raus. Aus Nieselregen wird ein strahlender Oktobertag und auf dem Wanderparkplatz am Ortsrand von Łeba steht nur eine Handvoll Autos. Wir freuen uns darauf, die große Wanderdüne fast für uns alleine zu haben. Trotzdem sind hier am touristischen Hotspot der polnischen Küste die kleinen Elektrowagen noch im Einsatz, mit denen ihr die fünf Kilometer Asphaltweg bis zur Düne sausen könnt, wenn ihr keine Fahrräder dabei habt. Kurz entschlossen entscheiden wir, für den Hinweg den Minibus zu nehmen und dann am Strand zurückzulaufen. Zufrieden sitzen wir ganz alleine auf der gepolsterten Bank und warten. In ein paar Minuten gehe es los, versichert uns die junge Frau am Schalter. Und dann passiert es. Menschen kommen die Straße hinunter. Viele Menschen. Nicht alle gut zu Fuß. Minuten später finden wir uns in einem bunten Gewusel wieder und um uns herum wird plötzlich nur noch Deutsch gesprochen. Ein Reisebus aus Deutschland ist angekommen und wir stecken mitten drin. Kurz darauf sausen drei dicht besetzte Elektrobusse zur Düne. Wir grinsen vor uns hin, ob der skurrilen Situation – aber letztlich erweist sich: Die Düne ist groß und so ein paar Menschen verteilen sich schnell. Wie Ameisen wirken sie, als wir vom höchsten Punkt des Sandberges in die Weite blicken.

Die Wanderdünen in der Polnischen Sahara bei Łeba

Am Ende ist es ein heftiger Ostwind, der uns zügig zurück nach Deutschland pustet. Sturmwarnung. Ab dem nächsten Nachmittag wird starker Wind mit Böen über 100 Kilometern pro Stunde erwartet. Für die deutsche Ostseeküste gibt es eine Hochwasserwarnung. Wir suchen uns einen Schlafplatz, und nicht zum ersten Mal in den letzten Tagen ist der Windschutz das wichtigste Auswahlkriterium. Dann machen wir uns aus dem Staub. Zuerst einmal weg von der Küste. Es regnet ausdauernd und ergiebig. Dann geht alles ganz schnell. Andrea hat einen Übernachtungsplatz für uns gefunden: gut geschützt an der Stadtmauer, auf Asphalt und schon in Deutschland. Angermünde. »Where the hell is Angermünde«? Egal, los gehts!

Und so findet dann diese Reise ihr Ende. Fast fünf Monate waren wir unterwegs. Eine spannende Zeit, manchmal auch anstrengend und aufreibend. Aber auf jeden Fall ein einmaliges Erlebnis!

DIE BESTE REISEZEIT

Die Kurische Nehrung und die polnische Ostseeküste sind in der Badesaison hoch frequentiert.
Die Nebensaison ist also durchaus eine gute Reisezeit für diese Region. Wenn ihr auch Paddeln und Baden wollt, sind Juni, August und September die perfekten Reisemonate. Störchen könnt ihr in Litauen und Polen bis Ende August begegnen. Die meisten Campingplätze sind von Mai bis Ende September geöffnet.

REISE-LITERATUR

Mit dem Wohnmobil nach Polen (Der Norden)

Der Wald von Białowieza, die masurischen Seen, Danzig und Warschau und die vielen Badeorte an der Ostseeküste – in Polen gibt es noch viel mehr zu sehen und zu erleben als die wenigen Spots, die wir hier besucht haben. Nicola Kluftinger führt euch mit diesem Buch auch in abgelegene Winkel des Landes. Mehr Infos: www.womo.de

ÜBER NACHT

Auf dem kostenpflichtigen Parkplatz am Berg der Kreuze wird eine Übernachtung im Camper toleriert. Der Berg ist jederzeit frei zugänglich. Ihr könnt also auch am Abend oder früh am Morgen kommen, wenn ansonsten kaum jemand hier ist.

Wohnmobilstellplatz Girele
Asphaltierter Platz auf dem weitläufigen, gepflegten Gelände des Gästehauses Girele. Es gibt hier Stromanschlüsse, WC und Dusche sowie ein Restaurant. Etwa drei Kilometer vom Berg der Kreuze entfernt.
€€ | GPS N 55°59'55.7", E 23°23'7.2"

108

Berg der Kreuze

Ein frommer Ort des Widerstands

Wie das erste Kreuz auf den Hügel nördlich von Šiauliai kam, ist umstritten. Relativ sicher ist, dass der Hügel auch schon in vorchristlicher Zeit ein heiliger Ort und vermutlich der Standort einer Burg war. Während der Aufstände der litauischen Bevölkerung gegen die russischen Besatzung im 19. Jahrhundert begann man auf dem Berg Kreuze für gefallene Angehörige zu errichten, deren Gräber man nicht kannte. Im Jahr 1900 sollen auf dem Berg etwa 400 Kreuze gestanden haben. 90 Jahre später gaben Studierende der Uni Vilnius den Versuch, die Kreuze zu zählen bei 50.000 ermüdet auf.

Zu seiner heutigen Größe wuchs der *Kryžio kalnas* nach dem Zweiten Weltkrieg. Als nach dem Tod Stalins 1953 viele Litauer aus den Gulags, den Lagern in Sibirien, zurückkehrten, stellten sie Kreuze für die verstorbenen Kameraden auf den Berg. Der kommunistischen Besatzungsmacht war die Ansammlung christlicher Symbolik zunehmend ein Dorn im Auge und im April 1961 rückte man zum ersten Mal mit Bulldozern an. Schon in der folgenden Nacht standen die ersten neuen Kreuze auf dem Berg. 1973, '74 und '75 wiederholte sich der Akt der Zerstörung. Vergeblich. Der Berg der Kreuze wuchs erneut und wurde so endgültig vom Ort der christlichen Andacht zu einem Symbol der Auflehnung gegen die sowjetische Besatzung und die Unterdrückung litauischer Bräuche.

Seitdem wird der Berg täglich größer. Er ist heute ein heiliger Ort für christliche Gläubige aus aller Welt, aber auch eine Sehenswürdigkeit für weniger fromme Reisende. Sogar der Papst hat hier schon eine Messe gelesen. Man kommt zum Beten und lässt selbstverständlich ein Kreuz auf dem Berg zurück. Ein Kreuz für die Geburt eines Kindes, für eine Bitte um Gesundheit, als Dank für Genesung, für verstorbene Angehörige und inzwischen wohl auch einfach nur ein Kreuz, um einen Teil zum Wachsen des denkwürdigen Ortes beizutragen.

Parkplatz: GPS N 56°00'48.7", E 23°24'27.3" | kryziukalnas.lt

ÜBER NACHT

Eine Übernachtung auf dem Parkplatz von Orvidas Garten ist gegen eine kleine Gebühr möglich.

Šeires Stovyklaviete
Ebener Schotterplatz an einem Picknickplatz am Seeufer. Kostenlos, aber am Wochenende oft laut und lebhaft. Gutes Restaurant unten im Hafen.
N 56°02'57.5", E 21°49'58.4"

IN DER NÄHE

Vom Garten lohnt unbedingt noch ein Abstecher nach Plateliai und in den Zemaitija-Nationalpark mit seinen glasklaren Seen und vielen schönen Badeplätzen.
Auf der Ostseite des Sees befindet sich in einer ehemaligen Raketenabschussbasis der Sowjetunion das Museum des Kalten Krieges.
www.zemaitijosnp.lt

109

Orvidu Sodyba

Der mystische Garten des Vilius Orvidas

Ein alter Mann mit Rauschebart, der aussieht wie ein Zauberer aus dem Herrn der Ringe oder einer der Druiden aus alten Sagen, schaut aus dem moosbedeckten Stein. Ein finsterer Gang bringt euch zwischen Felsen in ein höhlenartiges Haus, alte Bäume schlingen ihre Wurzeln um Steinfiguren mit ausdrucksstarken Gesichtern – durchquert ihr das Tor zu Orvidas Garten, taucht ihr ein in eine märchenhafte Zauberwelt.

Auf dem Parkplatz steht seit vielen Jahren ein rostiger Sowjet-Panzer. Das Rohr ist drohend auf den Eingang gerichtet – ein Symbol dafür, wie die ehemalige Besatzungsmacht zu diesem Ort stand. Der Garten entstand in den 1960er Jahren, als der russische Präsident Chruschtschow anordnete, alle Grabsteine von Friedhöfen zu entfernen. Man brachte sie in den Garten des Steinmetzes Kazys Orvidas (1905–1989), der viele davon selbst angefertigt hatte. Die sowjetischen Behörden versuchten mehrfach, den Garten zu zerstören. Wie der Berg der Kreuze wuchs er jedoch immer weiter und wurde als Ort des Widerstands über die Grenzen der Region hinaus bekannt.

Vilius Orvidas (1952–1992), der Sohn des Bildhauers und ebenfalls Steinmetz von Beruf, gab dem Garten sein heutiges Gesicht. Er arrangierte ihn neu und schuf ein märchenhaftes Labyrinth aus alten Grabsteinen, Steinskulpturen, Findlingen und zu Kunstwerken geschichteten morschen Holzstämmen. Nehmt euch Zeit. Es gibt tausend Ecken und Winkel und immer wieder etwas Neues zu entdecken. Die Skulpturen sind durchaus nicht alle christlich geprägt und auf Kreuze trefft ihr nur hier und da. Orvidas Garten ist kein kirchliches Heiligtum, sondern ein verwinkeltes Kunstwerk, halb von Menschen geschaffen und halb von der Natur.

€ | Juni bis August Di bis So von 10 – 19 Uhr, Mai und September Mi bis So, sonst nur Fr bis So | www.orvidusodyba.lt

ÜBER NACHT

Nidos Kempingas
Gut ausgestatteter Platz am Ortsrand von Nida. Düne und Ort sind von hier aus zu Fuß zu erreichen.
€€€ | N 55°17'54.0", E 20°58'56.0" | www.kempingas.lt

Campingplätze auf dem Festland mit Bootsverbindung zur Nehrung:

Camping Dreverna
Sehr schöne Stellplätze direkt am Wasser im Haffhafen, von dem ein Ausflugsboot nach Juodkrante fährt. Unser persönlicher Favorit!
€€ | N 55°31'1.3", E 21°14'06.7" | dreverna.lt

Camping Ventaine
Einfaches Campinggelände zwischen Meer und Straße mit eigenem Bootstransfer nach Nida und einladendem Restaurant am Meer.
€€€ | N 55°21'23.0", E 21°12'20.0" | www.ventaine.lt

110

Die Kurische Nehrung

Wanderdünen und bunte Dörfer

Eine fast 100 Kilometer lange, schmale Landbrücke liegt zwischen dem Kurischen Haff und der Ostsee. Der Süden der Nehrung ist Teil der russischen Enklave Kaliningrad, die nördliche Hälfte gehört heute zu Litauen und steht größtenteils unter Naturschutz. Eine Landverbindung gibt es nur im Süden. Im Norden trennt die Mündung des Nemunas (Memel) die Nehrung vom Festland. Von Klaipeda könnt ihr mit der Fähre übersetzen, wenn ihr euren Camper mit auf die Nehrung nehmen wollt.

Ursprünglich war die Nehrung mit Wald bedeckt. Dessen Kahlschlag im Nordischen Krieg (1674–1679) ließ dann die Dünenlandschaft entstehen, für die die Kurische Nehrung heute bekannt ist. Zwischen dem 16. und 19. Jahrhundert begruben die großen Wanderdünen 14 Dörfer unter ihrem Sand, erst die Aufforstung konnte das Problem lösen.

Außer für ihre Sandberge ist die Kurische Nehrung auch für ihre malerischen Dörfer berühmt. Besonders hübsch sind das Fischerdorf Juodkrantė und das Künstlerdorf Nida. Beide werden vom Festland von Ausflugsbooten angefahren. Zwischen den Orten, die 30 Kilometer voneinander entfernt liegen, führt ein gut ausgebauter Fahrradweg an der Küste entlang. Fahrräder könnt ihr auf dem Boot mitnehmen oder vor Ort leihen. Vier Spots an der Route gefallen uns besonders.

Online-Info Kurische Nehrung

Nida und die Parnidis-Düne

Anfang des letzten Jahrhunderts entdeckte man in deutschen Künstlerkreisen den hübschen Ort Nida und die abgeschiedene Schönheit der Kurischen Nehrung. Das Gästehaus Blode in Nida wurde zum Treffpunkt. Bezahlt wurde der Gastgeber Hermann Blode von den mittellosen Künstlern oft mit Gemälden. Seine Sammlung ging jedoch am Ende des Zweiten Weltkrieges in Flammen auf. Auch die Familie Mann verbrachte damals viele Sommer in Nida und ihr Haus kann tatsächlich noch besichtigt werden. Heute liegt Nida direkt an der Grenze zu Kaliningrad. Südlich des Ortes befindet sich die höchste Sanddüne der Nehrung. Ein Pfad führt hinauf und von oben seht ihr weit hinüber in die russische Enklave.

Der Dünenpfad von Nagliai

Am Parkplatz links der Straße kurz vor Pervalka beginnt der Pfad von Nagliai, der uns durch eine weite Dünenlandschaft führt, unter der etliche Dörfer verschwanden. Das erste Stück verläuft er auf Bretterwegen, erst hinter dem ersten Aussichtspunkt geht es im Sand weiter durch die karg-schöne Landschaft. Vorne am Meer ermöglicht dann eine Holzbrücke den Blick über die Dünenkante hinunter zum Wasser.

€ | 2,5 km | ↓↑ 60 m | Gehzeit 1 h | GPX
Start am Parkplatz: GPS N 55°26'30.2", E 21°04'19.6"

Der Hexenpfad von Juodkranté

An einem Rundweg durch den dichten Wald hinter dem Dorf stehen zwischen den Bäumen über 80 lebensgroße Holzskulpturen: Teufel mit grauslichen Fratzen, Hexen, Kobolde und Drachen. Sie sind kunstvoll gearbeitet, ausgesprochen ausdrucksstark und von verschiedenen Holzschnitzern aus Litauen gefertigt. Ein Schild mit der Aufschrift *Raganu kalnas* weist in Juodkrante auf den Beginn des Rundwegs hin.

2 km | ⇅ 50 m | Gehzeit 45 min | GPX
Start am Parkplatz: GPS N 55°32'02.0", E 21°07'04.0"

Die Kormorankolonie

Vom Parkplatz führt eine Holztreppe zu einem Aussichtspunkt. Der Geruch ist leicht beißend, wofür der stark säurehaltige Kot der Vögel verantwortlich ist. Die Säure sorgt auch dafür, dass die Bäume unter den Nestern langsam absterben. Fallen die Bäume, ziehen die Kormorane weiter. Von der Plattform schaut ihr auf das Gebiet, in dem die Kolonie vor etwa zehn Jahren brütete. Die neuen Nester findet ihr in den Bäumen näher an der Straße. Weil die Kormorane sich rasant vermehrt haben, wird der Bestand inzwischen kontrolliert.

Die Kormorankolonie liegt etwas außerhalb von Juodkrante: GPS N 55°31'07.5", E 21°06'44.3"

ÜBER NACHT

Natur-Camp Bitėnai

In der Nähe gibt es keinen Campingplatz. Südlich des Dorfes befindet sich aber ein Picknickplatz am Flussufer mit großem Parkplatz, auf dem man gut über Nacht stehen kann.
€€ | N 55°04'18.7", E 22°02'35.4"

IN DER NÄHE

Opferberg Rambynas

Der Hügel am Nemunasufer gilt als heiliger Ort. Hier steht ein alter Opferstein und ihr habt perfekten Blick über das Flusstal bis nach Kaliningrad am anderen Ufer.
€€ | N 55°05'18.0", E 22°01'20.0"

111

Störche am Nemunas

Die seltsame Storchenkolonie von Bitėnai

Störche sind in Litauen allgegenwärtig. Sie kommen jedes Jahr im März, beziehen meist ihr Nest vom letzten Jahr, brüten, ziehen ihre Jungvögel auf und bleiben bis Ende August. Dutzendweise stolzieren sie im Sommer über frisch gemähte Wiesen und abgeerntete Felder. Storchennester gibt es in fast jedem Dorf. Auch in Bitėnai brüten Störche. Aber hier ist es nicht nur ein einziges Paar – in Bitėnai verstecken sich über zwanzig Storchennester in den Baumwipfeln am Dorfrand. Das ist deshalb so ungewöhnlich, weil Störche nur selten in Bäumen nisten und dabei auch keine Kolonien bilden. Normalerweise bleibt jede Storchenfamilie für sich.

Nähert ihr euch Bitėnai, steht am Ortseingang ein Beobachtungshäuschen (links hinauf geht es hier zum Museum Martynas Jankus und zum Parkplatz). Überquert ihr die Straße, lauft ein paar Schritte den Wiesenweg hinunter und schaut euch aufmerksam um, könnt ihr die Nester entdecken. Bei unserem Besuch verraten die Störche ihre Anwesenheit durch lautstarkes Klappern von allen Seiten. Beeindruckend.
Storchenkolonie: GPS N 55°04'53.7", E 22°02'42.2"

Gemäldegarten Bitėnai

Auch eine Runde durch den Garten um das ehemalige Haus des Schriftstellers und Publizisten Martynas Jankus lohnt sich. Hier stehen etwa 50 großformatige Gemälde verschiedener litauischer Künstler, denen Wind und Regen an ihrem luftigen Standort einen ganz besonderen Ausdruck verliehen haben. Im Inneren des Hauses ist eine Ausstellung zu Druckkunst und Buchgeschichte zu sehen. Jankus produzierte hier Bücher in litauischer Sprache, was im damals russisch besetzten Litauen verboten war. Jankus wurde als litauischer Nationalist abwechselnd von Deutschen und Sowjets verfolgt und starb 1946 im Exil in Flensburg.
Gemäldegarten frei zugänglich | www.jankausmuziejus.lt

112

Wigry-Nationalpark

Mit Kanu und Fahrrad auf Erlebnistour

Im Wigry-Nationalpark gibt es 42 Seen. An ihren Ufern findet ihr schöne Campingplätze direkt am Wasser – genau wie auch an den Masurischen Seen. Mit der Czarna Hańcza gibt es außerdem einen Fluss, der sich wunderbar zum Paddeln eignet. Aber während die nahe Masurische Seenplatte im Sommer ziemlich gut besucht ist, liegt der Wigry-Nationalpark eher am Rand des touristischen Interesses und hier ist viel weniger los.

Kanutour auf der Czarna Hańcza

Mehrere Seen, der Fluss Czarna Hańcza und der Augustów-Kanal bilden im Wigry-Nationalpark eine über 100 Kilometer lange Kanuroute, auf der ihr eine gute Woche unterwegs sein könnt. Sie beginnt in Stary Folkwark, führt durch Wiesen, Sumpfgebiete und den urtümlichen Augustów-Urwald. Unterwegs könnt ihr Biberburgen sehen – und mit ein wenig Glück vielleicht auch einen Fischotter oder einen Eisvogel. Auf der letzten Etappe auf dem Kanal sind mehrere Schleusen zu passieren, bevor die Tour am Stadtrand von Augustów endet.
Kanuverleih Stary Folkwark: www.as-tour.de

Wer lieber an Land bleibt, kann den Nationalpark auch mit dem Fahrrad oder der Schmalspurbahn erkunden. Die kleine Bahn war von 1916 bis 1989 in Betrieb, um Holz aus dem Urwald von Augustów zu transportieren. Heute ist sie wieder als Touristenzug im Einsatz und fährt eine zehn Kilometer lange Strecke im Süden des Wigry-Sees. Von Mitte Juni bis Ende August startet sie zweimal am Tag, außerhalb dieser Zeit nur am Wochenende.
Bahnhof Hossa-Wigry: N 54°01'15.0", E 22°59'00.5"

Der Radweg »Green Velo«, der den ganzen Nordosten und Osten Polens für Bikepacking-Touren erschließt, führt auch durch Suwałki und durch den Nationalpark. Eine knapp 50 Kilometer lange Tagestour umrundet einmal den Wigry-See. Eine Online-Karte der Routen findet ihr unter greenvelo.pl. Einen Fahrradverleih gibt es in der Nationalparkinformation in Krzywe.
Radtour: 46 km | ↓↑ 200 m | GPX | greenvelo.pl

ÜBER NACHT

Widok Camping
In Terrassen angelegter Platz mit grandiosem Weitblick über den See, Kanuverleih und Anbindung an den Radweg durch den Nationalpark.
€€ | Mai bis September | bryzgiel.pl
N 54°00'01.4", E 23°04'59.1"

NATIONALPARK-INFO

Zum Wandern, Paddeln oder Radeln im Wigry-Nationalpark braucht ihr zwischen April und September ein Ticket, das ihr online oder in der Nationalparkinformation in Krzywe kaufen könnt.
Info: N 54°05'03.7", E 23°00'38.7"
www.wigry.org.pl

ÜBER NACHT

Wohnmobilstellplatz Ukta
Gepflegter kleiner Platz vor einem Privathaus, sehr freundliche Inhaberin, gute Sanitäranlagen, Camper-Service. Kanustation und gute Gaststätte in Ukta zu Fuß erreichbar.
€ | N 53°41'19.6", E 21°29'16.2"

KANUVERLEIH

An der Flussbrücke in Ukta gibt es gleich drei Kanustationen (ukta.pl, kajakicentrum.pl). Wer mehrtägig paddeln möchte, informiert sich am besten auf der Website von AS-Tours, die auch auf Deutsch umstellbar ist.
AS-Tours: www.splywy.pl

113

Kanutour auf der Krutynia

Paddeln an den Masurischen Seen

Fast 3000 Seen verstecken sich zwischen den Hügeln, Wäldern und Wiesen der Masurischen Seenplatte und machen sie zu einem echten Naturparadies und einem beliebten Ziel für Outdooraktivitäten. Viele der Seen sind durch Flüsse und Kanäle verbunden, sodass Bootstouren auf den Masurischen Seen besonders spannend sind. Ihr könnt hier Hausboote mieten, aber auch mit dem Kanu auf Entdeckungstour gehen. Die Krutynia, ein Fluss in Masuren, gilt sogar als Polens schönste Paddelroute. Sie verbindet mehrere große Seen, sodass die Landschaft besonders abwechslungsreich ist. Mal steuert ihr euer Kanu auf dem gewundenen Wasserlauf des kleinen Flusses, in dem auch mal ein Baum querliegt. Dann folgt die weite Wasserfläche eines Sees und kleine Inseln laden zum Rasten und Baden ein. Mit dem Kanu befahrbar ist die fast hundert Kilometer lange Strecke zwischen Sorkwity und Ruciane-Nida, auf der ihr eine gute Woche unterwegs sein könnt. Etwa im Abstand von zehn bis 15 Kilometern liegen Biwak- und Campingplätze am Flussufer, auf denen ihr das Zelt aufbauen könnt. An einigen Bootsstationen könnt ihr auch in Holzhütten übernachten. Die meist ruhige Strömung mach die Krutynia-Route auch für Ungeübte zum passenden Paddelfluss.

Tagestour auf der Krutynia

Gut für eine Schnuppertour geeignet ist die 13 Kilometer lange Strecke zwischen Krutyń und Ukta. Hier fließt die Krutynia in einem großen Bogen und ihr seid nur auf dem malerischen, schmalen Fluss unterwegs. Eine kurze Umtragestelle neben einem Wasserkraftwerk unterbricht die Fahrt. In Ukta (und auch in Krutyń) gibt es mehrere Kanustationen. Im Hochsommer ist hier einiges los auf dem Wasser. Ein Wochentag in der Nebensaison ist daher perfekt für diese Tour. Wir haben uns das hübsche Dorf Ukta als Basisquartier ausgesucht, wo es auch einen schönen Stellplatz gibt.

114

Malbork

Ritterburg des Deutschen Ordens

Hohe abweisende Mauern, verspielte Türmchen mit spitzem Dach, große Torbögen, hinter denen man einen Blick auf Gärten und Häuser erhaschen kann – die Burganlage, die im Zentrum von Malbork am Flussufer steht, ist schon ob ihrer schieren Größe beeindruckend. Die Marienburg, so ihr deutscher Name, ist der größte Backsteinbau Europas und sie hat eine lange Geschichte.

Gegründet wurde die Burg im 13. Jahrhundert von Rittern des Deutschen Ordens. Der Ritterorden spielte bei den Kreuzzügen im Heiligen Land eine wichtige Rolle. Nach deren Ende schickte er seine Ritter aus, um »mit Feuer und Schwert« Europa zu christianisieren. Insbesondere im Baltikum, aber auch hier in Polen wurden von den Erobernden etliche Festungen gebaut. Darunter war auch die Marienburg, die nach der Schutzpatronin des Ordens benannt ist. Hier befand sich von 1309 bis 1457 der Sitz der Hochmeister des Deutschen Ordens und somit das wichtigste Machtzentrum des Deutschordensstaates. Wegen ihrer kulturellen Bedeutung gehört die Marienburg heute zum UNESCO-Weltkulturerbe.

ÜBER NACHT

Camping Over the Pond, Malbork
Wiesenplatz ohne Schatten gegenüber der Festung auf der anderen Flussseite. Die Festung ist gut zu Fuß erreichbar. Einfache Sanitärausstattung und Camper-Service.
€€ | ganzjährig geöffnet | N 54°02'41.3", E 19°01'33.5" | www.malbork-kemping.eu

Eine Führung durch die Marienburg

Der Hochmeisterpalast ist das Hauptgebäude der Festung und beherbergt das Museum. Eine Ausstellung informiert über die Geschichte des Deutschen Ordens und der Marienburg. Besonders beeindruckend ist hier der große Saal mit seiner hohen Gewölbedecke. Auf dem Außengelände sind mehrere Kapellen zu sehen. Der Garten des Hochmeisters, in dem auch Heilpflanzen wachsen, und die Wirtschaftsgebäude in der äußeren Burg erlauben einen Blick in das alltägliche Leben in einer Festung des Mittelalters. In der äußeren Burg befinden sich auch die Verteidigungsanlagen mit gut erhaltenen Wehrgängen und Türmen, von denen ihr einen perfekten Panoramablick auf die umliegende Landschaft habt.
€€ | verschiedende Führungen 1,5 oder 3,5 Stunden auf Englisch (Audioguide auf Deutsch) | zamek.malbork.pl

ÜBER NACHT

In Łeba gibt es unzählige Campingplätze. Aus eigener Erfahrung kennen und mögen wir diesen Platz, der auch im Oktober noch geöffnet ist:

Camping Rafael
Eine Reihe der Plätze liegt mit Blick über den Fluss direkt am Wasser. Camper-Service und Waschmaschine.
€€ | N 54°45'26.8" E 17°32'45.0"
www.domkirafael.pl

Surf Camp Gardno
Kleiner Campingplatz mit Verleihstation für Kanus und SUPs und eigener Windsurfschule. Direkt am Ufer des Gardnosees und in der Nähe des Zugangs von Czołpino gelegen.
€€ | N 54°38'01.3", E 17°8'21.8" |
www.surfcamp-gardno.com

IN DER NÄHE

Bei Czołpino lohnt auch das Freilichtmuseum Kluki einen Besuch.
€ | muzeumkluki.pl

115

Die polnische Sahara

Zur großen Wanderdüne im Słowinski Park Narodowy

Bis zu vierzig Meter hoch sind die Sandberge, die der Wind an der Ostseeküste westlich von Łeba vom Meer ins Landesinnere pustet. Die großen Wanderdünen sind ständig in Bewegung und sehen immer ein wenig anders aus. Sie bilden die Kernzone des Słowinski Park Narodowy, der polnischen Sahara. Die höchsten Dünen sind auf der schmalen Landbrücke zu finden, die den Lebsko-See von der Ostsee trennt – weit weg von irgendwelchen Dörfern also, denen sie zum Verhängnis werden könnten.

Zwischen dem Ort Rowy auf der Westseite des Nationalparks und Łeba an der Ostseite verläuft ein knapp 40 Kilometer langer Küstenweg, auf dem ihr die »polnische Sahara« bei einer zweitägigen Wanderung besonders intensiv erleben könnt. Er ist Teil des europäischen Fernwanderwegs E9. Wir haben aber auch zwei kürzere Routen gefunden, die euch zu den Highlights des Nationalparks bringen.

Fünf Kilometer sind es vom Wanderparkplatz am Ortsrand von Łeba bis zum Fuß der großen Dünen – entweder auf einem hübschen Wanderweg oder einer schmalen, für den öffentlichen Verkehr gesperrten Asphaltstraße, die man auch mit dem Fahrrad fahren kann. Alternativ steigt ihr in einen der kleinen offenen Elektrobusse, die hier zwischen dem Ort, einer Haltestelle an einer ehemaligen Raketenbasis auf halber Strecke und der Düne hin- und hersausen. Sie haben den Vorteil, dass man auch eine Strecke fahren und die andere wandern kann – am Strand entlang zum Beispiel. Für uns war das perfekt!

Zu Fuß von der Düne nach Łeba

Vom Parkplatz folgt ihr den Wegweisern und landet direkt an der Haltestelle und am Ticketschalter der Busse, die euch nach einer kurzen, flotten Fahrt an einem Sandweg am Fuß der Düne ausspucken. Durch den losen Sand könnt ihr hier zuerst geradeaus auf die Düne hinaufsteigen. Da einige Bereiche aus Naturschutzgründen abgesperrt sind, bleibt dazu nur eine Möglichkeit. Vom höchsten Punkt schaut ihr über eine weite Sandfläche zum Meer hinunter. Ein weiterer Weg führt vom Fuß der Düne zum Strand hinüber. Hier wandern wir immer an der Küste entlang – im Oktober sind wir hier tatsächlich ganz alleine unterwegs. Nach etwa drei Kilometern führt dort, wo der Strand schmaler wird, ein breiter Sandweg in den Uferwald. Er trifft an der ersten Bushaltestelle an der ehemaligen Raketenbasis auf die Zufahrtsstraße und den Wanderweg, dem wir noch einmal drei Kilometer zurück zum Parkplatz folgen.

6 km | ⇅ 40 m | Gehzeit 2 h 30 | GPX

Start am kostenpflichtigen Parkplatz (€€€): GPS N 54°45'12.9", E 17°31'05.5", in dessen Nähe auch die Elektrobusse fahren.

Von der Czołpino-Düne zum Leuchtturm

Etwas weiter westlich setzt sich die weite Dünenlandschaft fort – auch wenn die Sandberge dort nicht mehr ganz so hoch sind. Ein zweiter guter Zugang, um sie zu erkunden, befindet sich zwischen Łebsko- und Gardno-See beim kleinen Ort Czołpino. Der markierte Weg führt durch die Dünen zum Strand, ein Stück am Meer entlang und vom Strand zum Leuchtturm. Er kann gegen Gebühr erstiegen werden und ermöglicht einen weiten Blick über den Küstenwald und den Dünengürtel. Der Turm steht etwa einen Kilometer von der Ostseeküste entfernt auf einem 75 Meter hohen Hügel. Von dort geht es durch den Küstenwald zurück zum Parkplatz.

7,7 km | ⇅ 100 m | Gehzeit 3 h | GPX

Start am kostenpflichtigen Parkplatz (€€): GPS N 54°42'32.8", E 17°14'27.5"

Von April bis September ist der Eintritt in den Nationalpark kostenpflichtig. Hunde dürft ihr dorthin nicht mitnehmen.

116

Drawa-Nationalpark

Kleines Naturparadies in Westpommern

Auch im Drawa-Nationalpark gibt es Seen, aber der wichtigste Ort im Schutzgebiet ist diesmal ein Fluss. Die Drawa gilt als einer der vielfältigsten Flachlandflüsse Polens. Mal fließt sie ruhig dahin, mal ähnelt sie einem flotten Gebirgsbach. Eine weitere Besonderheit des Nationalparks ist das Hochmoor im Quellgebiet der Płociczna, die in die Drawa mündet. Über 120 Vogelarten brüten hier, darunter so seltene wie See- und Fischadler, Eisvogel, Schwarzstorch und die Bergstelze. In den Flusstälern von Drawa und Płociczna sind außerdem Biber, Fischotter und einige Sumpfschildkröten zu Hause. In den Wäldern leben Hirsch, Wildschwein, Dachs und Marderhund.

Eine Kanutour durch den Urwald

Aus Naturschutzgründen darf der 41 Kilometer lange Abschnitt der Drawa im Nationalpark nur vom 1. Juli bis 15. März mit Kanus befahren werden. Seid ihr mit einem eigenen Boot unterwegs, müsst ihr euch in der Information in Drawno dafür anmelden und eine kleine Gebühr entrichten. Kanustatio-

nen gibt es in Sikory, Czapłinek und Rzepowo. Einen wenig befahrenen Flussabschnitt südlich des Nationalparks könnt ihr vom Campingplatz Inter Nos **[› Seite 389]** mit Leihkajaks erforschen.

Burgruine Stare Drawsko

Die Burgruine von Stare Drawsko liegt auf einem Deich zwischen den Seen Drawsko und Zerdno. Sie ist der Überrest einer befestigten Anlage des Johanniterordens, die zwischen den Jahren 1360 und 1366 errichtet wurde. Heute noch erhalten sind Teile der Wehrmauer und des Wohn- und Wirtschaftsgebäudes. Die Ruine wurde mit dem Nachbau eines mittelalterlichen Dorfes, einer kleinen archäologischen Ausstellung und einer Aussichtsterrasse zu einer Mittelalter-Erlebnisburg umgestaltet. In den Häusern des Dorfes könnt ihr altes Handwerk erleben, mit Helm und Kettenhemd in die Haut eines Ritters schlüpfen und an den rustikalen Holztischen im Innenhof speisen wie im Mittelalter.
www.drahim.pl

ÜBER NACHT

Natur-Camp Sikory
Einfacher Wiesenplatz an einer schönen Badestelle. Am Hang, daher viele schräge Plätze, die sich nicht für größere Fahrzeuge eignen.
€ | N 53°37'01.9", E 16°15'51.5"

Camping Czapłinek
Kleiner, einfach ausgestatteter Wiesenplatz am Seeufer mit Badestelle und Kajakverleih für Touren auf der Drawa.
€€ | N 53°34'12.6", E 16°13'47.0" | www.campingczaplinek.pl

CAMPING WIDOK

In drei Terrassen angelegter Platz mit großen Stellplätzen und grandiosem Weitblick über den See. Gutes Restaurant mit traditioneller polnischer Küche auf dem Platz. Kanuverleih und Anbindung an das Radwegenetz im Nationalpark. Moderne, gut gepflegte Sanitäranlagen, auch Camper-Service und Waschmaschine sind vorhanden. Im Hochsommer Aufpreis für die Premiumparzellen.

Mai bis September | Bryzgiel 7, Nowinka | €€–€€€ |
GPS N 54°00'01.4", E 23°04'59.1" | bryzgiel.pl

Campingplatz auf einer Insel mit freier Stellplatzwahl

Grandioser Weitblick von den Terrassen des Camping Widok

CAMPING INTER NOS

Naturbelassenes Campinggelände auf einer Insel im Jezioro Lubie mit freier Platzwahl und vielen schönen Plätzchen am Seeufer. Die Insel ist durch eine Fußgängerbrücke mit dem Festland verbunden. Die Camper werden mit einer kleinen Fähre auf die Insel übergesetzt. Die Sanitäranlagen sind schon etwas älter und einfach, aber auch Camper-Service und Waschmaschine sind vorhanden. Gutes Restaurant auf dem Platz.

April bis Mitte Oktober | Błedno 1, Lubieszewo | €–€€ | GPS N 53°27′26.3″, E 15°55′04.4″ | inter-nos.pl

Reiseinfos und Camperhacks

Unsere Tipps für unterwegs

Die große Freiheit

»Camperträume« in der Praxis

»Freiheit« – das Wort fällt fast unweigerlich, wenn irgendwo ein Camper abgebildet ist und wenn es um Vanlife geht. Meist steht dann ein cooler Bus mit offener Tür direkt am Strand oder an einem See, ein Lagerfeuer prasselt und die Sonne versinkt am Horizont. Vanlife ist cool – egal ob auf Instagram oder in Werbespots. Eine lange Reise, ewiger Urlaub, das ist der Stoff, aus dem die Träume sind. Doch wie sieht eigentlich die Realität aus? Der Stellplatz direkt am Meer – gibt es solche Plätze wirklich, oder hat das nur jemand für ein gutes Foto inszeniert? Und was hat Vanlife eigentlich wirklich mit Freiheit zu tun?

Unsere Antwort ist einfach. Ja, es gibt sie und nein, es gibt sie nicht. Traumplätze sind eine Frage der Saison und der Region, in der ihr reist. Wenn außer euch wenige Menschen unterwegs sind, wird es leichter mit den Traumplätzen. Da, wo alle hinwollen, ist Freistehen selten möglich. Und geht eure Freiheit wirklich verloren, wenn ihr nicht frei, sondern auch mal auf einem offiziell genehmigten Platz steht?

Für uns fühlt sich das Reisen mit unserem Van tatsächlich nach Freiheit an. Nach der Freiheit, nichts buchen zu müssen, Ziele kurzfristig festzulegen, einfach loszufahren und doch ein Stück Zuhause mitzunehmen. Für uns ist das die perfekte Art zu reisen.

Freiheit beim Reisen im Van bedeutet für uns aber nicht, den Camper überall abzustellen, wo es uns gefällt, jeden Abend an einem Traumplatz zu stehen – und das dann möglichst auch noch kostenlos. Wir respektieren Verbote, fahren nicht in Dünen und übernachten nicht im Naturschutzgebiet. Auf jeder unserer langen Reisen sind viele Plätze einfach zweckmäßig: vertretbar, sicher und ruhig. Traumplätze sind die Highlights, aber nicht alltäglich. Unsere persönlichen Traumplätze haben wir schon auf Parkplätzen mitten in der Natur gefunden – aber auch, »off-season«, auf halbleeren Camping- oder Stellplätzen.

Wenn wir in einem Land zu Gast sind, ist es für uns selbstverständlich, nicht nur die Infrastruktur zu nutzen, sondern auch einen finanziellen Beitrag zu leisten. Auf Camping- und Stellplätzen zu übernachten, ist eine Möglichkeit. Essen gehen, vor Ort in kleinen Läden und auf dem Markt einkaufen, Sehenswürdigkeiten besuchen – das sind gute Alternativen. Die Menschen in Tourismusregionen leben vom Service für die Gäste. Reisende, die gar kein Geld ausgeben, sind meist nicht allzu gerne gesehen – vor allem, wenn sie auch noch ihren Müll liegen lassen und Parkplätze blockieren. Für uns ist es wichtig, zum Gleichgewicht aus Geben und Nehmen zwischen Gästen und Locals unseren Teil beizutragen.

Einen Stellplatz finden

Vanlife und Nachhaltigkeit

Offizielle Plätze für Camper

In allen Ländern an unserer Route gibt es sowohl Campingplätze als auch einfacher ausgestattete Stellplätze für Wohnmobile in großer Auswahl. Auf Campingplätzen in den skandinavischen Ländern findet ihr meist zusätzlich zu Sanitäranlagen auch eine voll ausgestattete Camperküche mit Herd, Wasserkocher und Mikrowelle. Oft gibt es hier auch Töpfe und Geschirr und manchmal sogar einen Backofen. Die Sanitärhäuschen selbst sind in Skandinavien kleiner als im Süden oder auf deutschen Campingplätzen üblich. Eine Handvoll Toiletten und zwei oder drei Duschen – mehr steht auf kleinen Plätzen selten zur Verfügung. Wir haben trotzdem so gut wie nie Schlange gestanden.

Stellplätze für Wohnmobile sind in Skandinavien oft ebenfalls mit Toilette und Dusche ausgestattet. Stromanschlüsse gibt es fast immer und auch eine Camper-Service-Station gehört zum Standard.

An der Ostseeküste sind Wohnmobilstellplätze sehr häufig an den Jachthäfen zu finden, die ja eh schon über die entsprechende Infrastruktur verfügen. Die Camper-Service-Station ist dort häufig frei zugänglich und auch ohne Übernachtung nutzbar. In Norwegen und Finnland gibt es außerdem Ver- und Entsorgungsstationen an Tankstellen. In Norwegen kann man dort gegen eine Gebühr sogar manchmal duschen.

Besonders reizvoll finden wir in Nord-Schweden, Finnland und im Baltikum die Wildnis- und Naturcamps, die teilweise auch mit Campervans und Wohnmobilen nutzbar sind. Für die Übernachtung zahlt man eine kleine Gebühr, manchmal ist sie auch kostenlos. Die Plätze liegen oft im Uferwald hinter der Küste oder am Seeufer. Die Ausstattung besteht in der Regel aus einer Kompost-Toilette, Picknickbänken und einer Feuerstelle.

Darüber hinaus gibt es aber durchaus auch noch länderspezifische Unterschiede.

Kann man besser stehen? Campingplätze sind im Norden durchaus attraktiv.

› Dänemark

In Dänemark sind Campingplätze ein gutes Stück teurer als die ebenfalls fast immer mit WC, Dusche und Strom ausgestatteten Wohnmobil-Stellplätze. Diese liegen oft an einer Marina und sind rund um die Uhr unkompliziert zugänglich. Die Bezahlung erfolgt meist am Automaten mit Karte. Der Camper-Service inklusive Frischwasser ist an der Marina fast immer frei zugänglich.

Campingplätze sind in Dänemark gut ausgestattet, eine Küche und ein Aufenthaltsraum gehören eigentlich zum Standard. An der Westküste gibt es einige schöne Plätze in den Dünen direkt hinter dem Meer. Preise um die 40 Euro für einen Camper und zwei Personen sind dort aber normal, für einen Wohnmobilstellplatz zahlt ihr etwa die Hälfte.

An dänischen Weitwanderwegen und Radrouten gibt es häufig Rastplätze und einfache Hütten zum Übernachten. An vielen Rastplätzen stehen neben Picknicktischen auch ein Wasserhahn und Müllcontainer zur Verfügung.

› Schweden

Während unseren ersten Übernachtungen in Südschweden standen wir auf Stellplätzen oft straßennah und entsprechend unruhig. Entfernt ihr euch von der Küste, sind an den Seen viele naturnahe Campingplätze zu finden, die längst nicht so teuer sind wie die in Dänemark. Auch in den Schären haben wir schöne Plätze gefunden. Freistehen ist an der Küste dagegen oft verboten.

Besonders viele Wohnmobilstellplätze gibt es am Göta-Kanal, die Preise liegen hier aber oft nur leicht unter denen für einen einfachen Campingplatz, auf dem ihr oft mehr Platz und die grünere Umgebung habt.

Bewegt ihr euch noch weiter nach Norden, wird an den Seen oft auch das Freistehen toleriert. Hier tauchen dann auch die ersten einfachen Wildnis-Camps auf, die oft von Gemeinden eingerichtet werden. Für uns sind das die perfekten Plätze – eindeutig toleriert, mit Minimalinfrastruktur und doch mitten in der Natur.

› Norwegen

Norwegen gilt ja nach Island als teuerstes Land in Skandinavien, was ganz sicher stimmt, wenn ihr Essen gehen wollt. Die Preise für Campingplätze sind völlig im Rahmen, wenn ihr nicht gerade einen perfekt ausgestatteten Komfortplatz auswählt. Wer gerne naturnah steht, findet hier Traumplätze zum durchaus akzeptablen Preis. Die schönsten liegen auf den vielen Inseln vor der Küste.

Einfache Stellplätze auf Parkplätzen, die kostenlos genutzt werden dürfen, sind an vielen der touristischen Landschaftsrouten zu finden. Auf den Rastplätzen an der Route gibt es häufig eine Toilette, manchmal auch einen Ausguss für Chemietoiletten (latrin) und einen Grauwassereinlass. Die Plätze liegen oft schön und mit Blick über das Wasser, aber immer recht nahe an der Straße. Im besonders beliebten nördlichen Teil des Kystriksveien stehen hier in der Sommersaison allerdings oft schon am frühen Abend die Camper Stoßstange an Stoßstange. Wer Frischwasser braucht, kann außerdem auch an den Tankstellen fragen. Besonders die ABC-Tankstellen haben sich auf die Bedürfnisse der Camper eingerichtet und stellen Wasser und eine Möglichkeit zum Duschen gegen eine kleine Gebühr zur Verfügung.

› Finnland

Campingplätze in Finnland sind meist naturnah gehalten und einfach ausgestattet. Die Preise sind dabei etwas günstiger als im Rest von Skandinavien, was aber auch der Ausstattung entspricht – mit einer Ausnahme. Eine Sauna gehört auch auf einfachen Plätzen fast schon zum Standard. Dabei ist die echte finnische Sauna eine urige Angelegenheit. Sie wird mit einem Holzfeuer angeheizt und zum Abkühlen geht es in den See, der meist direkt vor der Tür zu finden ist. Alternativ gibt es aber auch elektrisch geheizte Saunen, manche Plätze bieten beides an. Ab und zu ist ein Saunagang am Abend sogar im Campingpreis inklusive. Ansonsten wird die Sauna stundenweise vermietet.

An den finnischen Seen trefft ihr häufig auf einfache Natur-Camps, die eigentlich zum Zelten gedacht sind. Sie sind meist mit Feuerstellen, Grill und Komposttoilette ausgestattet. Auf den zugehörigen Parkplätzen kommt man auch gut mit einem kleineren Camper unter. Die Zufahrt erfolgt aber so gut wie immer über Schotterstraßen und Fahrwege im Wald. Wer sich hier auf die Suche macht, kann an den vielen Seen noch echte Traumplätzchen finden.

Stationen zur Entsorgung sind in Finnland längst nicht auf jedem Campingplatz vorhanden und echte Wohnmobilstellplätze sind hier nicht besonders verbreitet. Einen Abfluss für Grauwasser, in dem teilweise auch Chemie-Toiletten entleert werden können, gibt es häufig an Tankstellen. Bei Shell waren wir fast immer erfolgreich. Es gibt dann dort einen farbig markierten Gullideckel im Asphalt, der zusätzlich mit einem Schild markiert ist. Die Stange, mit der man den Deckel öffnet, hängt an der Wand oder muss in der Tankstelle geholt werden. Meist kann man auch Wasser auffüllen, zahlt dazu aber oft eine kleine Gebühr.

› Baltikum

Campingplätze mit »westlichem Standard« gibt es in den baltischen Ländern nur vereinzelt. Diese sind dann hauptsächlich auf Touristen ausgerichtet, während die Einheimischen andere Prioritäten haben. Die typisch baltischen Plätze sind eine Mixtur aus Gästehaus, Blockhäusern und Campingplatz. Ihr könnt neben Hotels zelten und euren Camper auf Bauernhöfen oder sogar in privaten Gärten mit einer Handvoll Stellplätzen parken. Auch viele Jachthäfen bieten schöne Plätze für Wohnmobile. Viele dieser Stell-

Kleines Campingplatzidyll: »off season« in Lettland

und Campingplätze sind klein und sehr einfach ausgestattet. Neben WC oder Trockentoilette gibt es aber, ebenso wie in Finnland, fast immer eine Sauna, in der ihr dann meist auch duschen könnt. In der Nebensaison ist die Rezeption oft nicht besetzt und ihr müsst zur Anmeldung die am Platz angegebene Nummer anrufen.

Auch im Baltikum gibt es viele der einfachen, meist kostenlos nutzbaren Natur-Camps. Sie heißen in Litauen *Stovyklaviete*, in Lettland *Atputas Vieta* und in Estland *Telkimisala*. Viele davon liegen traumhaft schön an einem See oder am Meer. An den Wochenenden trifft man sich hier in großen Familien- oder Freundesgruppen zum Grillen. Neben dem Grill werden die Zelte aufgeschlagen und am nächsten Morgen alles wieder im Auto verstaut. Bis zum nächsten Samstag kehrt Ruhe ein. Diese Plätze sind eigentlich auf Zelte ausgerichtet, viele bieten aber auf den zugehörigen Parkflächen auch gute Plätze für kompakte Wohnmobile. Sie haben nur einen einzigen Nachteil: Bei der Anfahrt hoppelt man stets über mehr oder weniger schmale Waldwege.

› Polen

Egal ob Campingplatz oder Stellplatz für Wohnmobile – an den Seen bei Suwałki und in Masuren gibt es unendlich viele davon. Viele liegen direkt am Wasser und das Preisniveau ist eher moderat.

CampCard & Co

Früher hieß es, dass man auf Campingplätzen in Skandinavien eine »Camping Key Europe«-Karte braucht. Uns hat nie jemand danach gefragt und unsere Karte kam extrem selten zum Einsatz, auch unsere ACSI-Card konnten wir kaum nutzen. Wir würden sagen: könnt ihr euch sparen.

Freistehen mit Verantwortung

Mitten in der Natur stehen, der Stille lauschen, Vögel und andere Tiere beobachten, die sich an ein geparktes Auto erstaunlich furchtlos heranwagen, und den ersten Tee oder Kaffee in der Tür sitzend mit Blick über eine weite Landschaft oder über das Meer genießen – ein schöner Stellplatz in der Natur ist einfach ein Traum.

Solche Plätze, an denen man vertretbar freistehen kann, werden in Europa aber immer rarer. Selbst im Süden Skandinaviens gibt es inzwischen viele Einschränkungen – Jedermannsrecht hin oder her. Das liegt daran, dass die Zahl der Camper in den letzten Jahren enorm zugenommen hat. Leider reicht es aus, wenn einzelne gedankenlos ihren Müll liegen lassen, im Naturschutzgebiet Feuer machen, Klopapier und »Tretminen« hinterlassen oder gar den Inhalt der Chemietoilette in der Natur entsorgen. Wo zu viele Camper auftauchen und zeitweise ganze Parkplätze blockieren, gibt es Ärger. Immer.

Wir sind für unsere Bücher seit über 15 Jahren mit dem Campervan unterwegs und sehen die Zahl der freien Plätze Jahr für Jahr schwinden. Wir können allerdings oft auch gut verstehen, warum Gemeinden mit einem Verbot reagieren. Es sind nur wenige, die sich danebenbenehmen, aber die Folgen tragen alle Campenden.

Unser Fazit?

Es ist unsere Verantwortung. Was wir heute tun, wird darüber entscheiden, ob Freistehen auch in Zukunft noch möglich ist.

Keine Spuren hinterlassen ist der erste Schritt. Darüber hinaus

Wildniscamp in Schweden

haben wir eine Vision: Wie wäre es, wenn man Plätze, an denen regelmäßig Camper stehen, daran erkennt, dass sie sauberer sind als andere? Unseren freien Platz sauberer hinterlassen, als wir ihn vorgefunden haben – auch das ist ein neuer Campingtrend. Er erfüllt uns mit Hoffnung. Ein Werkzeug zum Müll sammeln gehört für uns zur Basisausstattung im Campervan!

Freistehen und Wildcampen

Verbote beachten ist für uns ebenfalls eine wichtige Grundregel, damit freistehende Camper weiterhin akzeptiert werden. Wichtig ist dabei die Unterscheidung zwischen »Nachtparken« und »Wildcampen«.

Das einmalige Übernachten im geparkten Fahrzeug wird häufig toleriert. In manchen Regionen wird dabei aber jede Art von »Campingverhalten« geahndet. Das ist in Skandinavien und im Baltikum bisher noch ziemlich entspannt. Trotzdem sollten wir uns als Camper auf einem freien Platz nicht häuslich einrichten und uns nicht allzu sehr ausbreiten. Wer Tisch und Stühle rausstellt, die Markise ausfährt oder gar ein Vorzelt aufbaut, den Grill aufstellt oder Wäsche aufhängt, zeigt eindeutig Campingverhalten. Camping außerhalb von offiziellen Stell- oder Campingplätzen ist nirgendwo gerne gesehen und in vielen Regionen schlicht verboten.

Freistehen – was sagt das Gesetz?

Die Regeln zum Nachtparken und Wildcampen sind in jedem Land anders. Oft sind es sogar Gemeindegesetze, die darüber entscheiden. In Skandinavien ist die Situation durch das »Jedermannsrecht« noch einmal anders als in anderen Ländern Europas. Diese Sonderregelung sorgte lange dafür, dass auch freistehende Wohnmobile und Campervans toleriert wurden und wird immer wieder als Freibrief zum Wildcampen missverstanden.

Die Idee hinter dem Jedermannsrecht

In Skandinavien gibt man jedem Menschen das Recht, die Natur zu genießen und ihre Früchte zu nutzen, unabhängig von den Eigentumsverhältnissen am jeweiligen Grund und Boden. Eingeschränkt ist das Jedermannsrecht durch die Bedingung, dass seine Ausübung weder der Natur noch anderen Menschen Schaden, Störungen oder sonstige Nachteile zufügen darf. Insbesondere ist der häusliche Frieden der Landbesitzer zu achten, sodass zu Wohnhäusern immer ein angemessener Abstand zu halten ist.

Gedacht ist das Jedermannsrecht für ein bis zwei Übernachtungen an einem Ort im Rahmen einer Outdoortour, nicht für Langzeitaufenthalte. Es kann außerdem in bestimmten Gebieten besonderen Beschränkungen unterliegen, insbesondere in Nationalparks, Naturschutzgebieten oder militärischen Sperrgebieten. So ist beispielsweise in zahlreichen Nationalparks das Zelten nur auf ausgewiesenen Rastplätzen erlaubt und das Übernachten im Camper auf Parkplätzen verboten.

Wir haben für euch hier noch einmal die **gesetzlichen Bestimmungen** für die Länder an unserer Route zusammengestellt.

› Dänemark
In Dänemark ist Wildcampen offiziell verboten. In der Praxis wird das Freistehen aber durchaus an einigen, weniger touristischen Orten toleriert, wenn ihr euch entsprechend unauffällig verhaltet. Ihr geht dabei aber theoretisch immer das Risiko ein, einen Strafzettel zu kassieren.

› Schweden
Die Übernachtung im Camper ist auf öffentlichen Parkplätzen erlaubt, wenn dort kein Verbotsschild steht. Vorsicht! In Süd-Schweden gibt es jede Menge »versteckte« Verbote. Auf vielen Parkplätzen dürft ihr dort nur mit Class1-Fahrzeugen stehen und unter diese Klasse fallen ausschließlich PKWs. Diese Zuweisung der Parkplätze ist absolut ernst gemeint und wird auch kontrolliert. Parkt ihr einen Campervan auf einem Class1-Parkplatz, kann das ziemlich teuer werden. In Nationalparks ist die Übernachtung nur auf offiziellen Camper-

Das Jedermannsrecht für Camper

Das Jedermannsrecht gilt in Schweden und Norwegen nur für Outdoortouren, ihr habt also keinen rechtlichen Anspruch darauf, auch mit dem Camper in der Natur zu übernachten. Nur in Finnland gilt es auch für Übernachtungen in einem Fahrzeug. Trotzdem gibt es überall im Norden eine relativ große Toleranz gegenüber freistehenden Campern, wenn ihr einige einfache Regeln beachtet.

1 | Beachtet die vorhandenen Verbotsschilder!

2 | Haltet mindestens 150 Meter Abstand zu bewohnten Häusern.

3 | Haltet euch fern von landwirtschaftlich genutzten Flächen.

4 | Hinterlasst an euren Plätzen keinerlei Spuren und nehmt euren Müll immer komplett wieder mit.

5 | Verwendet in Seen und an Seeufern niemals Seife und Shampoo.

6 | Nutze für ein Lagerfeuer ausschließlich angelegte Feuerstellen und hole niemals Brennholz von lebenden Bäumen!

7 | Informiere dich im Sommer über die gültige Feuerwarnstufe, oft ist es auch in Skandinavien im Hochsommer verboten, Feuer zu machen.

8 | Bleibt nicht tagelang an Grill- und Badeplätzen stehen, die von den Gemeinden eingerichtet sind und auch von Einheimischen genutzt werden.

9 | Verhaltet euch unauffällig und parkt platzsparend.

10 | Bleibt bei der Stellplatzsuche auf öffentlichen Straßen und Fahrwegen. Fahren abseits von Wegen hinterlässt oft große Schäden in der Natur. In Schweden sind Offroad-Fahrten und das Abstellen von Fahrzeugen abseits von Parkplätzen sogar ausdrücklich verboten.

plätzen gestattet. Verboten sind außerdem Offroad-Fahrten außerhalb von Straßen und Fahrwegen.

› Nord-Norwegen
Die Übernachtung im Camper ist auf öffentlichen Parkplätzen erlaubt, wenn dort kein Verbotsschild steht. Besonders wichtig ist es dabei, den Abstand zu Wohnhäusern einzuhalten und keinerlei Spuren zu hinterlassen. Auch Langzeitaufenthalte an einem Platz werden nicht gerne gesehen.

› Finnland
In Finnland gilt das Jedermannsrecht auch für Reisende im Camper, wenn ihr euch an die Regeln haltet. Es gibt vergleichsweise viel Platz für wenige Menschen und daher wenig Verbote. Auch die Einheimischen stehen gerne mit ihren Wohnmobilen in der Natur.

› Estland, Lettland, Litauen
In den Baltischen Ländern ist Freistehen überall erlaubt, wo es nicht ausdrücklich durch Schilder verboten wird. Nur in den Nationalparks müsst ihr auf offizielle Plätze. Es gibt dort aber immer eine gute Auswahl an einfachen Naturcamps, die ihr meist kostenfrei nutzen könnt.

› Polen
Wildcampen ist in Polen offiziell verboten, darunter zählt hier auch die Übernachtung in Campervan und Wohnmobil. Vor allem abseits der Küste gibt es aber viele kleine, naturnahe Campingplätze mit moderaten Preisen.

Was macht eigentlich einen passenden Stellplatz aus?

Der erste Check ist einfach. Versetzt euch in die Position von Einheimischen und Anwohnern. Würde es euch stören, wenn hier ein Camper steht? Oder mehrere? Bleibt für andere genug Platz zum Parken? Steht ihr im Weg?

Alles mit »nein« beantwortet? Kein Verbotsschild in Sicht? Dann ist wohl alles klar für eine Übernachtung. Oft hilft es auch, vor Ort Kontakt aufzunehmen und einfach zu fragen, ob ihr bleiben könnt. Denn wenn die Einheimischen wissen, wer da steht und warum, dann ist das Problem vielleicht schon erledigt.

Wie finde ich einen guten Stellplatz?

Das wichtigste und gängigste Werkzeug, um freie Stellplätze zu finden, ist für viele die App Park4Night. Eine Alternative, die ursprünglich aus der Allrad-Szene stammt, ist ioverlander.com. Die Plätze, die ihr dort findet, werden von Campenden für Campende eingegeben. Für Skandinavien könnt ihr außerdem auch mal einen Blick in die weniger gängigen Apps Norcamp und Nordcamp werfen.

Weit und breit niemand zu sehen und Platz ohne Ende …

Freistehen mit Weitblick auf den Vesterålen

Erfreulicherweise findet inzwischen von Seiten der Plattform Park4Night eine rudimentäre Kontrolle statt und es werden Hinweise eingeblendet, wenn sich ein Platz in einem Naturschutzgebiet befindet. Diese Kontrolle ist aber nicht vollständig und längst nicht alle Plätze in der App sind legal. Die Verantwortung bei der Platzwahl bleibt bei euch!

Ihre Beliebtheit ist auch der größte Nachteil der App Park4Night. Plätze, die hier gut bewertet sind, werden in viel bereisten Regionen, in den Hauptreisezeiten und am Wochenende von viel zu vielen Campern genutzt. Wollt ihr einen Platz für euch alleine und wirklich mitten in der Natur, müsst ihr selber suchen (oder außerhalb der Saison reisen). Die besten Hilfsmittel dazu sind Google Earth, die detaillierten digitalen Karten einer Wanderapp, auf der auch Parkplätze eingetragen sind, und Tipps von anderen Reisenden oder Einheimischen. Wenn ihr so einen Platz gefunden habt, passt auf ihn auf. Gute Plätze, die nur wenige Fahrzeuge vertragen, solltet ihr nicht online verbreiten. Park4Night hat schon viele gute Plätze »verbrannt«, weil plötzlich zu viele Camper dorthin finden.

Campieren mit Manieren

Von Tretmienen und Klopapierfahnen

Mehr oder weniger gut abgedeckte »Scheißhäufchen« sind eine der unangenehmsten Hinterlassenschaften an freien Plätzen. Wenn euer Camper keine Toilette an Bord hat, helfen ein paar kleine Utensilien bei einer Outdoortoilette, die keine Spuren hinterlässt.

Menschlicher Urin und Kot sind ein natürlicher Dünger und aus Sicht des Umweltschutzes ist es erst einmal unbedenklich, sie in der Natur zu hinterlassen. Bei einer verträglichen Outdoortoilette müsst ihr aber zwei Dinge sicherstellen: Es darf am Ort eurer Wahl nach dem »Geschäft« kein Klopapier herumliegen und das »Häufchen« muss sicher so liegen, dass niemand aus Versehen hineintritt. Eine Hinterlassenschaft mitten im Wald, ein Stück abseits von Wegen, ist sicher kein Problem, eines neben der Sitzbank am See dagegen schon.

Die beste Lösung ist es, Kot und Papier gut zu vergraben. Dazu braucht man einen kleinen (Klapp-)Spaten im Van – oder bei Outdoortouren im Kanu-, Fahr-

Natur-Camp auf Saaremaa

rad- oder Wandergepäck. Leider funktioniert das mit dem Graben nicht immer richtig gut. Ist der Boden trocken und knallhart, steinig oder mit Wurzeln durchsetzt, wird euer Loch nicht tief genug. Ein Stein auf dem Kothaufen? Entschärft zwar die Tretmine, macht sie aber nicht weniger unappetitlich und ist auch nur eine Notlösung.

Akzeptabel funktioniert dagegen die Entsorgung mit einem Kotbeutel. Eigentlich für Hundekot erfunden, funktioniert das Prozedere auch bei Menschenhäufchen. Auch das Klopapier ist im Beutel gut untergebracht. Fest verknotet landet dieser dann im nächsten verfügbaren Mülleimer. Der Nachteil: Ihr braucht für jeden Toilettengang eine Tüte und immer noch einen passenden, geschützten Platz für euer Geschäft – und einen Mülleimer in der Nähe.

Trotz all dieser Lösungen: Ohne Toilette an Bord kommen manche Stellplätze einfach nicht in Frage. Das betrifft übrigens nicht nur das Freistehen – auch viele Wohnmobilstellplätze haben weder Toilette noch Dusche.

Wir hatten jahrelang aus Platzmangel und Überzeugung keine Toilette im Camper und wissen daher, wovon wir sprechen. Vor einigen Jahren haben wir dann eine Trockentrenntoilette angeschafft und halten sie inzwischen auch in kleinen Vans für unverzichtbar, wenn ihr nicht überwiegend auf Campingplätzen übernachtet.

Wie es zu diesem Sinneswandel kam? Es gab einige Schlüsselerlebnisse auf unseren Reisen. Dazu gehören auch Camperplätze, die nach Urin stanken und an denen man im nahen Wäldchen zwischen Klopapier und verdächtigen Steinhaufen kaum mehr einen sicheren Weg finden konnte.

Es gab dann immer wieder mal Situationen, wo es auch uns einfach nicht gelungen ist, bei der Outdoortoilette wirklich keine Spuren zu hinterlassen. Besonders schwierig ist das in weitgehend baumfreien Regionen im Norden oder hoch oben in den Bergen. An einem Platz im Baltikum haben wir dann morgens den Inhalt unseres sorgsam zugebuddelten Toilettenlochs weiträumig verteilt in der Landschaft entdeckt. Wir standen hier völlig alleine, keine Menschenseele weit und breit. Seitdem wissen wir, dass auch Wildtiere Toilettenlöcher spannend finden und sind dazu übergegangen, möglichst gar kein Klopapier in der Natur zurückzulassen.

Eine eigene Toilette an Bord ist so etwas wie ein »Gamechanger«, der euch in Sachen Stellplatzwahl ungeahnte neue Freiheiten schenkt. In kleinen Fahrzeugen könnt ihr dazu eine der kleinen Trockentrenntoiletten verwenden, die auch in einen VW-Bus passen. Wir haben ein »Kildwick MiniLoo«. Funktionsweise und Vorteile haben wir ausführlich auf unserem Blog besprochen.

naturzeit-blog <<

Richtige Entsorgung
Der einzige Platz, an dem ihr eine Chemietoilette korrekt entsorgen könnt, ist eine Entsorgungsstation für Wohnmobile (Camper-Service). Verwendet ihr in der Toilette statt Chemie biologisch abbaubare Substanzen oder Schmierseife, kommt auch die Entsorgung in einer normalen Toilette in Frage – wenn ihr es hinkriegt, dort keine Spuren zu hinterlassen. Das einzige Problem dabei: Nur ihr wisst, was sich in eurer Kassette befindet und wenn ihr beobachtet werdet, schadet das leider dem Ruf aller Camper.

Komplett tabu zur Entsorgung sind Kompost-Toiletten. Auch ein Dixi-WC, in dem Kassetten aus mehreren Wohnmobilen entleert werden, wird schneller als erwartet voll und für andere nicht mehr verwendbar sein. Denkt außerdem daran, dass in abgelegenen Regionen Toiletten manchmal nicht an die Kanalisation angeschlossen sind (deshalb gehört das Papier dann in den Mülleimer) und ihr den Inhalt eurer Kassette an solchen Toiletten direkt in die Natur entlasst. Wer sein Chemie-WC im Wald oder im Straßengraben ausleert, gießt Gift in die Natur! Das ist die größte Sauerei und leider auch nicht bei allen tabu!

Zehn Gebote für Camper

1 | Campt & parkt nur da, wo es erlaubt ist.

2 | Verlasst Orte sauberer, als ihr sie vorgefunden hast.

3 | Respektiert eure Mitmenschen – Camper wie Anwohner.

4 | Respektiert die Natur und lebt im Einklang mit ihr.

5 | Notdurft in der Natur: Ob groß oder klein, haltet die Umwelt rein. Toilettenpapier und der Inhalt von (Chemie-) Toiletten gehören nicht in die Natur.

6 | Entzündet offenes Feuer nur an den dafür vorgesehenen Stellen, achtet auf Waldbrandstufen und Naturschutzgebiete.

7 | Camper sind keine Rudeltiere. Wenn der Platz schon voll ist, sucht euch einen anderen Ort.

8 | Seid freundlich, positiv und verurteilt andere nicht.

9 | Behaltet euren Hund im Blick und an der Leine. Die Hinterlassenschaften gehören aufgesammelt und in einem Mülleimer entsorgt – nicht mit Tüte im Wald.

10 | Behaltet eure Stellplätze für euch. Entdeckt selbst und teilt sie nicht mit der Öffentlichkeit.

»Campieren mit Manieren« ist ein Projekt von Marcus von **vanlust.de**. Wir bedanken uns für die Genehmigung zum Abdruck.

Das Entsorgen einer Trockentrenntoilette ist einfacher, trotzdem sollte man dabei den Kopf einschalten. Wer den Inhalt seines Urinkanisters vor der Abfahrt noch großzügig am Stellplatzrand verteilt (ist ja nur Natur), wird sich sicher keine Freunde machen. Urin stinkt. Unsere erste Wahl zur Entsorgung von Urin ist eine Toilette oder auch die Camper-Station. Ist das nicht möglich, ist Brachland am Straßenrand ein geeigneter Platz. Kies- und Erdschichten fungieren dabei als natürlicher Filter. Verteilt dabei den Inhalt des Kanisters, damit nicht zu viel Urin an einer Stelle landet (auch Dünger schadet in zu hoher Konzentration) und haltet euch von Wasser und Viehweiden fern.

Der Kotbeutel aus der Trenntoilette gehört gut verknotet in den Hausmüll. Wir wählen dazu nur große, fest verschlossene Container, damit kein Fuchs den himmlisch duftenden Sack aus dem kleinen Mülleimer am Picknickplatz zieht und den Inhalt gleichmäßig unter den Tischen verteilt.

Grauwasser

Auch der Inhalt eines Abwassertanks gehört ohne Ausnahmen in eine Entsorgungsstation (Camper-Service). Selbst biologisch abbaubare Seifen im Wasser sollten nicht in größeren Mengen in die Natur gelangen. Habt ihr gar keinen Abwassertank und spült in einer Schüssel, verwendet lieber warmes Wasser als Spülmittel, um hartnäckigen Schmutz zu lösen. Gießt euer Spülwasser am besten an Stellen aus, an denen der Naturfilter (Kies und Erde) arbeiten kann und Nahrungsmittelreste und Fett nicht stören und spült niemals direkt in einem Bach oder See. Wegen seines hohen Stärkegehalts ist übrigens auch heißes Nudelwasser für Büsche und Bäume ziemlich schädlich.

Nachhaltigkeit im Camper

Den Müll möglichst gut zu sortieren hält den Hausmüllbeutel so klein, dass er in jedem Mülleimer entsorgt werden kann, ohne damit alles zu blockieren.

Das Trennen von Müll haben wir tatsächlich in Skandinavien als schwieriger erlebt als im Süden Europas, weil nicht alle Wertstoffe in Containern an der Straße gesammelt werden. Glas und Metall könnt ihr überall gut entsorgen. Papiercontainer gibt es nur ab und zu. Kunststoffe werden nur gemischt gesammelt und längst nicht an jedem Wertstoffhof.
Da das Leitungswasser überall gut trinkbar ist, könnt ihr aber zumindest auf Pet-Flaschen ganz gut verzichten. Flaschenpfand ist in allen Ländern üblich, den Flaschenautomaten zur Rückgabe der Pfandflaschen haben wir aber vor allem in Norwegen nie auf Anhieb gefunden. Die Automaten befinden sich nicht im Inneren der Supermärkte, sondern sind irgendwo auf der Rückseite des Gebäudes versteckt.

Weniger ist mehr

Leben in Campervan und Wohnmobil

Ausrüstung

Unsere Kriterien für die richtige Ausrüstung sind einfach: robust, langlebig, leicht und klein zusammenklappbar. Wir sortieren jedes Jahr einmal durch. Was brauchen wir wirklich und was bleibt zu Hause? Denn das ist eines unserer wichtigsten »Learnings« aus gut 15 Jahren Reisen im Campervan: Weniger ist mehr. Unnötig viel Gepäck nervt und steht nur im Weg rum. Reisen mit dem Campervan ist für uns wohltuend minimalistisch.

Trotzdem gibt es paar Luxus-Ausrüstungsgegenstände, die wir nicht missen möchten und an denen wir einfach Spaß haben. Für mich ist unsere Hängematte eins davon, Andrea würde dagegen nie auf ihre Mysa-Matte verzichten. Eine gute Pfanne (mit klappbarem Griff natürlich), unser einfacher Toaster für den Gaskocher, unser Packraft mit Paddeln und Schwimmwesten und auch die dehnbare Wäscheleine mit Haken an den Enden haben sich bewährt.

Tisch, Stühle, Spülschüssel – bei uns ist alles faltbar. Einige unserer Ausrüstungsgegenstände haben wir auch auf unserem Blog vorgestellt.

naturzeit-blog

Leben unterwegs

Wäsche waschen

Für vier Monate braucht ihr nicht mehr Kleidung als für drei Wochen, denn waschen müsst ihr sowieso. Waschmaschinen stehen in Skandinavien an jedem Campingplatz und an vielen Stellplätzen. Das ist eigentlich auch die einzige Möglichkeit zum Waschen, denn Waschsalons sind nicht üblich. Im Baltikum verändert sich die Situation. Waschmaschinen und Trockner gibt es hier nur auf den größeren Touristenplätzen. Es handelt sich aber fast immer um normale Haushaltsmaschinen, bei denen es eher ein Glücksfall ist, wenn die Wäsche tatsächlich trocken aus dem Trockner kommt. In den größeren Städten gibt es dafür wieder Waschsalons. Mit deren schnellen Industriemaschinen braucht ihr gute dreißig Minuten für einen Waschgang und noch einmal so lange für das Trocknen der Wäsche. Wer viel Wäsche hat, teilt sie am besten auf zwei Trockner auf.

Einkaufen

Am einfachsten ist es natürlich, sich mit abgepackten Produkten in großen Supermärkten zu versorgen. Wer zu Lidl geht, findet sogar fast das gleiche Sortiment wie zu Hause. Wesentlich spannender und auch aus dem Blickwinkel der Nachhaltigkeit sinnvoll ist ein Einkauf auf dem Markt oder in kleinen Läden. Sprachbarrieren sind dabei kaum zu befürchten, denn in den skandinavischen Ländern sprichen wirklich alle Englisch, meist sogar ziemlich gut. In vielen größeren Orten gibt es eine Markthalle, die oft sogar täglich geöffnet ist. Eine echte Empfehlung sind auch die Fischräuchereien, die ihr in Dänemark, Südschweden und an der finnischen Ostseeküste häufig nahe am Hafen findet. Im Baltikum wird Räucherfisch dagegen meist an Ständen am Straßenrand verkauft. Er ist sehr lecker und meist recht preisgünstig. Unbedingt probieren!

Je weiter ihr nach Norden kommt, desto mehr zahlt ihr für Obst und Gemüse. Obstsorten aus dem Süden sind dabei nicht nur teuer, sie schmecken meist auch nicht besonders gut. Beeren, Obst und Gemüse aus Norwegen oder Schweden, die einen nicht ganz so weiten Weg haben, sind die deutlich bessere Wahl. Lebensmittel sind in Skandinavien und auch in Dänemark generell teurer als bei uns. Besonders groß ist der Preisunterschied bei Süßwaren und Alkohol, die mit hohen Steuern belegt sind.

Essen gehen
Auch hier ist Skandinavien berüchtigt für sein hohes Preisniveau. Besonders krass macht es sich tatsächlich in Norwegen bemerkbar, wo wir uns sehr schnell auf »selber kochen« verlegt haben. Die Preise in Schweden fanden wir dagegen vergleichsweise moderat und auch ein Essen im Gasthof durchaus finanzierbar. Mittags wird in vielen Restaurants ein relativ günstiges »dagens rätt«, ein Tagesgericht, angeboten. Etwas Vergleichbares gibt es auch in Finnland. Wir haben das hier sehr beliebte Mittagsbuffet getestet. Für 12 bis 15 Euro bekommt ihr ein warmes Essen, das zwar optisch oft ein bisschen an »Kantine« erinnert, aber meist frisch zubereitet wird. Dazu gehören auch eine Auswahl an frischen Salaten, Brot und Butter, ein Getränk, ein Nachtisch und Tee oder Kaffee.

Vergleichsweise günstig ist ein Restaurantbesuch immer noch in Litauen, Polen und teilweise auch in Lettland, vor allem wenn ihr dorthin geht, wo auch die Einheimischen essen.

Die üblichen Essenszeiten
Im Norden isst man relativ früh – das gilt ganz besonders für Norwegen und Schweden. Zum Abendessen trifft man sich schon zwischen 17 und 18 Uhr. Mittags sind Restaurants sind üblicherweise zwischen 11 und 14 Uhr geöffnet.

Während in Dänemark, Norwegen und Schweden fast alles auch auf Englisch übersetzt wird – Speisekarten machen da keine Ausnahme – kann die Auswahl im Restaurant in Finnland, Estland und ganz besonders in ländlichen Regionen in Lettland, Litauen und Polen, schon mal zur Herausforderung werden. Die Kamerafunktion des Google-Übersetzers war mehrfach unsere einzige Rettung, wenn auch das Personal nur wenig Englisch sprach.

Kochen im Camper
Da wir auf langen Reisen häufig selbst kochen, ist unsere Mini-Küche gut, aber doch platzsparend ausgestattet. Das ist unsere Basisausstattung in der Küche: zwei beschichtete Töpfe, eine beschichtete Pfanne mit Klappgriff, ein mechanischer Mixer, eine kleine Reibe für Gemüse, ein Korkenzieher, einige verschraubbare Kunststoffboxen für Reste,

die supergut schneidenden kleinen Messer von Victorinox, mit denen man auch Brot schneiden kann, dazu zwei dünne Holzbrettchen, eine faltbare Schüssel mit Deckel und einen flachen klappbaren Toastaufsatz für die Gasflamme. Wir wählen auch hier unser Equipment eher in Outdoorshops als im normalen Campingbedarf, damit es klein und handlich ist. Für uns hat das den Vorteil, dass sich ein Teil unserer Ausrüstung auch gleich für unsere Mehrtagestouren mit Rucksack und im Kanu eignet.

Kochen mit dem Omnia

Der Omnia hat die Camperküche revolutioniert und ja, auch wir haben einen dabei. Er ist so einfach wie genial in Bau und Handhabung und ermöglicht uns, unterwegs auch Kuchen und Brot zu backen. Da bei uns leider glutenfreie Ernährung ein Thema ist, macht es uns unabhängig vom pappigen, in Plastik verpackten Toastbrot – dem einzigen glutenfreien Brot, das fast überall zu haben ist. Auch das Aufbacken von Brötchen klappt im Omnia gut.

Es gibt Kochbücher für den Omnia, ihr findet aber auch online Rezepte und Anleitungen. Ausprobiert und für gut befunden haben wir etliche Köstlichkeiten von **www.kasteninblau.de**.

Glutenfrei und vegan

Glutenfreies Brot, Nudeln und Gebäck gibt es in Schweden, Norwegen und Finnland in vielen Supermärkten. Vor allem in Finnland ist das Sortiment riesig. Wer vegan essen möchte, hat dagegen in Schweden die größte Auswahl. Die Preise sind vergleichsweise günstig, selbst in Norwegen sind glutenfreie Lebensmittel nicht so viel teurer als die regulär produzierten.

Auch im Baltikum ist eine glutenfreie Basisversorgung möglich, am besten sortiert ist hier der Rimi-Supermarkt. Die Preise für bio, vegan oder glutenfrei sind hier jedoch exorbitant.

Beeren, Fisch und Pilze

Wenn ihr im Spätsommer und Herbst unterwegs seid, könnt ihr den Speiseplan mit selbst gesammelten Beeren ergänzen **[› Seite 418]**. Wer sich gut genug auskennt, findet im Herbst in den Wäldern in Schweden, Finnland und im Baltikum auch viele Pilze. In Norwegen lohnt sich dagegen das Angeln. Ihr braucht dort dafür keinen Angelschein und, wenn ihr eure Angel im Fjord auswerft, auch keine Angelkarte. Nur für das Angeln im Süßwasser an Seen und Flüssen muss eine *Fiskekort* erworben werden. Sie gilt dann immer nur für ein bestimmtes Gewässer.

Bargeld, Karte und App

Während Estland, Lettland, Litauen und Finnland Euro-Länder sind, braucht ihr in Dänemark, Schweden und Norwegen die im jeweiligen Land gültigen Kronen. Das sind drei unterschiedliche Währungen mit unterschiedlichem Wechselkurs. In Polen zahlt man mit dem Zloty. Geld abheben und sich mit einer fremden Währung vertraut machen, ist auf dieser Reise also mehrfach ein Thema.

Bargeld braucht ihr nicht in Skandinavien – diese Info bekamen wir vor der Reise immer mal wieder. Unsere Erfahrung ist ein bisschen anders. Zwar ist es tatsächlich so, dass in den skandinavischen Ländern alles per Karte oder App bezahlt wird, dabei kommen aber auch zwei Zahlungssysteme zum Einsatz, die nur für Einheimische

An Sonnentagen ist die Stromversorgung kein Problem

funktionieren. Um die Apps zu nutzen, muss man im jeweiligen Land angemeldet sein. Swish und Vipps sind als Zahlungsmittel auch für kleine private Stellplätze, die Wildniscamps, einige Parkplätze oder im Straßenverkauf von Produkten wie Eiern oder Honig beliebt – eben überall dort, wo niemand zum kassieren ist. Für Reisende aus dem Ausland braucht es an solchen Spots eine Sonderlösung. Die einfachste ist: mit Bargeld zahlen, das man problemlos in einen Briefumschlag stecken und einwerfen kann. Genau für solche Situationen haben wir in jedem Land etwa hundert Euro in Kronen umgetauscht und an einem der letzten Tage den Rest bei einem »Abschiedseinkauf« ausgegeben. Dabei ist es in Skandinavien problemlos möglich, einen Einkauf nur teilweise mit Bargeld und den Rest dann mit Karte zu bezahlen. Ihr müsst also beim Einkauf nicht rechnen und kein Kleingeld mit nach Hause nehmen.

Energie

Die Sache mit dem Gas

Das Thema Gasversorgung im Wohnmobil ist in Schweden, Norwegen und im Baltikum vergleichsweise unkompliziert. Die grauen deutschen elf oder fünf Kilo fassenden Gasflaschen könnt ihr hier zwar nicht tauschen, aber problemlos nachfüllen lassen. Autorisierte Füllstationen gibt meist im Umfeld der Städte. Ihr findet sie auch über Park4Night. Nur Finnland ist ein Problem. Dort ist weder der Tausch noch das Nachfüllen möglich. Ihr solltet ausreichend Gas dabei haben, dass ihr bis zur Einreise nach Estland versorgt seid.

Wenn ihr ein Wohnmobil oder einen Campervan mit **Gastank oder Gastankflasche** besitzt, kann dieser an jeder LPG-Tankstelle nachgefüllt werden. Bei der Suche nach der nächsten Tankstelle hilft www.mylpg.eu. In Finnland gibt es übrigens auch keine LPG-Tankstellen.

Besonders relevant ist das Thema Gasversorgung, wenn euer Wohnmobil mit einer **Gasheizung** ausgestattet ist. Die Durchschnittstemperatur liegt am Nordkap auch im Juli bei etwa 10 Grad, hier kann es auch im Sommer ziemlich frisch werden. Wir haben unsere Heizung zwar erst im September zum ersten Mal im Einsatz gehabt, das kann aber auch anders sein. Läuft eine Gasheizung durchgängig, braucht ihr so etwa nach vier Tagen eine neue Flasche. In einem Van mit Dieselheizung ist das Reisen in kalte Regionen deutlich entspannter.

Echte Schwierigkeiten habt ihr in Skandinavien mit den blauen **CampinGaz-Kartuschen**, die oft in Campingbussen verbaut sind. Wegen ihrer Füllung mit Butangas, das bei Temperaturen unter 0° C nicht mehr brennt, sind diese in Nordeuropa nicht sehr verbreitet. Offizielle Verkaufsstellen gibt es nur in Estland, wo der Trekkingausrüster Matkasport (matkasport.ee) mit Filialen in Pärnu, Tallinn und Tartu die Kartuschen im Sortiment hat. Weitere Firmen füllen illegal nach, was durchaus problematisch ist, weil die Butan-Gasflaschen nicht für den höheren Druck von Propangas ausgelegt sind.

In unserem Nugget brauchen wir das Gas zwar nur zum Kochen, aber auch dazu reicht uns eine volle Flasche ziemlich genau vier Wochen. Eine Ersatzkartusche haben wir immer dabei, für vier bis fünf Monate war das aber keine Lösung. Die haben wir dann mit der Propangas-Flasche von Schröder Gas (www.schroeder-gas.de) gefunden, die absolut baugleich zu der 2,7-Kilo-Flasche von CampinGaz ist. Sie wird an allen autorisierten Füllstationen in Schweden, Norwegen und im Baltikum mit Propangas nachgefüllt. Die Füllung ist übrigens deutlich preisgünstiger als ein Tausch der CampinGaz-Flasche in Deutschland. In Litauen haben wir gerade mal 3,29 Euro für eine Füllung bezahlt. Leider verschickt Schröder Gas die Flaschen nicht. Man muss sie in einer der Filialen, die sich alle in Norddeutschland befinden, vor Ort kaufen.

Solarstrom

Wenn wir viel unterwegs sind und fast jeden Tag ein Stückchen fahren, reicht uns die Ladeleistung des Motors, um unsere Campingbatterie ausreichend zu füllen. In unserem Campervan ist der Kompressorkühlschrank allerdings auch der einzige hungrige Stromverbraucher. Auch Handys und Laptops können wir dann noch ausreichend mit Strom versorgen.

Stehen wir länger an einem Ort, brauchen wir Landstrom. Um mit überschaubarem Aufwand unabhängiger zu werden, haben wir uns inzwischen eine mobile Solarzelle angeschafft. Bei blauem Himmel und Sonne reichen uns deren 120 Watt Leistung, um beide Gelbatterien voll zu halten. Das funktioniert an den langen nordischen Sommertagen ohne Probleme. Wer gar keine Bordbatterie im Mini-Camper hat, kann eine flexible Solarzelle auch in Kombination mit einer Powerstation nutzen. Je nach Preisklasse können dort dann nur 12-Volt- oder auch 230-Volt-Geräte angeschlossen werden.

Ein Camper, mit dem ihr im Winter im Norden unterwegs sein wollt, braucht dagegen andere Energiequellen – zum Beispiel eine starke Lichtmaschine, eine Lithium-Ionen-Batterie und einen Ladebooster. So hat Katja Seidel das gelöst. Sie ist Astrofotografin und regelmäßig im Winter in Skandinavien unterwegs, um Nordlichter zu fotografieren. **[› Seite 420]**

Krankenversicherung

Über das Krankenversicherungsabkommen der EU-Länder habt ihr auch mit eurer deutschen Krankenversicherung auf einer Auslandsreise Anspruch auf medizinisch notwendige Leistungen – zum Teil allerdings mit Zuzahlungen. Das gilt außerdem nur für Ärzte und Ärztinnen, die von deutschen Krankenkassen zugelassen sind. Norwegen gehört zwar nicht zur EU, notwendige Behandlungen sind aber per Sozialversicherungsabkommen ebenfalls mit abgedeckt. Wer alle Kosten und auch Leistungen wie Krankenrücktransport abgesichert haben will, braucht eine zusätzliche Versicherung. Die üblichen, günstigen Reiseversicherungen sind nur für Reisen bis sechs Wochen gültig. Wer länger unterwegs ist, muss eine der deutlich teureren Langzeit-Auslandskrankenversicherungen abschließen.

Internet

Meist braucht ihr auf Reisen mehr mobile Daten als zu Hause, wo ihr datenaufwändige Dinge im WLAN erledigen könnt. Um unterwegs ausreichend Datenvolumen zur Verfügung zu haben, gibt es zwei gute Lösungen. Am einfachsten ist es, euren deutschen Vertrag so großzügig zu wählen, dass ihr auch unterwegs versorgt seid. Norwegen ist normalerweise in allen Verträgen mit abgedeckt, obwohl es nicht zur EU gehört. Klärt dabei vorher ab, dass euer Datenvolumen im Ausland nicht zu sehr reduziert wird und dass eure Reisezeit die akzeptierte Roaming-Zeitgrenze eures Anbieters nicht überschreitet. Bei unserem O2-Vertrag wurden uns dabei vier Monate genannt. Seid ihr dann nicht – zumindest für einen kurzen Zeitraum – zurück in Deutschland, wird nach Auskunft unseres Beraters die Geschwindigkeit gedrosselt.

Die zweite Lösung für sehr lange Reisezeiten ist es, sich im jeweiligen Land eine Prepaid-Card zu besorgen. Allerdings ist das Prozedere, bis ihr angemeldet seid und die Karte auch wirklich funktioniert, meist etwas aufwendig. Skandinavien gehört außerdem leider nicht zu den Regionen, in denen man kostengünstig an Prepaid-Karten mit hohem Datenvolumen kommt. Im Baltikum ist die Situation in dieser Hinsicht etwas besser.

Router

Verwendet ihr die SIM-Card nicht direkt in eurem Handy, sondern in einem Router, könnt ihr auch mit mehreren Geräten eine Karte nutzen. Hochwertige Router bieten zudem den Vorteil, dass ihr nicht in einem ungeschützten WLAN-Netz unterwegs seid: gut zu wissen, wenn ihr unterwegs auch Bankgeschäfte über euren Laptop abwickeln müsst.

Eine zusätzliche Antenne, die den Empfang verbessert, sorgt dafür, dass ihr an auch an Plätzen mit schlechtem Netz einen Film streamen oder surfen könnt. Da wir auch in unserem Van arbeiten, ist die Internetverbindung für uns besonders wichtig. Unsere Lösung haben wir auf dem Naturzeit-Blog vorgestellt.

naturzeit-blog

Mückenschutz

Mücken sind in Skandinavien während der Sommermonate überall präsent, insbesondere im Landesinneren und an den Seen. Entspannter ist die Situation meist an der Küste, weil dort immer ein leichter Wind geht, der die Mücken fernhält. Wir hatten an der norwegischen Atlantikküste kaum Probleme mit Mücken. Ebenso wenig wie Wind schätzen die kleinen Plagegeister große Hitze und direkte Sonne. Besonders wohl fühlen sie sich dagegen in feuchten, schattigen Winkeln, zwischen den Bäumen an Seeufern und an anderen stehenden Gewässern, in denen sie ihre Eier ablegen können. Die Größe der Mückenpopulation kann außerdem von Jahr zu Jahr und entsprechend der aktuellen Wetterlage variieren. Am meisten Mücken und Bremsen sind in den Monaten Juni und Juli zu erwarten.

Absolut unverzichtbar ist daher für eine Skandinavienreise ein dichtes, feingewebtes Mückennetz für die Fahrzeugtür. Ganz besonders wichtig ist das Netz bei Campervans mit Schiebetür. Es sollte schnell montierbar sein oder bei der Fahrt am Platz bleiben können. So habt ihr dann bei offener Schiebetür immer einen gut belüfteten, mückenfreien Sitzplatz. Darüber hinaus hatten wir für Wanderungen *Ballistol stichfrei* dabei, was sich auch einigermaßen bewährt hat. Alternativ schaut ihr vor Ort nach einem geeigneten Mückenspray. Zusätzlich empfiehlt sich für Wanderungen mechanischer Schutz in Form einer langen dünne Wanderhose und eines dünnen, aber langärmligen Hoodis mit Kapuze, mit dem die Arme und auch der Nacken geschützt sind.

In Skanadinavien sind die Geräte von **Thermacell** beliebt, um Sitzplätze im Freien mückenfrei zu halten. Sie werden vor Ort in vielen Supermärkten verkauft und funktionieren wohl recht gut. Wir haben uns jedoch dagegen entschieden. Die Wirkstoffplättchen arbeiten mit dem Pestizid Allethrin. Allethrin gilt als gesundheitsschädlich, wenn man es in großen Mengen einatmet und darf deshalb nur im Freien verwendet werden. Der Wirkstoff ist außerdem hochgiftig für Wasserorganismen. Die Plättchen werden in das Gerät gelegt und mit Hilfe einer Gaspatrone erhitzt, sodass der Wirkstoff verdampft. Insekten, die in Kontakt mit dem Dampf kommen, werden durch das Nervengift gelähmt und ersticken. Die Gaspatrone ist nach zwölf Stunden leer und muss ersetzt werden. Das Gerät produziert also jede Menge Müll. Ein Nachfüllpack mit zwei Patronen und acht Wirkstoffplättchen für 48 Stunden Betriebszeit kostet zudem etwa 30 Euro. Wir haben uns entschieden, weder unseren Bus noch die Natur in Pestiziddämpfe zu hüllen und auf den Einsatz von Thermacell verzichtet – mit der Konsequenz, dass wir uns in der Dämmerung häufig hinter das Mückennetz in den Bus zurückziehen mussten.

Zecken

Die baltischen Länder, Polen, Südschweden, Südfinnland und die norwegische Küste sind allesamt FSME-Risikogebiete. Wenn ihr viel wandert oder mehrtägige Outdoortouren plant, solltet ihr abwägen, ob ihr euch gegen FSME impfen lassen wollt.

Auf jeden Fall ist es sinnvoll, bei Wanderungen durch Wiesen und höhere Vegetation lange Hosen zu tragen und sich nach einem ausgiebigen Aufenthalt im Freien gegenseitig nach Zecken abzusuchen, auch um eine Infektion mit Borreliose zu vermeiden. Borreliose wird ebenfalls von Zecken übertragen, das Infektionsrisiko steigt, je länger die Zecke in der Haut bleibt. Eine feine Pinzette oder eine spezielle Zeckenpinzette zum Entfernen sind hilfreich und gehören auf jeden Fall in die Busapotheke. Reist ihr mit Hund oder Katze, solltet ihr auch euer Haustier regelmäßig absuchen.

On the Road

Mit dem Camper unterwegs

Die Verkehrsregeln in Skandinavien unterscheiden sich kaum von den deutschen. Unterschiede gibt es beim Tempolimit, nur im Ort wird überall maximal 50 gefahren. Auf Landstraßen liegt die Begrenzung in Dänemark, Norwegen und Finnland bei 80 km/h, im Baltikum bei 90 km/h, in Schweden zählt die Beschilderung.

Wie überall außerhalb Deutschlands gilt auch auf Autobahnen ein Tempolimit. 130 km/h sind es in Dänemark, 120 km/h in Schweden und Finnland und maximal 80 – 110 km/h in Norwegen.

Das hier sind weitere Regeln, die ihr »on the road« mit eurem Camper kennen solltet:

› In allen skandinavischen Ländern müsst ihr auch tagsüber mit Licht fahren.

› In Finnland gibt es ab November und in Schweden, Estland und Lettland ab Dezember und bis März eine Winterreifenpflicht. In Norwegen gilt die Winterreifenpflicht nur für Fahrzeuge über 3,5 Tonnen.

› Überall in der EU und auch in Skandinaven sind Handys am Steuer verboten.

› Die zulässige Grenze für den Alkoholwert im Blut liegt in Norwegen, Schweden und Estland bei 0,2 Promille.

Wollt ihr noch etwas Konkretes nachsehen, sind die Infoseiten des ADAC eine zuverlässige Quelle.

Parken mit App

Das öffentliche Leben ist in Skandinavien viel stärker digitalisiert als bei uns. So könnt ihr auch auf vielen Parkplätzen nur noch per App bezahlen. Wir sind mit easyPark meist gut zurechtgekommen. Eine gute Alternative ist Parkster.

City-Maut

In Norwegen gibt es in größeren Städten wie zum Beispiel Bodø und Tromsø eine elektronisch erfasste Citymaut.

In Schweden wird Citymaut in Stockholm und Göteborg fällig.

In Lettland zahlt ihr für die Fahrt durch den Badeort Jurmala ebenfalls eine geringe Maut.

Perfektes Skandinavienklischee auf der Insel Vega

Maut für Straßen und Brücken

In Dänemark, Schweden, Finnland und den baltischen Ländern können Schnellstraßen und Autobahnen kostenfrei genutzt werden.

Mautpflichtig sind in Schweden und Dänemark dagegen einige der großen Brücken, darunter auch die über **Storebælt und Øresund**. Für die Route über Fehmarn nach Dänemark und die Weiterfahrt über die Öresundbrücke gibt es auch vergünstigte Kombitickets. www.oresundsbron.com

Mit einem Camper unter 3,5 Tonnen zahlt ihr in **Polen** Autobahnmaut auf wenigen Strecken, zu denen aber auch die gut ausgebaute A2 zwischen Warschau und der deutschen Grenze gehört. Hier gibt es noch klassische Mautstationen an der Strecke. Für Fahrzeuge über 3,5 Tonnen sind auch einige Schnell- und Bundesstraßen mautpflichtig. Ihr müsst euer Fahrzeug deshalb bei e-Toll anmelden, um das elektronische Maut-System zu nutzen. etoll.gov.pl

Maut in Norwegen

In **Norwegen** werden neue Tunnel, Straßen und Brücken fast immer über Maut finanziert. Ist ein Bauwerk bezahlt, entfällt die Maut wieder. Das macht das Mautsystem für Ortsfremde besonders unübersichtlich. Die Mautpflicht wird in Norwegen immer elektronisch über das Kennzeichen erfasst. Wer nichts tut, bekommt nach der Reise Post und eine Rechnung von EPass24. Das ist einfach, hat aber einen kleinen Nachteil: Die Einstufung erfolgt so immer in den höchsten Tarif.

Verhindern könnt ihr das mit einer Registrierung bei EPass24 mit Angabe der fahrzeugspezifischen Daten. Die Seiten zur Registrierung des Fahrzeugs stehen auch deutschsprachig zur Verfügung und die Abrechnung erfolgt über eine Kreditkarte. Euer Camper wird so je nach Schadstoffklasse und Antriebsart eingestuft. Davon hängt die tatsächlich zu zahlende Maut ab. Auch Wohnmobile über 3,5 Tonnen können in die günstigere Klasse eingestuft werden, wenn sie registriert sind.

Eine dritte Möglichkeit der Mautzahlung ist bei längeren Touren die Verwendung eines Transponders, den ihr bei verschiedenen Gesellschaften bekommen könnt. Dieser wird im Auto befestigt, sodass alle Mautzahlungen elektronisch abgerechnet werden können. Die Rechnung kommt monatlich per E-Mail. Fahrzeuge mit Transponder zahlen etwas weniger Maut und erhalten auf viele Fähren Rabatte. Der größte Vorteil des Transponders ist jedoch, dass

ihr mit ihm auch den AutoPass für reduzierte Fährfahrten anfordern könnt.

Wir haben uns nach ausführlichem Studium der Auflistungen von www.nordlandblog.de für den Transponder von Fremtind entschieden. Der Versand hat etwa zwei Wochen gedauert.

Da das norwegische Mautsystem in stetigem Wandel ist, empfehlen wir, vor eurer Reise den aktuellen Stand zu checken. Eine gut recherchierte zuverlässige Quelle haben wir euch hier verlinkt. Conny und Sirko vom Nordlandblog reisen selbst jedes Jahr nach Norwegen und halten diesen Post immer auf dem neuesten Stand.

nordlandblog.de <<

AutoPass for Ferje

Fähren sind allgegenwärtig im norwegischen Straßennetz, vor allem wenn ihr die Route auf dem Küstenweg (Kystriksveien) fahren wollt. Einige der Fährfahrten auf die kleineren Inseln sind kostenlos, die Fahrten zwischen den größeren Inseln dagegen nicht. Die Preise sind aber durchgängig moderat. Trotzdem lohnt sich der AutoPass, wenn ihr auch auf die Inseln wollt und ganz besonders dann, wenn ihr auch die fast vierstündige Fährfahrt von Bodø auf die Lofoten in eurer Planung habt.

Wenn ihr einen Transponder besitzt, könnt ihr auch die Rabattvereinbarung »AutoPass for ferje« abschließen. Es handelt sich um eine Art Prepaid-System. Ihr zahlt einen festgelegten Betrag auf euer Konto ein, von dem die Fährgebühren abgerechnet werden, und bekommt dafür 50 Prozent Ermäßigung auf die Fährtarife. Die Bestellung des AutoPass ist etwas komplizierter. Auch hier können wir die Anleitung des Nordlandblogs empfehlen, die uns sehr geholfen hat, die Bestellung erfolgreich abzuschließen.

nordlandblog.de <<

Schotterstraßen

Wir mögen sie ja eigentlich ganz gerne – die Gravelroads. Schotterpisten vermitteln schnell einen Hauch Abenteuer, obwohl sie in Schweden, Finnland und auch im Baltikum als ganz normale Straßen gelten. In Finnland und Lettland sind Nebenstrecken häufig nicht asphaltiert. In Schweden sind Pisten vor allem in den Nationalparks verbreitet. In Norwegen sind wir so gut wie nie auf Schotter gefahren.

Fahrt ihr Schotterstraßen bei Regen, verschwindet euer Van schnell und gründlich unter einer zähen Matschkruste. War es lange trocken, dringt der Staub dafür

in jede Ritze und ist auch gerne mal in den Schränken zu finden. Fahrräder auf dem Heckträger sind in kürzester Zeit in wirklich üblem Zustand. Wir haben sie deshalb gleich zu Hause gelassen, denn der Norden ohne Pistenfahrten – das wäre für uns nur der halbe Spaß.

Tanken

Tankstellen werden in Skandinavien ausschließlich personalfrei betrieben. Ist der zugehörige Shop doch einmal geöffnet, hat er wahrscheinlich gar nichts mit der Tankstelle zu tun. Bezahlt wird immer am Automaten mit Karte. Debit- und Visa-Card haben bei uns immer funktioniert. Hin und wieder konnten wir aber nur nur kontaktlos bezahlen. Dabei gilt ein Limit von 50 Euro, das ja meist nicht zum Volltanken reicht! Wir empfehlen daher unbedingt, eine zweite Karte mitzunehmen.

Ganz anders ist das Tankerlebnis in Polen und Litauen, wo oft noch Bargeld über die Theke wandert. Die Dieselpreise in den einzelnen Ländern unterscheiden sich deutlich. Bei unserer Reise stand Schweden mit Preisen über zwei Euro pro Liter an der Spitze der Liste. In Finnland wurde das Tanken zum ersten mal deutlich günstiger und am wenigsten haben wir für Diesel mit Literpreisen um 1,50 Euro in Litauen und Polen bezahlt. Aber auch das sind Informationen, die wohl nicht lange aktuell bleiben werden.

Reiserouten und Reisezeiten

Anders als auf der Route um die Iberische Halbinsel, die wir in unserem Vanlife-Guide »Südwärts« vorgestellt haben, gibt es für die Rundfahrt zum Nordkap ein vergleichsweise kleines Zeitfenster. Wenn ihr nicht in den Schnee geraten wollt, ist die Spanne von Mai bis September die richtige Jahreszeit. Für die komplette Rundreise solltet ihr mindestens zwei, besser drei bis vier Monate Zeit einplanen.

Inselhopping per Fähre an der norwegischen Küste

Wer weniger Reisezeit hat, kann die Strecke am Anfang und am Ende der Route kürzen. Dazu setzt ihr gleich per Fähre von der deutschen Ostseeküste (Lübeck oder Rostock) ins schwedische Trelleborg über und beendet die Reise dann in Helsinki. Von dort bringen euch die Fähren von Finnlines zurück nach Warnemünde an der deutschen Ostseeküste.

Die Hochsaison liegt früh im Norden und ist schon Anfang August vorbei. In Finnland und im Baltikum wird es dann schnell sehr ruhig. In Norwegen beginnt die Nordlicht-Saison und besonders auf den Lofoten sind weiterhin etliche Camper unterwegs.

Diese kleinen Highlights einer Reise in den Hohen Norden sind »Terminsache«:

- mehrtägige Kanutouren und Wanderungen plant ihr am besten zwischen Juni und August.

- Blaubeeren und Moltebeeren gibt es in den Wäldern von Anfang/Mitte Juli bis Mitte/Ende August, Preiselbeeren reifen etwas später, eher im August und September.

- Wer Papageientaucher auf den Vesteralen oder auf der Vogelinsel bei Vardø sehen und fotografieren möchte, muss dort bis spätestens Ende Juli eintreffen.

- Störche beobachten könnt ihr in Litauen und Polen bis Ende August.

- Wer das Nordkap mit Mitternachtssonne erleben möchte, muss zwischen dem 14. Mai und dem 29. Juli dort eintreffen. Am deutlich weiter im Süden liegenden Polarkreis scheint sie dagegen nur vom 12. Juni bis zum 1. Juli.

- Nordlichter sind am besten nördlich des Polarkreises zwischen September und April zu sehen.

Reisen im Frühling, Herbst und Winter

Wer Nordlichter sehen möchte, muss im Winterhalbjahr unterwegs sein. Ab September und bis zum April könnt ihr sie beobachten, besonders gut in der Region nördlich des Polarkreises. Eine Polarlicht-Reise im Camper ist gut möglich, bringt aber ganz andere Herausforderungen mit sich als eine Reise im Sommer. Viele Campingplätze sind geschlossen, die Stromversorgung über Solarmodulen funktioniert meist nicht mehr, Frisch- und Abwassertank müssen vor Frost geschützt werden. Straßen sind im hohen Norden oft vereist und Parkplätze teilweise mit Schnee blockiert.

Um euren Camper warmzuhalten, muss die Heizung quasi durchlaufen. Wer eine Gasheizung hat, braucht regelmäßig Nachschub. Autorisierte Gasfüllstationen gibt es aber nur in den größeren Städten, sodass ihr euren Vorrat stets im Blick behalten müsst. Vans mit Dieselheizungen sind für Winterreisen daher besser geeignet. Wir haben auf Reisen außerhalb der Sommersaison außerdem zusätzlich einen kleinen Camping-Heizlüfter dabei. Schlechtwetterphasen nutzen wir unterwegs gerne zum Arbeiten und suchen uns dazu dann Plätze mit Landstrom, mit dem wir so auch gleich noch unseren Bus warmhalten können.

Um auf vereisten Straßen sicher zu fahren, braucht ihr neben Winterreifen auch Schneeketten. Wer statt Ketten Spikes verwenden möchte, muss in Schweden oder Norwegen die Reifen wechseln. In Deutschland ist das Fahren mit Spikes verboten, weil es die Straßen zu sehr beschädigt.

Mehr Infos zum Reisen im Winter gibt es im Interview mit Katja Seidel. **[› Seite 420]**

Wandern und Outdoor

Zu Fuß und mit Kanu unterwegs in der Natur

Wandern und Outdooraktivitäten

Die größte Attraktion auf unserer Reise zum Nordkap und rund um die Ostsee ist die unglaublich beeindruckende Natur. Auf einer Reise mit dem Camper erlebt ihr diese natürlich auch schon an euren Stellplätzen. Noch intensiver wird das Erlebnis, wenn ihr zu Fuß oder mit dem Kanu loszieht. Deshalb findet ihr bei sehr vielen Spots im Buch auch einen Wandervorschlag.

Schweden und Norwegen sind dabei recht anspruchsvolle Wandergebiete. So gut wie alle Wanderwege sind steinige Bergsteige und es geht häufig steil hinauf oder hinunter. Wandern ist in Norwegen außerdem Volkssport, was sich auch bei der Einschätzung des Schwierigkeitsgrades einer Tour bemerkbar macht. Mit Wanderungen, die vor Ort als »schwierig« eingestuft werden, wären wir sehr vorsichtig. Bei Touren mit mittlerem Anspruch erwartet euch normalerweise eine knackige Wanderung mit durchaus anspruchsvollen Abschnitten. In vielen norwegischen Nationalparks sind übrigens gar keine Wege angelegt. Wer dort wandert, braucht gutes Orientierungsvermögen und sollte schon Erfahrung mitbringen.

Wanderausrüstung

Auch für kürzere Touren braucht ihr in Skandinavien richtige Wanderschuhe, einen Rucksack und eine gute Regenjacke. Auch ein wärmender Pulli muss bei jedem Wetter mit auf die Tour. Wanderstöcken sind sinnvoll.

Wander-Apps und Offlinekarten

Wenn ihr über unsere Tourenvorschläge hinaus weitere Wanderungen sucht, können wir die App *AllTrails* empfehlen, die in Skandinavien eigentlich alle vor

Kanuquartier an der Salaca in Lettland

Ort markierten Routen abdeckt. Ihr findet dort eine digitale Karte (Offline-Karten gibt es nur in der Abo-Version) oder könnt einen gpx-Track herunterladen und in eine bereits auf eurem Handy installierte Offlinekarte importieren. Bei uns haben sich dazu die Karten von www.openandromaps.org bewährt, die wir in Kombination mit der App Locus Maps verwenden. Sie haben den Vorteil, dass ihr dort das Kartenmaterial für ein ganzes Land herunterladen könnt. Die Offlinekarten von Alltrails (oder Outdooractive, oder Komoot) umfassen immer nur den für eine konkrete Tour benötigten Ausschnitt. Dazu braucht ihr allerdings ein Handy mit großem Speichervolumen, denn Karten brauchen viel Speicherplatz. Für uns hat diese Karte den Vorteil, dass wir quasi eine das ganz Land abdeckende, detaillierte Offline-Wanderkarte mit allen Fußwegen und Parkplätzen auf dem Handy dabei haben, die sich nicht nur zum Wandern, sondern auch zum Suchen von Stellplätzen nutzen lässt. Die *Openandromaps* und *Locus Maps* funktionieren allerdings nur auf Android-Handys.

Ausrüstung für Mehrtagestouren

In vielen Nationalparks in Schweden, Finnland und Estland sind auch längere Wege für Mehrtagestouren angelegt. An den Wegen stehen einfach ausgestattete Biwakplätze zur Verfügung. Ab und zu gibt es auch offene Shelter-Hütten. Sie bestehen aus einer einfachen Liegefläche unter einem Dach, auf der ihr Isomatte und Schlafsack im Trockenen ausbreiten könnt. Plätze mit vergleichbarer Ausstattung gibt es auch an Kanurouten. Schweden, Finnland, die baltischen Länder und Polen sind Traumreviere für ausgedehnte Kanutouren.

Wenn ihr euer Zelt schon immer mal mitten im Wald aufschlagen wolltet oder gerne in der Hängematte zwischen den Bäumen übernachtet – hier dürft ihr es. Wir haben für solche Gelegenheiten Folgendes im Van:

- zwei kompakte Luft-Isomatten

- leichtes Zelt für zwei Personen

- unseren Trangia-Sturmkocher mit einer Gaskartusche und Feuerzeug

- Wasserfilter oder Tabeltten zur Entkeimung von Trinkwasser

- Rucksack mit 40 bis 50 Liter Packvolumen für Wanderungen

Unsere Schlafsäcke verwenden wir offen auch als Decke im Van, die sind also sowieso dabei – genau wie Teller, Besteck und Tassen. Packtonnen und wasserdichte Säcke für Kanutouren könnt ihr an den Kanustationen zusammen mit dem Boot leihen. Eine Packliste für Mehrtagestouren findet ihr bei den Online-Infos.

Nordwärts
Online-Infos

Kleine Beerenkunde

Von der Blaubeere zur Moltebeere

Blaubeere und Preiselbeere sind die häufigsten Beeren in den skandinavischen Wäldern, doch sie haben beide enge Verwandte, mit denen ihr sie leicht verwechseln könnt. Das ist nicht schlimm, denn auch diese Beeren sind essbar. Sie schmecken nur nicht so gut. Um eine Beere sicher zu bestimmen, schaut euch immer Früchte und Blätter an.

Die blauen Beeren

Die Sträucher der **Blaubeere** haben eine Höhe von 20 bis 60 Zentimetern, die Blätter sind klein, oval, glänzend und haben eine ledrige Textur. Im Herbst werden sie rötlich. Die Beeren sind dunkelblau mit einer charakteristischen kreisförmigen Delle an der Spitze. Das Fruchtfleisch wilder Blaubeeren ist violett. In den südlicheren Regionen sind Blaubeeren etwa ab Anfang Juli reif, im Norden zwei bis drei Wochen später.

Die **Rauschbeere oder Moorbeere** sieht der Blaubeere sehr ähnlich und wächst auch an den gleichen Stellen. Ihre Blätter sind rauer und fühlen sich weicher an, die Blattunterseite ist heller und grau-grün. Die Sträucher sind oft höher als Blaubeersträucher und auch die Beeren werden dicker. Viele sind leicht eiförmig und an der Spitze fehlt der »Blaubeerkreis«. Das Fruchtfleisch ist weiß und der Geschmack etwas fad. Die Beere ist aber ebenfalls essbar.

Die **Krähenbeere** gehört zur Gattung der Heidekrautgewächse und hat kleine, längliche Blätter, die sich im Herbst oft rötlich färben. Die Pflanze wächst in der Regel in sauren Böden und ist oft in Mooren, Heidelandschaften und Wäldern zu finden. Ihre Beeren sind sehr dunkelblau, fast schon schwarz. Sie sind reich an Vitamin C und werden wie Holunderbeeren zu Sirup oder Gelee verkocht, aber nicht roh gegessen.

Die roten Beeren

Die Blätter der **Preiselbeere** ähneln denen der Blaubeere, sind jedoch noch etwas kleiner, sehr hart und glänzen ledrig. Die Beeren sind etwas später reif als die Blaubeeren und sind dann komplett dunkelrot gefärbt. Sie haben einen leicht herben Geschmack und werden zu Kompott verkocht, der gut zu Wild- und Rentierfleisch passt. Wir mögen eingekochte Preiselbeeren auch zu Apfelkompott, Pfannkuchen oder Käse.

Ebenfalls rote Beeren trägt der **Schwedische Hartriegel**, der nördlich des Polarkreises in großen Mengen vorkommt. Die Pflanzen haben viel größere und weichere Blätter als die Preiselbeere und sind so leicht zu unterscheiden. Die roten Beeren des Hartriegels sind außerdem schon mit den Blaubeeren reif und haben weißes Fruchtfleisch. Sie sind ungiftig, schmecken aber eher fad.

Die Moltebeere

Auch die Moltebeere wächst vorrangig im Gebiet nördlich des Polarkreises, gerne auch in Höhenlagen am Berghang. Sie sieht aus wie eine Himbeere, wächst aber an niedrigen Sträuchern. Rote Beeren sind noch unreif, erst wenn die ganze Frucht bernsteinfarben leuchtet, kann sie gepflückt werden. Moltebeeren reifen zur gleichen Zeit wie Blaubeeren. Reife Beeren sind relativ weich und schmecken süßlich. In Skandinavien sind sie sehr beliebt und werden pur oder als Kompott gegessen.

Preiselbeeren einkochen

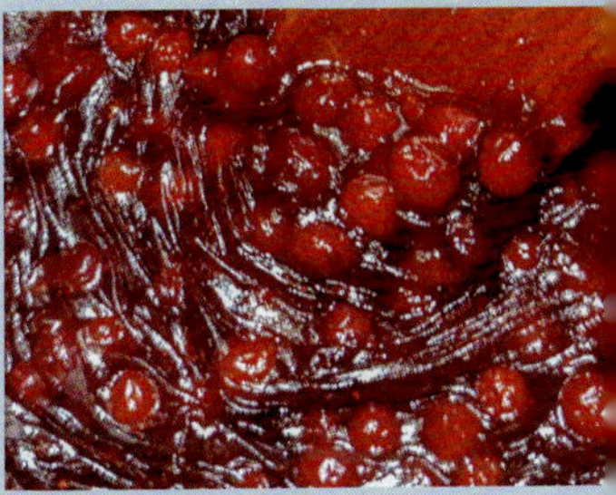

Da die Früchte einen hohen Pektingehalt haben, braucht ihr dazu nur normalen Zucker. Preiselbeeren gelieren beim Kochen von ganz alleine. Das funktioniert besonders gut mit Beeren, die noch nicht ganz so dunkelrot sind und viel Pektin enthalten. Frisch gesammelte Preiselbeeren könnt ihr mehrere Tage im Kühlschrank aufheben, bis ihr genug zusammenhabt. Sie werden dann einfach mit einigen Löffeln Zucker gemischt, wieviel ihr nehmt, ist Geschmackssache. Unter stetigem Rühren kocht ihr sie dann für fünf bis zehn Minuten. Abgefüllt in ein sauberes Schraubglas hält der Kompott mehrere Wochen.

Skandinavien im Winter

Neun Fragen an Katja Seidel

Uns selbst zieht es im Winter eher in den Süden. Von einer Winterreise in Skandinavien können wir nicht aus eigener Erfahrung berichten. Deswegen haben wir dazu eine befragt, die es besser weiß: Katja Seidel ist Astrofotografin. Auf ihrem Blog nacht-lichter.de findet ihr viele spannende Tipps zu diesem Thema. Sie ist auch die Autorin eines erfolgreichen Buches, in dem sie gut nachvollziehbar erklärt, wie mit einfachen Mitteln eindrucksvolle Fotos des Nachthimmels gelingen. Ihr Wissen gibt Katja außerdem in Workshops weiter. Um Nordlichter zu fotografieren, ist sie inzwischen zum dritten Mal mit ihrem Campervan im Winter in Norwegen unterwegs. Sie fährt tatsächlich den gleichen Camper wie wir (sogar die Farbe stimmt): einen Ford Nugget mit festem Hochdach – also einen Van »von der Stange«, ohne Allrad, ohne zusätzliche Isolierung und mit einer normalen Dieselheizung. Der Nugget ist fünf Meter lang und hat eine voll ausgestattete Küche, aber keine Nasszelle.

Katja, wo warst du genau in Norwegen und zu welcher Jahreszeit? Wie waren da die durchschnittlichen Außentemperaturen?

Meine Reisen nach Skandinavien haben mich nicht nur nach Norwegen geführt, auch Schweden und Finnland standen schon auf dem Programm. Außerdem war ich vor meinen Winterreisen mit dem Camper schon einige Male mit dem Flieger in Skandinavien. So habe ich schon fast alle Jahreszeiten einmal durchprobiert – bis auf den Sommer, der mich aufgrund der vielen Menschen und Mücken aber weniger reizt. Am liebsten mag ich definitiv den Herbst, wenn die Blätter bunt und die Nächte mit jedem Tag länger werden. Man trifft kaum noch Touristen, kann aber mit etwas Glück bereits das Polarlicht und den ersten Schnee genießen.

Bei meinen Camper-Reisen nach Norwegen zog es mich immer in die Region nördlich des Polarkreises. Besonders angetan haben es mir dabei die Insel Senja und die Region um Tromsø. Die Lofoten sind zwar auch traumhaft, boten mir aber leider meist weniger traumhaftes Wetter. Viele Spots sind dort zudem selbst im Winter schon teilweise überlaufen. Etwas Besonderes war es für mich, mit dem Nugget Ende Oktober bei Schnee und Eis bis zum Nordkap zu fahren, wo ich sogar übernachten konnte. Dort durfte ich eine sehr stürmische, aber unvergessliche Nacht erleben.

Insgesamt bin ich ein Mensch, der zwar gern Neues entdeckt, aber auch genauso gern an Orte zurückkehrt, die ich ins Herz geschlossen habe. So gehören einige Stationen fast schon fest ins Programm jeder Reise.

Auch für Katja ist der Nugget gleichzeitig Camper und Büro

Eine durchschnittliche Temperatur zu nennen, fällt mir ehrlich gesagt schwer. In direkter Küstennähe habe ich selten Kälte unter -15°C erlebt – meist eher einstellige Minusgrade oder sogar Plusgrade, dem Golfstrom sei Dank. Aber schon wenige Kilometer ins Landesinnere hinein können einen großen Unterschied machen. So habe ich beispielsweise auf Senja mal innerhalb von 20-30 Minuten und nur wenigen Kilometern einen Temperatursturz von -7°C auf -26°C erlebt. Mit Temperaturen nahe oder sogar unter -30°C sollte man also erfahrungsgemäß rechnen.

Wie hältst du deinen Camper warm? Verwendest du Isoliermatten? Wie schützt du den Wasser- und den Abwassertank?

Der Ford Nugget ist ja kein ausgewiesener Wintercamper, eignet sich jedoch – im Gegensatz zu vielen Kastenwagen »von der Stange« – sehr gut für diesen Einsatzzweck. Grund hierfür ist die Lage der Wassertanks und -leitungen. Da sowohl der Frischwasser- als auch der Abwassertank komplett im Fahrzeuginneren liegen und auch die Wasserleitung mitten durch den Wohnraum verläuft, friert hier bei permanent laufender Heizung nichts ein. Außenliegende Tanks und nah an der Blechwand verlaufende Leitungen, die nicht gezielt beheizt werden, sind hier erfahrungsgemäß deutlich gefährdeter. So habe ich bereits einige Camper getroffen und es auch schon selbst in einem Mietcamper erlebt, dass schon bei -8 bis -13°C kein Wasser mehr floss.

Ansonsten hat der Nugget natürlich den Vorteil, dass der zu beheizende Innenraum überschaubar ist und zumindest das Hochdach gut isoliert ist. Meine 3-KW-Dieselheizung reicht tatsächlich aus, um bis zu 50°C Temperaturunterschied zu erzeugen. So konnte ich mich bei knapp -30°C in Finnland noch über mehr als 20°C wohlige Wärme im Nugget freuen. Und dabei verwende ich noch nicht einmal spezielle Isoliermatten an Fenstern oder Türen. Lediglich die Standard-Vorhänge und selbstgenähte Exemplare aus Thermostoff halten die Kälte ein wenig fern. Man muss jedoch auch beachten, dass die Wärme der Standheizung aufgrund der einfachen Konstruktion mit nur zwei Luftausströmern nicht überall hingelangen kann. So habe ich die Heizung beispielsweise mit zusätzlichen Rohren ergänzt, um die Wärme gezielt an bestimmte Stellen zu leiten. Ein zehn Zentimeter dickes Alurohr auf dem vorderen Auslass wärmt beispielsweise meine Füße unter dem Tisch, wenn ich arbeite – für mich mittlerweile ein Must-Have im Winter, egal wo ich unterwegs bin. Außerdem gibt es noch kleinere Rohre unter den Beifahrersitz zur LiFePO4-Batterie und in den Toilettenschrank zur Trockentrenntoilette. An beiden Stellen können sonst trotz laufender Standheizung auch schnell mal Minusgrade herrschen.

Wieviel Diesel verbraucht die Heizung, wenn sie den ganzen Tag läuft?

Da die 3-kW-Nugget-Heizung – im Vergleich zu 4- oder gar 6-kW-Modellen in anderen Campern – vergleichsweise klein dimensioniert ist, hält sich auch der Dieselverbrauch erfreulicherweise in Grenzen. Ganz genau lässt sich das nicht beziffern, berechnet habe ich allerdings, dass beim 24x7-Heizen bei zweistelligen Minustemperaturen etwa 4 bis 4,8 Liter Diesel pro 24 Stunden verbraucht werden. Mit einem vollen Tank könnte ich also etwa zehn bis zwölf Tage durchgehend heizen, wenn ich nicht fahre und den Motor nur hin und wieder zum Laden der Wohnraumbatterien laufen lassen würde.

Gibt es noch geöffnete Camping- und Stellplätze oder stehst du ausschließlich frei? Wie funktioniert das mit der Ver- und Entsorgung im Winter? Woher bekommst du Wasser – oder auch mal eine heiße Dusche?

Ja, es gibt durchaus noch geöffnete Campingplätze im Winter – wenn auch nur noch sehr vereinzelt. Ich stehe jedoch zum allergrößten Teil frei, wobei auch dies im Winter nicht ganz einfach ist. Nicht alle Parkplätze sind nämlich geräumt und somit überhaupt zugänglich. So ist es immer gut, Alternativen im Kopf zu haben und nicht allzu spät auf die Suche nach einem geeigneten Übernachtungsplatz zu gehen.

Die Wasserversorgung ist im Winter etwas schwieriger als ohne

Frost. Nicht nur die öffentlichen Trinkwasserstellen, sondern auch die Campingplätze haben die Wasserhähne meist abgestellt, sodass man sich mit einem Kanister o.ä. im beheizten Gebäude sein Frischwasser holen muss. Ich erledige das meist an Tankstellen, wenn ich sowieso tanken muss. Bisher habe ich es in Norwegen noch nicht erlebt, dass ich nicht ein bis zwei 12-Liter-Kanister Wasser füllen durfte. Und nicht nur das, auch eine heiße Dusche bieten viele Tankstellen oder Truckstops. Für drei bis acht Euro lässt es sich hier beliebig lang heiß duschen, was mich eine Dusche im Camper absolut nicht vermissen lässt.

Die Entsorgung ist meist etwas einfacher, da die öffentlichen Toilettenentsorgungen in der Regel auch im Winter zugänglich sind. Mithilfe einer Faltschüssel o.ä. kann hier auch das Grauwasser entleert werden. Hier sollte man jedoch unbedingt auf die Außentemperatur Acht geben. Jenseits der -20°C kann das Abwasser nämlich durchaus direkt beim Ablassen einfrieren. Viele Camper lassen den Grauwassertank daher im Winter einfach offen, was ich aus Umweltgründen jedoch versuche zu vermeiden.

Für alle genannten Dinge ist die App Park4Night für mich meist die beste Anlaufstelle. Hier sind nicht nur erfreulich viele solcher Einträge zu finden, sondern anhand aktueller Kommentare auch mehr über den Zustand von Parkplätzen im Winter herauszufinden.

Wie sind die Straßenverhältnisse in Nord-Norwegen im Winter? Mit wie viel Schnee muss man so rechnen?

Schneemengen sind ähnlich wie Temperaturen nur schwer vorherzusagen. Es gibt Jahre, da liegt im Oktober und November fast gar kein Schnee, oder andere Jahre, in denen das Land zur gleichen Zeit fast im Schnee erstickt. So habe ich bei meiner Reise 2019 im Oktober den Jahrhundertschnee erlebt, den es so seit 97 Jahren nicht gab. Das war einerseits sehr schön anzuschauen (Stichwort »Winter-Wonderland«), andererseits aber auch herausfordernd, weil nicht alle Plätze anfahrbar waren und man während der Fahrt schnell in einen Whiteout geraten konnte. Dann sieht man plötzlich gar nicht mehr, wo oben und unten ist, und ist quasi im Blindflug unterwegs.

Bei -20°C gefrieren sogar die Flüsse.

Schneit es jedoch nicht gerade ununterbrochen, dann bekommt es der norwegische Straßendienst nach meiner Erfahrung sehr gut in den Griff, die Hauptverkehrsstraßen schneefrei zu halten. Ein größeres Problem ist da schon das Eis, das irgendwann im Herbst oder Winter zum Dauerzustand auf fast allen Straßen wird. Zwar wird es leicht angeraut, ist aber natürlich trotzdem sehr glatt und gefährlich – insbesondere mit einem schweren Fahrzeug wie einem Campervan. Splitt oder Salz wird in Norwegen nur sehr selten gestreut.

Du fährst den Nugget ja mit Spikes. Brauchst du die, um zum Fotografieren an besondere Spots zu kommen, oder sind Spikes auch auf normalen Straßen notwendig? Gibt es auf den Straßen so etwas wie Schneekettenpflicht?

Ob Spikereifen am Wohnmobil wirklich nötig sind, wird unter Campern immer wieder heiß diskutiert. Ich kenne einige, die – auch ohne Allrad – ohne Spikes gut zurechtkommen. Da der Nugget jedoch kein wirkliches Traktionswunder ist und ich gern Risiken minimiere, habe ich mir 2019 für meine erste Wintertour Spikes zugelegt, die ich nun schon zum dritten Mal verwenden konnte. Das gibt einfach ein sichereres Gefühl, und sei es nur, um von einem vereisten Parkplatz wieder ohne Hilfe wegfahren oder rechtzeitig vor Rentieren auf der Straße bremsen zu können. Spikes sind jedoch eher für das Fahren auf normalen Straßen wichtig, da bei abgelegenen Spots meist die Schneehöhe ein Problem ist. Hier würde dann eher eine Höherlegung helfen. Schneeketten habe ich trotzdem noch dabei, falls die Spikes allein mal nicht ausreichen. Gebraucht habe ich sie in all den Jahren jedoch noch nie. Für manche Strecken, wie beispielsweise die Straße rauf zum Nordkap, sind Spikes und/oder Schneeketten sogar Pflicht, um im Konvoi mitfahren zu dürfen. Wiegt das eigene Fahrzeug mehr als 3,5 Tonnen, müssen generell Schneeketten mitgeführt und bei erwarteter Schnee- und Eisbildung aufgezogen werden.

Gibt es weitere Spezial-Ausrüstung, die du für eine Winterreise in den Norden empfehlen würdest?

Neben den Spikes für die Reifen halte ich Spikes für die Schuhe für sehr wichtig. Denn nicht nur Straßen können vereist sein, meist sind auch Gehwege in den Städten oder Wege zu den Fotospots zugefroren. Um mich und meine Fotoausrüstung bestmöglich zu schützen, habe ich diese Grödel aus Metall auf all meinen Winterreisen dabei. Auch Gamaschen sind hilfreich, um keinen Schnee von oben in die Schuhe zu bekommen.

Fürs Fahrzeug selbst habe ich neben den Spikes und Schneeketten zudem immer ein Abschleppseil, eine Schaufel, einen Teleskop-Besen und batteriebetriebene, magnetische Warnleuchten dabei. Letztere helfen in der dunklen Jahreszeit, andere bei einer Panne auf sich aufmerksam zu machen. Auch nicht schaden kann eine Powerbank, die im Notfall als Starthilfe verwendet werden kann. Zusätzliche Beleuchtung am Fahrzeug habe ich im Gegensatz zu anderen Campern eigentlich nie vermisst – hier reichte mir das Fernlicht auf den kaum befahrenen Straßen aus.

Gibt es sonst noch Dinge, die man für eine Winterreise im Campervan beachten muss?

Grundsätzlich sollte man auf den »Extremfall« vorbereitet sein, der durch plötzliche Wetterumschwünge schnell eintreten kann. Ich habe daher auch das Fahrzeug selbst (nicht nur den Wohnbereich des Campers) so gut es geht winterfest gemacht. Hierzu zählt neben der angepassten Bereifung auch das geeignete Motoröl für Temperaturen bis -35 oder -40°C, die richtige Mischung des Scheibenwischwassers und die Konzentration des Frostschutzmittels im Kühlwasser. Am besten lässt man mit Hinweis auf die bevorstehende Reise alles noch einmal in einer Werkstatt des Vertrauens prüfen und gegebenenfalls tauschen.

Was das Heizen angeht, bin ich mit meiner Dieselheizung sehr glücklich. So muss ich mich nicht alle paar Tage um neue Gasflaschen zum Heizen kümmern, sondern einfach nur für ausreichend Diesel im Tank sorgen. Gas habe ich allerdings trotzdem an Bord, nämlich in Form einer 2,75 kg Campingaz-Flasche. Diese reicht bei mir – bei intensivem Gebrauch – etwa sieben bis acht Wochen. Für eine mehrmonatige Reise nach Norwegen habe ich daher immer eine volle Ersatzflasche dabei, da es diese speziellen Flaschen in Norwegen nahezu nicht nachzukaufen gibt. Grund hierfür ist das Butangas, das bei Minustemperaturen nicht mehr brennfähig ist. Dies muss auch beim Sitz der Gasflasche im eigenen Camper berücksichtigt werden. Notfalls muss auch diese Stelle aktiv beheizt werden, um das Gas weiterhin zum Kochen verwenden zu können. (Anmerkung Naturzeit: Alternativ könnt ihr die Campinggasflasche auch gegen eine nachfüllbare Propangasflasche ersetzen.) **[› Seite 407]**

Feuchtigkeit im Van, von der viele Winterreisende berichten, war bei mir in der trockenen Kälte Norwegens nie ein Problem – im Gegenteil: Meist hatte ich sogar nur zehn bis 20 Prozent Luftfeuchtigkeit im Nugget. Manchmal ist eine nicht so gute Isolierung wie im Nugget scheinbar doch ganz nützlich. Allerdings wurde die Trockenheit irgendwann für die Schleimhäute sehr unangenehm. Ein Nasenöl ist seitdem bei mir immer mit im Gepäck.

Für ausreichend Strom sorgen in meinem Nugget eine 200-Ah-LiFePO4-Batterie und ein 90-A-Ladebooster (beides nachträglich nachgreüstet und nicht die Standardausstattung im Nugget), die das schnelle Laden der Aufbaubatterie während der Fahrt über die Lichtmaschine ermöglichen. Auf diese Weise komme ich selbst mit durchlaufender Heizung und intensiver Laptop-Nutzung mindestens zwei Tage aus, bevor ich weiterfahren oder für ein bis zwei Stunden den Motor laufen lassen muss. Solarpanels bringen im Winter natürlich keinen Ertrag. Dank des Ladeboosters, der allerdings unbedingt passend zur Leistung der Lichtmaschine gewählt und von einer Fachwerkstatt eingebaut werden sollte, reise ich auch im Winter komplett unabhängig vom Landstrom und bin daher nicht auf Campingplätze angewiesen. Im Gegensatz zu AGM-Batterien sind die Standard-LiFePO4-Batterien jedoch sehr kälteempfindlich. Werden sie zu kalt, lassen sie sich nicht mehr laden. Eine eingebaute Batterieheizung hilft hier auch nur bedingt, da sie nur bei anliegendem Strom – zum Beispiel durch Landstrom oder einen laufenden Motor – in Betrieb ist. Kühlt die Batterie also über Nacht zu stark aus (Minustemperaturen), lässt sie sich am nächsten Tag erst einmal nicht mehr laden. Ich habe mir daher ein kleines Heizungsrohr als Abzweig vom Auslass der Dieselheizung unter den Beifahrersitz gelegt, um die Batterie bei laufender Standheizung permanent warm zu halten.

Du fährst ja auch nach Norwegen, um Nordlichter zu fotografieren. Unter welchen Bedingungen sind die Chancen besonders gut, dass das auch klappt?

Die Nordlichter sind sogar mein primärer Grund, weshalb ich mich immer wieder im Winter auf die Reise gen Norden begebe. Mich haben sie, als ich sie 2015 zum ersten Mal erleben durfte, total in den Bann gezogen und geradezu süchtig gemacht. Mittlerweile sind sie ja sogar Teil meines Berufs als Astrofotografin, Autorin und Trainerin geworden.

Grundsätzlich muss es für eine erfolgreiche Polarlichtsichtung und -fotografie dunkel genug sein, was in Nordnorwegen etwa von Ende August bis Ende März der Fall ist. Wie stark und beeindruckend die Nordlichter zu sehen sind, hängt unter anderem von der Sonnenaktivität ab, die im Elfjahres-Rhythmus ihr Maximum erreicht. Aktuell steuern wir wieder auf solch ein Maximum 2024/2025 zu. Aber auch in »Talphasen« dieses Zyklus habe ich schon fantastische Nordlichter gesehen, wenn die sonstigen Bedingungen passten. Fast noch ausschlaggebender für eine erfolgreiche Sichtung ist nämlich das Wetter. Erfahrungsgemäß ist dies im Herbst (Oktober und November) und Frühjahr (Februar und März) etwas stabiler als im Winter (Dezember und Januar). Aber eine Garantie gibt es wie schon beim Schnee und den Tem-

Die Lofoten bieten jede Menge tolle Motive für die Polarlichtfotografie.

peraturen auch hier nicht. Da ist es wiederum praktisch, wenn man mit einem Camper flexibel bei der Wahl des genauen Reiseziels ist.

Die Chancen für Polarlichtsichtungen steigen oberhalb des Polarkreises stark an, da diese Regionen meist im sogenannten Polarlicht-Oval liegen. Meine wohl beeindruckendsten Nordlichter habe ich bisher auf den Lofoten, auf Senja und in der Region rund um Tromsø sehen können. Hier gibt auch der Vordergrund einiges her, wenn es darum geht, die magischen Lichter zusammen mit einem Landschaftsmotiv aufs Bild zu bringen. Ein bisschen Mondlicht unterstützt hier zudem, die Landschaft etwas aufzuhellen.

Apps, die beispielsweise den sogenannten KP-Index anzeigen, sind im hohen Norden nur bedingt hilfreich. Auch bei geringem KP-Wert habe ich schon tolle Schauspiele am Himmel erlebt. Eher sinnvoll ist es daher, den Wetterbericht und vielleicht eine Live-Webcam in der Nähe im Auge zu behalten. Für die Wetterprognose nutze ich meist den norwegischen Dienst yr.no, der mir nicht nur die Bewölkungswahrscheinlichkeit, sondern auch mögliche Temperatureinbrüche, Stürme oder Schneefälle für die nächsten Tage anzeigt.

Wie sich Polarlichter am besten fotografieren lassen – angefangen vom Smartphone bis hin zur professionellen Kamera – beschreibe ich detailliert in meinem Buch und meinen Kursen. Mehr Infos dazu gibt es auf www.nacht-lichter.de.

nacht-lichter.de

Spannende Reise-Abenteuer zum Mitfiebern

Stefanie Heyduck, Birgit Völkel

Hakuna Matata

Zwei Frauen und ihr blauer Landy auf einem Roadtrip durch Afrika

40.000 Kilometer, zehn Länder, zwei Frauen, ein blauer Land Rover Defender: Stefanie und Birgit kündigen ihre Jobs, um ein Jahr durch das südliche und östliche Afrika zu reisen. Ihr selbst ausgebauter Landy »Blaue Elise« wird zum Zuhause auf Zeit.

ISBN 978-3-944378-24-2, **€ 15,90**

Stefan Walter

Freiheit leben

Was ich von der Welt gelernt habe

Was macht uns glücklich?
Wie sieht ein erfülltes Leben aus?
Wie finde ich meinen Weg dorthin?

Auf der Suche nach Abenteuer und Herausforderung lässt Stefan das sichere Vorstadtleben hinter sich, um bei einem Jahr Work & Travel mehr von der Welt zu sehen. In Australien wird ein uralter Kombi das Basisquartier für die große Freiheit: Sterne zählen an einsamen Stränden, am Lagerfeuer sitzen und am Meer einschlafen. Er treibt Kühe durchs Outback, erntet Avocados, verzweifelt beim Schafe scheren und lebt einen ganz neuen Alltag. Diese erste große Reise verändert Stefans Leben und von nun an reist er, um herauszufinden, auf was es im Leben wirklich ankommt.

ISBN 978-3-944378-33-6, **€ 16,00**

Mit Wander- und Erlebnistouren die Highlights einer Region entdecken

Überfüllte Touri-Hotspots sind nicht so euer Ding? Wer sich zu Fuß oder mit dem Fahrrad auf den Weg macht, erlebt eine Region aus einer ganz anderen Perspektive und entdeckt auch gut versteckte, unbekannte Winkel. Selbst die Menschenmassen an viel besuchten Sehenswürdigkeiten könnt ihr mit unseren Routen oft umgehen, da sie euch auf ungewöhnlichen Wegen dorthin führen.

Das steckt in jedem Buch:

- spannende Touren durch die Natur zu Fuß, mit dem Fahrrad oder dem Kanu
- die schönsten Badeplätze
- alle wichtigen Sehenswürdigkeiten
- Campingführer und Übernachtungstipps

- jede Tour mit topographischer Karte, GPS-Daten zum Download und übersichtlichem Tourensteckbrief
- Viele tolle Fotos, die Lust machen sofort loszulaufen

ISBN 978-3-944378-27-5
2. Auflage 2020, **€ 16,90**

ISBN 978-3-944378-52-7
1. Auflage 2024, **€ 20**

ISBN 978-3-944378-53-4
1. Auflage 2021, **€ 20**

ISBN 978-3-944378-45-9
2. Auflage 2021, **€ 20**

Weitere Informationen und eine Leseprobe zu jedem Buch unter
www.naturzeit-verlag.de

Naturzeit mit Kindern: Wander- und Entdeckertouren für Familien

Breite Wanderwege finden Kinder gähnend langweilig. Pirscht man dagegen auf schmalen Pfaden durch Wald und Wiesen, riecht das Ganze gleich nach Abenteuer und wird viel spannender. Gibt es dann noch Pausenplätze, an denen man Tiere beobachten, am Wasser spielen und klettern kann, dazu ein Picknick oder ein richtiges Lagerfeuer, wird Wandern auch für Kinder interessant.

ISBN 978-3-944378-43-5
2. Auflage 2024, **€ 22**

ISBN 978-3-944378-20-6
1. Auflage 2019, **€ 19,90**

ISBN 978-3-944378-34-3
1. Auflage 2022, **€ 20**

ISBN 978-3-944378-42-8
7. Auflage 2022, **€ 20**

ISBN 978-3-944378-40-4
5. Auflage 2022, **€ 22**

ISBN 978-3-944378-31-2
3. Auflage 2021, **€ 18**

Viele weitere Titel der Reihe »Naturzeit mit Kindern« unter
www.naturzeit-verlag.de

Infos online und zum Download

Zu allen Wanderungen an unseren Spots stellen wir im Online-Bereich von »Nordwärts« GPS-Tracks zum Download bereit. Ladet ihr sie in eine Wander-App wie Locus Maps oder Komoot, könnt ihr euch vor Ort problemlos orientieren und der Route folgen.

Im Online-Bereich stehen außerdem die kmz-Daten unserer Übersichtskarten bereit, die ihr in Google Maps übertragen könnt, und wir stellen weitere praktische Infos zu einigen Spots zur Verfügung.

>> Unsere Online-Infos zu Nordwärts